新世纪

新世纪高职高专
会计与电算化会计类课程规划教材

高级财务会计

GAOJI CAIWU KUAIJI

新世纪高职高专教材编审委员会 组编
主 编 富凤英 李抡文
副主编 黄 进 潘木开 李相林

大连理工大学出版社
DALIAN UNIVERSITY OF TECHNOLOGY PRESS

图书在版编目(CIP)数据

高级财务会计 / 富凤英，李抡文主编. — 大连 ：
大连理工大学出版社，2011.8
新世纪高职高专会计与电算化会计类课程规划教材
ISBN 978-7-5611-6491-4

Ⅰ. ①高… Ⅱ. ①富… ②李… Ⅲ. ①财务会计—高
等职业教育—教材 Ⅳ. ①F234.4

中国版本图书馆 CIP 数据核字(2011)第 172407 号

大连理工大学出版社出版
地址:大连市软件园路 80 号　邮政编码:116023
发行:0411-84708842　邮购:0411-84703636　传真:0411-84701466
E-mail:dutp@dutp.cn　URL:http://www.dutp.cn
大连力佳印务有限公司印刷　大连理工大学出版社发行

幅面尺寸:185mm×260mm　印张:14.5　字数:335 千字
印数:1～1500
2011 年 8 月第 1 版　2011 年 8 月第 1 次印刷

责任编辑:郑淑琴　责任校对:白　雪
封面设计:张　莹

ISBN 978-7-5611-6491-4　定　价:32.00 元

总 序

我们已经进入了一个新的充满机遇与挑战的时代，我们已经跨入了21世纪的门槛。

20世纪与21世纪之交的中国，高等教育体制正经历着一场缓慢而深刻的革命，我们正在对传统的普通高等教育的培养目标与社会发展的现实需要不相适应的现状作历史性的反思与变革的尝试。

20世纪最后的几年里，高等职业教育的迅速崛起，是影响高等教育体制变革的一件大事。在短短的几年时间里，普通中专教育、普通高专教育全面转轨，以高等职业教育为主导的各种形式的培养应用型人才的教育发展到与普通高等教育等量齐观的地步，其来势之迅猛，发人深省。

无论是正在缓慢变革着的普通高等教育，还是迅速推进着的培养应用型人才的高职教育，都向我们提出了一个同样的严肃问题：中国的高等教育为谁服务，是为教育发展自身，还是为包括教育在内的大千社会？答案肯定而且唯一，那就是教育也置身其中的现实社会。

由此又引发出高等教育的目的问题。既然教育必须服务于社会，它就必须按照不同领域的社会需要来完成自己的教育过程。换言之，教育资源必须按照社会划分的各个专业（行业）领域（岗位群）的需要实施配置，这就是我们长期以来明乎其理而疏于力行的学以致用问题，这就是我们长期以来未能给予足够关注的教育目的问题。

众所周知，整个社会由其发展所需要的不同部门构成，包括公共管理部门如国家机构、基础建设部门如教育研究机构和各种实业部门如工业部门、商业部门，等等。每一个部门又可作更为具体的划分，直至同它所需要的各种专门人才相对应。教育如果不能按照实际需要完成各种专门人才培养的目标，就不能很好地完成社会分工所赋予它的使命，而教育作为社会分工的一种独立存在就应受到质疑（在市场经济条件下尤其如此）。可以断言，按照社会的各种不同需要培养各种直接有用人才，是教育体制变革的终极目的。

随着教育体制变革的进一步深入，高等院校的设置是否会同社会对人才类型的不同需要一一对应，我们姑且不论。但高等教育走应用型人才培养的道路和走研究型（也是一种特殊应用）人才培养的道路，学生们根据自己的偏好各取所需，始终是一个理性运行的社会状态下高等教育正常发展的途径。

高等职业教育的崛起，既是高等教育体制变革的结果，也是高等教育体制变革的一个阶段性表征。它的进一步发展，必将极大地推进中国教育体制变革的进程。作为一种应用型人才培养的教育，它从专科层次起步，进而应用本科教育、应用硕士教育、应用博士教育……当应用型人才培养的渠道贯通之时，也许就是我们迎接中国教育体制变革的成功之日。从这一意义上说，高等职业教育的崛起，正是在为必然会取得最后成功的教育体制变革奠基。

高等职业教育还刚刚开始自己发展道路的探索过程，它要全面达到应用型人才培养的正常理性发展状态，直至可以和现存的（同时也正处在变革分化过程中的）研究型人才培养的教育并驾齐驱，还需要假以时日；还需要政府教育主管部门的大力推进，需要人才需求市场的进一步完善发育，尤其需要高职教学单位及其直接相关部门肯于做长期的坚忍不拔的努力。新世纪高职高专教材编审委员会就是由全国100余所高职高专院校和出版单位组成的旨在以推动高职高专教材建设来推进高等职业教育这一变革过程的联盟共同体。

在宏观层面上，这个联盟始终会以推动高职高专教材的特色建设为己任，始终会从高职高专教学单位实际教学需要出发，以其对高职教育发展的前瞻性的总体把握，以其纵览全国高职高专教材市场需求的广阔视野，以其创新的理念与创新的运作模式，通过不断深化的教材建设过程，总结高职高专教学成果，探索高职高专教材建设规律。

在微观层面上，我们将充分依托众多高职高专院校联盟的互补优势和丰裕的人才资源优势，从每一个专业领域、每一种教材入手，突破传统的片面追求理论体系严整性的意识限制，努力凸现高职教育职业能力培养的本质特征，在不断构建特色教材建设体系的过程中，逐步形成自己的品牌优势。

新世纪高职高专教材编审委员会在推进高职高专教材建设事业的过程中，始终得到了各级教育主管部门以及各相关院校相关部门的热忱支持和积极参与，对此我们谨致深深谢意，也希望一切关注、参与高职教育发展的同道朋友，在共同推动高职教育发展、进而推动高等教育体制变革的进程中，和我们携手并肩，共同担负起这一具有开拓性挑战意义的历史重任。

新世纪高职高专教材编审委员会

2001年8月18日

前言

《高级财务会计》是新世纪高职高专教材编审委员会组编的会计与电算化会计类课程规划教材之一。本教材在中级财务会计的基础上，介绍了比较特殊而企业财务会计领域又不可缺少的十一个具体会计准则，可以使学生对我国会计准则体系有更加全面、深入的了解。

随着经济全球化的发展，知识经济正在影响着人类社会和经济生活的方方面面。今天，我们不仅置身于上市公司实务不断创新、全球经济空前一体化的经济环境，而且已经被带进了国际会计空前趋同的大潮当中。2006 年，我国新的企业会计准则体系的颁布，更标志着我国的财务会计理论发展与实务创新达到了前所未有的高度。在这一背景之下，如何根据环境的变化将会计学科的最新变化融入相关的教材中，以帮助正在从事会计实务工作的人员和正在学习且将从事这方面工作的会计专业学生了解并运用相关的会计理论与方法，是非常必要的。

由于会计理论界对高级财务会计的内容和范围还没有形成共识，所以不同教材的内容差异较大。作为系列教材之一，本教材结合高等职业教育的特点和高等职业院校学生的现状，主要讲述了企业财务会计领域不可缺少的、初中级财务会计所没有涉及的、企业会计准则进行了规定的内容，使高级财务会计与初中级财务会计的内容可以进行很好的协调，同时也能够满足学生全面学习会计理论的需要。

本教材在编写上有以下几个特点：

1. 内容新颖，反映了我国最新会计准则的变化。本教材严格把握最新颁布的《企业会计准则》的要求，力求将最新的知识传递给读者。在结构体系的设置上本着由浅入深、循序渐进的认知规律，使本教材突出体现了理论性、应用性、实践性和操作性相结合的特点。

2.编写体例新颖,分项目、按任务布局设计。本教材以当前高等职业教育最流行的项目化教学理论为指导,在每个项目下按照主要知识点设置若干任务,按照“任务目标—实施任务—任务检验”的流程设计项目内容,使学生目标明确,更重要的是能够提高学生的动手能力和独立思考问题、解决问题的能力。

3.侧重对学习效果的检验。本教材在每个任务后设置了相关问题,以检验学生对该任务的掌握程度,同时又在每个项目后设置了大量的实训题目,以检验学生对该项目的综合掌握程度。

本教材既可以作为高等职业院校会计、财务管理等相关专业学生的基本教材,还可以作为工商企业管理人员、会计人员在职培训教材或自学参考读物。

本教材由具有丰富教学经验的教师和丰富实践经验的企业财务人员编写而成,由富凤英和李抡文担任主编,黄进、潘木开和李相林担任副主编。全书由富凤英和李抡文负责拟订大纲并总撰定稿。具体编写分工如下:富凤英编写项目一、项目二;李抡文编写项目三、项目四、项目五;黄进编写项目六、项目十一;潘木开编写项目七、项目八;李相林编写项目九、项目十。

本教材是院校与企业倾力合作与集体智慧的结晶,尽管我们在教材的特色建设方面做出了许多努力,但由于编者的经验和水平有限,加之编写时间仓促,所以书中难免存在疏漏之处。恳请各相关教学单位和读者在使用过程中给予关注并提出改进意见,以便我们进一步修订和完善。

所有意见和建议请发往:dutpgz@163.com

欢迎访问我们的网站:http://www.dutpgz.cn

联系电话:0411-84707492　84706104

编　者

2011年8月

目录

项目一

外币折算

项目目标

学习本项目，应能完成以下三项任务：

任务一：记账本位币的确定

任务二：外币交易的会计处理

任务三：外币财务报表的折算

项目实施

任务一　记账本位币的确定

外币交易是指以外币计价或者结算的交易，包括买入或者卖出以外币计价的商品或者劳务；借入或者借出外币资金和其他以外币计价或者结算的交易。外币是指企业记账本位币以外的货币。

外币交易的会计处理涉及的主要问题有：记账本位币的确定；外币交易发生日折算汇率的选择及相应的外币交易初始确认的会计处理；资产负债表日及结算日折算汇率的选择及所产生汇兑差额的会计处理。

一、记账本位币的定义

记账本位币是指企业经营所处的主要经济环境中的货币。它通常是企业主要产生和支出现金的经济环境中的货币，因为使用这一货币最能反映企业主要交易业务的经济结果。

二、企业记账本位币的确定

我国企业通常应选择人民币作为记账本位币。业务收支以人民币以外的货币为主的企业，可以按规定选定其中一种货币作为记账本位币。但是编报的财务报表应当统一折算为人民币。

企业选定记账本位币时，应当考虑下列因素：

(1)该货币主要影响商品和劳务的销售价格，通常以该货币进行商品和劳务的计价及结算；

(2)该货币主要影响商品和劳务所需的人工、材料和其他费用，通常以该货币进行上述费用的计价和结算；

(3)融资活动获得的货币以及保存从经营活动中收取款项所使用的货币。

在确定企业的记账本位币时，上述因素的重要程度因企业具体情况不同而不同，需要企业管理层根据实际情况进行判断。一般情况下，综合考虑前两项因素即可确定企业的记账本位币，但有些情况下，仅根据收支情况难以确定记账本位币的，企业需要进一步结合第三项因素进行综合分析后作出选择。需要强调的是，这并不是说企业管理层可以根据需要随意选择记账本位币，企业管理层根据实际情况只能确定其中的一种货币作为记账本位币。

【例 1-1】 国内丙公司为外贸自营出口企业，超过 70%的营业收入来自向欧盟各国的出口，其商品销售价格主要受欧元的影响，以欧元计价，因此，从影响商品和劳务销售价格的角度看，丙公司应选择欧元作为记账本位币。如果丙公司除厂房设施、30%的人工成本在国内以人民币采购外，生产所需原材料、机器设备及 70%以上的人工成本以欧元在欧盟市场采购，则可确定丙公司的记账本位币是欧元。但是，如果丙公司的人工成本、原材料及相应的厂房设施、机器设备等 95%以上在国内采购并以人民币计价，则难以判定丙公司的记账本位币应选择欧元还是人民币，还需要结合第三项因素予以确定。如果丙公司取得的欧元营业收入在汇回国内时直接换成了人民币存款，且丙公司对欧元波动产生的外币风险进行了套期保值，丙公司可以确定其记账本位币为人民币。

三、境外经营记账本位币的确定

境外经营是指企业在境外的子公司、合营企业、联营企业、分支机构。企业在境内的子公司、合营企业、联营企业、分支机构，采用不同于本企业记账本位币的，也视同境外经营。

确定境外经营记账本位币时，除考虑上述确定企业记账本位币需要考虑的因素外，还应当考虑下列有关该境外经营与企业之间关系的一些因素：

(1)境外经营对其所从事的活动是否拥有很强的自主性。如果境外经营所从事的活动是视同本企业经营活动的延伸，构成企业经营活动的组成部分，该境外经营应当选择与企业记账本位币相同的货币作为记账本位币；如果境外经营所从事的活动拥有极大的自主性，境外经营就不能选择与企业记账本位币相同的货币作为记账本位币。

(2)境外经营活动中与企业的交易是否在境外经营活动中占有较大比重。如果境外经营与企业的交易在境外经营活动中所占的比例较高，境外经营应当选择与企业记账本位币相同的货币作为记账本位币；反之，应选择其他货币。

(3)境外经营活动产生的现金流量是否直接影响企业的现金流量、是否可以随时汇回。如果境外经营活动产生的现金流量直接影响企业的现金流量，并可随时汇回，境外经营应当选择与企业记账本位币相同的货币作为记账本位币；反之，应选择其他货币。

(4)境外经营活动产生的现金流量是否足以偿还其现有债务和可预期的债务。如果境外经营活动产生的现金流量在企业不提供资金的情况下，难以偿还其现有债务和正常情况下可预期的债务，境外经营应当选择与企业记账本位币相同的货币作为记账本位币；反之，应选择其他货币。

综上所述，企业确定本企业记账本位币或其境外经营记账本位币时，在多种因素混合在一起记账本位币不明显的情况下，应当优先考虑企业记账本位币确定因素中的(1)、(2)项因素，然后考虑融资活动获得的货币、保存从经营活动中收取款项时所使用的货币，以及境外经营记账本位的确定中的因素，以确定记账本位币。

四、记账本位币的变更

企业记账本位币一经确定，不得随意变更，除非与确定记账本位币相关的企业经营所处的主要经济环境发生重大变化。主要经济环境发生重大变化，通常是指企业主要产生和支出现金的环境发生重大变化。

企业因经营所处的主要经济环境发生重大变化，确需变更记账本位币的，应当采用变更当日的即期汇率将所有项目折算为变更后的记账本位币，折算后的金额作为以新的记账本位币计量的历史成本，由于采用同一即期汇率进行折算，不会产生汇兑差额。企业需要提供确凿的证据表明企业经营所处的主要经济环境确实发生了重大变化，并应当在附注中披露变更的理由。

企业记账本位币发生变更的，在按照变更当日的即期汇率将所有项目变更为记账本位币时，其比较财务报表应当以可比当日的即期汇率折算所有资产负债表和利润表项目。

任务检验

【1·单选题】　我国某企业记账本位币为美元，下列说法中错误的是(　　)。

A. 该企业以人民币计价和结算的交易属于外币交易

B. 该企业以美元计价和结算的交易不属于外币交易

C. 该企业的编报货币为美元

D. 该企业的编报货币为人民币

【2·多选题】　企业选定记账本位币，应当考虑的因素有(　　)。

A. 该货币主要影响商品和劳务的销售价格，通常以该货币进行商品和劳务的计价和结算

B. 该货币主要影响商品和劳务所需人工、材料和其他费用，通常以该货币进行上述费用的计价和结算

C. 融资活动获得的货币以及保存从经营活动中收取款项所使用的货币

D. 影响当期汇兑差额数额的大小

任务二 外币交易的会计处理

一、外币交易发生日的初始确认

企业发生外币交易的，应在初始确认时采用交易发生日的即期汇率或即期汇率的近似汇率将外币金额折算为记账本位币金额，按照折算后的记账本位币金额登记有关账户；在登记有关记账本位币账户的同时，按照外币金额登记相应的外币账户。

企业通常应当采用即期汇率进行折算。即期汇率一般指中国人民银行公布的当日人民币汇率的中间价。但是，在企业发生单纯的货币兑换交易或涉及货币兑换的交易事项时，仅用中间价不能反映货币买卖的损益，则应当按照交易实际采用的汇率（即银行买入价或卖出价）折算。

当汇率变化不大时，为简化核算，企业也可以采用即期汇率的近似汇率进行折算。即期汇率的近似汇率是指按照系统合理的方法确定的、与交易发生日即期汇率近似的汇率，通常采用当期平均汇率或加权平均汇率等。

【例 1-2】 三生公司属于增值税一般纳税人，记账本位币为人民币，其外币交易采用交易日即期汇率折算。2011 年 2 月 5 日，三生公司从国外 A 公司购入某原材料，货款 300 000美元，当日的即期汇率为 1 美元＝6.83 人民币元，按照规定应缴纳的进口关税为 204 900人民币元，支付进口增值税为 348 330 人民币元，货款尚未支付，进口关税及增值税已由银行存款支付。

三生公司账务处理为：

借：原材料——××材料（300 000×6.83＋204 900） 2 253 900

　　应交税费——应交增值税（进项税额） 348 330

　贷：应付账款——A 公司（美元） 2 049 000

　　　银行存款（204 900＋348 330） 553 230

【例 1-3】 三生公司记账本位币为人民币，外币交易采用交易日即期汇率折算。2011 年 3 月 12 日，向国外 B 公司出口销售商品一批，根据销售合同，货款共计 800 000 欧元，当日的即期汇率为 1 欧元＝8.87 人民币元。假定不考虑增值税等相关税费，货款尚未收到。

三生公司账务处理为：

借：应收账款——丙公司（欧元）（800 000×8.87） 7 096 000

　贷：主营业务收入——出口××商品 7 096 000

【例 1-4】 三生公司的记账本位币为人民币，其外币交易采用交易日即期汇率折算。2011 年 4 月 3 日，从银行借入 200 000 英镑，期限为 6 个月，年利率为 5%（等于实际利率），借入的英镑暂存银行。借入当日的即期汇率为 1 英镑＝9.83 人民币元。

三生公司账务处理为：

借：银行存款——××银行（英镑）（200 000×9.83） 1 966 000

　贷：短期借款——××银行（英镑） 1 966 000

【例 1-5】 三生公司的记账本位币为人民币，其外币交易采用交易日即期汇率折算。2011 年 4 月 23 日，将货款 1 000 000 欧元到银行兑换成人民币，银行当日的欧元买入价为 1 欧元＝9.51 人民币元，中间价为 1 欧元＝9.72 人民币元。

本例中，企业与银行发生货币兑换，兑换所用汇率为银行的买入价，而通常记账所用的即期汇率为中间价，由此产生的汇兑差额计入当期财务费用。三生公司当日的账务处理为：

借：银行存款——××银行(人民币)(1 000 000×9.51)　　9 510 000

　财务费用——汇兑差额　　210 000

贷：银行存款——××银行(欧元)(1 000 000×9.72)　　9 720 000

特别注意：企业收到投资者以外币投入的资本，无论是否有合同约定汇率，均不得采用合同约定汇率和即期汇率的近似汇率折算，而应当采用交易发生日的即期汇率折算。这样，外币投入资本与相应的货币性项目的记账本位币金额相等，不产生外币资本折算差额。需要说明的是，虽然“股本(或实收资本)”账户的金额不能反映股权比例，但并不改变企业分配和清算的约定比例，这一约定比例通常已经包括在合同当中。

【例 1-6】 三生公司的记账本位币为人民币，其外币交易采用交易日即期汇率折算。2011 年 5 月 18 日，三生公司为增资扩股与某外商签订投资合同，当日收到外商投资资本 2 000 000美元，当日的即期汇率为 1 美元＝6.82 人民币元，其中，13 000 000 人民币元作为注册资本的组成部分。假定投资合同约定的汇率为 1 美元＝6.85 人民币元。

三生公司账务处理为：

借：银行存款——××银行(美元)(2 000 000×6.82)　　13 640 000

贷：实收资本——××　　13 000 000

　资本公积——资本溢价　　640 000

二、资产负债表日及结算日的会计处理

(一)外币货币性项目

外币货币性项目是以外币表示的货币性项目。货币性项目是指企业持有的货币和将以固定或可确定金额的货币收取的资产或者偿付的负债。货币性项目分为货币性资产和货币性负债：货币性资产包括库存现金、银行存款、应收账款、其他应收款、长期应收款等；货币性负债包括应付账款、其他应付款、短期借款、应付债券、长期借款、长期应付款等。

资产负债表日及结算货币性项目时，企业应当采用当日即期汇率折算外币货币性项目，因当日即期汇率与初始确认时或者前一资产负债表日即期汇率不同而产生的汇兑差额，计入当期损益。

【例 1-7】 沿用【例 1-2】，2011 年 2 月 28 日，三生公司尚未向 A 公司支付所欠货款，当日即期汇率为 1 美元＝6.80 人民币元。对该笔交易产生的外币货币性项目“应付账款”采用期末即期汇率进行折算，折算为记账本位币 2 040 000 人民币元(300 000×6.80)，与其原记账本位币 2 049 000 人民币元之间的差额 9 000 人民币元计入当期损益。

三生公司账务处理为：

借:应付账款——A公司(美元)[300 000×(6.83−6.80)]　　9 000

　贷:财务费用——汇兑差额　　9 000

【例1-8】 沿用【例1-3】,2011年3月31日,三生公司仍未收到B公司购货款,当日的即期汇率为1欧元=9.08人民币元。对该笔交易产生的外币货币性项目"应收账款"采用期末即期汇率进行折算,折算为记账本位币7 264 000人民币元(800 000×9.08),与其原记账本位币7 096 000人民币元之间的差额168 000人民币元计入当期损益。

三生公司账务处理为:

借:应收账款——B公司(欧元)[800 000×(9.08−8.87)]　　168 000

　贷:财务费用——汇兑差额　　168 000

假定2011年4月17日收到上述货款,兑换成人民币直接存入银行,当日银行的欧元买入价为1欧元=9.28人民币元。三生公司账务处理为:

借:银行存款——××银行(人民币)(800 000×9.28)　　7 424 000

　贷:应收账款——B公司(欧元)　　7 264 000

　　财务费用——汇兑差额　　160 000

【例1-9】 沿用【例1-4】,假定2011年4月30日即期汇率为1英镑=9.75人民币元,对该笔交易产生的外币货币性项目"短期借款——××银行(英镑)"采用期末即期汇率进行折算,折算为记账本位币1 950 000人民币元(200 000×9.75),与其原记账本位币之间的差额16 000人民币元计入当期损益。

三生公司账务处理为:

借:短期借款——××银行(英镑)　　16 000

　贷:财务费用——汇兑差额　　16 000

2011年10月2日,三生公司以人民币归还所借英镑,当日银行的英镑卖出价为1英镑=11.27人民币元,假定借款利息在到期归还本金时一并支付,则当日应归还银行借款利息5 000英镑(200 000×5%÷12×6),按当日英镑卖出价折算为人民币为56 350元(5 000×11.27)。假定2011年9月30日的即期汇率为1英镑=9.75人民币元。三生公司账务处理为:

借:短期借款——××银行(英镑)　　1 950 000

　财务费用——汇兑差额　　304 000

　贷:银行存款——××银行(人民币)(200 000×11.27)　　2 254 000

借:财务费用——利息费用(5 000×11.27)　　56 350

　贷:银行存款——××银行(人民币)　　56 350

(二)外币非货币性项目

外币非货币性项目是以外币表示的非货币性项目。非货币性项目是货币性项目以外的项目,如存货、长期股权投资、交易性金融资产(股票、基金等)、固定资产、无形资产等。

1. 以历史成本计量的外币非货币性项目,已在交易发生日按当日即期汇率折算,资产负债表日不应改变其原记账本位币金额,不产生汇兑差额。

【例1-10】 三生公司的记账本位币为人民币,其外币交易采用交易日即期汇率折算。2011年8月6日进口一台机器设备,支付价款1 000 000美元,已按当日即期汇率

1 美元＝6.83人民币元折算为人民币并记入“固定资产”账户。“固定资产”属于非货币性项目，因此，资产负债表日也不需要再按照当日即期汇率进行调整。

2. 以成本与可变现净值孰低计量的存货，在以外币购入存货并且该存货在资产负债表日的可变现净值以外币反映的情况下，确定资产负债表日存货价值时应当考虑汇率变动的影响。即先将可变现净值按资产负债表日即期汇率折算为记账本位币金额，再与以记账本位币反映的存货成本进行比较，从而确定该项存货的期末价值。

【例 1-11】 甲公司为医疗设备经销商，其记账本位币为人民币，外币交易采用交易日即期汇率折算。2011 年 6 月 15 日，以 1 000 欧元/台的价格从国外购入某新型医疗设备 200 台(该设备在国内市场尚无供应)，当日即期汇率为 1 欧元＝9.28 人民币元。2011 年 12 月 31 日，尚有 120 台设备未销售出去，国内市场仍无该设备供应，其在国际市场的价格已降至 920 欧元/台。2011 年 12 月 31 日的即期汇率是 1 欧元＝9.66 人民币元。假定不考虑增值税等相关税费的影响。

本例中，由于存货在资产负债表日采用成本与可变现净值孰低计量，因此，在以外币购入存货并且该存货在资产负债表日获得的可变现净值以外币反映时，确定该项存货的期末价值时应当考虑汇率变动的影响。

12 月 31 日甲公司对该项设备应计提的存货跌价准备＝1 000×120×9.28－920×120×9.66＝47 136(人民币元)

借：资产减值损失——存货——××医疗设备　　47 136

　贷：存货跌价准备——××医疗设备　　47 136

3. 以公允价值计量的外币非货币性项目，期末公允价值以外币反映的，应当先将该外币金额按照公允价值确定当日的即期汇率折算为记账本位币金额，再与原记账本位币金额进行比较。属于交易性金融资产(股票、基金等)的，折算后的记账本位币金额与原记账本位币金额之间的差额应作为公允价值变动损益(含汇率变动)，计入当期损益；属于可供出售金融资产的，差额则应计入资本公积。

【例 1-12】 三生公司的记账本位币为人民币，其外币交易采用交易日即期汇率折算。2011 年 7 月 9 日，以每股 4 美元的价格购入 C 公司 B 股 20 000 股，划分为交易性金融资产核算，当日汇率为 1 美元＝6.82 人民币元，款项已支付。2011 年 7 月 31 日，C 公司 B 股市价变为每股 3.5 美元，当日汇率为 1 美元＝6.83 人民币元。2011 年 8 月 16 日，甲公司将所购乙公司 B 股股票按当日市价每股 4.2 美元全部售出。假定不考虑相关税费的影响。

(1)2011 年 7 月 9 日，三生公司购入股票时的账务处理为：

借：交易性金融资产——C 公司 B 股——成本(4×20 000×6.82)　　545 600

　贷：银行存款——××银行(美元)　　545 600

(2)根据《企业会计准则第 22 号——金融工具确认和计量》的相关规定，交易性金融资产以公允价值计量。由于该项交易性金融资产以外币计价，在资产负债表日，不仅应考虑 B 股股票市价的波动，还应一并考虑美元与人民币之间汇率变动的影响。上述交易性金融资产在资产负债表日应按 478 100 人民币元(3.5×20 000×6.83)入账，与原账面价值 545 600 人民币元的差额为 67 500 人民币元应直接计入公允价值变动损益。这 67 500

人民币元的差额实际上既包含了三生公司所购C公司B股股票公允价值(股价)变动的影响,又包含了人民币与美元之间汇率变动的影响。三生公司相关的账务处理为:

借:公允价值变动损益——C公司B股 67 500

贷:交易性金融资产——C公司B股——公允价值变动 67 500

(3)2011年8月16日,三生公司将所购C公司B股股票按当日市价每股4.2美元全部售出,所得价款为84 000美元,按当日汇率1美元=6.84人民币元折算为574 560人民币元(4.2×20 000×6.84),与其原账面价值478 100人民币元的差额为96 460人民币元。对于汇率的变动和股价的变动不进行区分,均作为投资收益进行处理。因此,售出C公司B股股票当日,三生公司相关的账务处理为:

借:银行存款——××银行(美元) 574 560

交易性金融资产——C公司B股——公允价值变动 67 500

贷:交易性金融资产——C公司B股——成本 545 600

投资收益——出售C公司B股 96 460

借:投资收益——出售C公司B股 67 500

贷:公允价值变动损益——乙公司B股 67 500

【例1-13】 三生公司以人民币作为记账本位币,其外币交易采用交易日即期汇率折算,按月计算汇兑损益。三生公司在银行开设有欧元账户。

三生公司有关外币账户2009年5月31日的余额如表1-1所示。

表1-1

项 目	外币账户余额(欧元)	汇率	人民币账户余额(人民币元)
银行存款	800 000	9.55	7 640 000
应收账款	400 000	9.55	3 820 000
应付账款	200 000	9.55	1 910 000

(1)三生公司2009年6月份发生的有关外币交易或事项如下:

①6月5日,以人民币向银行买入200 000欧元。当日即期汇率为1欧元=9.69人民币元,当日银行卖出价为1欧元=9.75人民币元。

②6月12日,从国外购入一批原材料,总价款为400 000欧元。该原材料已验收入库,货款尚未支付。当日即期汇率为1欧元=9.64人民币元。另外,以银行存款支付该原材料的进口关税644 000人民币元,增值税765 000人民币元。

③6月16日,出口销售一批商品,销售价款为600 000欧元,货款尚未收到。当日即期汇率为1欧元=9.41人民币元。假设不考虑相关税费。

④6月25日,收到应收账款300 000欧元,款项已存入银行。当日即期汇率为1欧元=9.54人民币元。该应收账款系2月份出口销售发生的。

⑤6月30日,即期汇率为1欧元=9.64人民币元。

三生公司相关账务处理为:

①借:银行存款——××银行(欧元)(200 000×9.69) 1 938 000

财务费用——汇兑差额 12 000

贷:银行存款——××银行(人民币)(200 000×9.75) 1 950 000

②借:原材料——××材料(400 000×9.64+644 000)　4 500 000
　应交税费——应交增值税(进项税额)　765 000
　贷:应付账款——××单位(欧元)(400 000×9.64)　3 856 000
　　银行存款——××银行(人民币)　1 409 000

③借:应收账款——××单位(欧元)(600 000×9.41)　5 646 000
　贷:主营业务收入——出口××商品　5 646 000

④借:银行存款——××银行(欧元)(300 000×9.54)　2 862 000
　贷:应收账款——××单位(欧元)(300 000×9.54)　2 862 000

(2)2009 年 6 月 30 日,计算期末产生的汇兑差额:

①银行存款欧元户余额=800 000+200 000+300 000=1 300 000(欧元)

按当日即期汇率折算为人民币金额=1 300 000×9.64=12 532 000(人民币元)

汇兑差额=12 532 000-(7 640 000+1 938 000+2 862 000)=92 000(人民币元)(汇兑收益)

②应收账款欧元户余额=400 000+600 000-300 000=700 000(欧元)

按当日即期汇率折算为人民币金额=700 000×9.64=6 748 000(人民币元)

汇兑差额=6 748 000-(3 820 000+5 646 000-2 862 000)=144 000(人民币元)(汇兑收益)

③应付账款欧元户余额=200 000+400 000=600 000(欧元)

按当日即期汇率折算为人民币金额=600 000×9.64=5 784 000(人民币元)

汇兑差额=5 784 000-(1 910 000+3 856 000)=18 000(人民币元)(汇兑损失)

④应计入当期损益的汇兑差额=-92 000-144 000+18 000=-218 000(人民币元)(汇兑收益)

借:银行存款——××银行(欧元)　92 000
　应收账款——××单位(欧元)　144 000
　贷:应付账款——××单位(欧元)　18 000
　　财务费用——汇兑差额　218 000

任务检验

【1·单选题】　企业发生的下列外币业务中,即使汇率变动不大,也不得使用即期汇率的近似汇率进行折算的是(　　)。

A. 取得的外币借款

B. 投资者以外币投入的资本

C. 以外币购入的固定资产

D. 销售商品取得的外币营业收入

【2·单选题】　甲公司以人民币为记账本位币。2009 年 11 月 20 日以每台 2 000 美元的价格从美国某供货商手中购入国际最新型号 H 商品 10 台,并于当日支付了相应货款(假定甲公司有美元存款)。2009 年 12 月 31 日,已售出 H 商品 2 台,国内市场仍无 H 商品供应,但 H 商品在国际市场价格已降至每台 1 950 美元。11 月 20 日的即期汇率是

1 美元=7.8 人民币元，12 月 31 日的汇率是 1 美元=7.9 人民币元。假定不考虑增值税等相关税费，甲公司 2009 年 12 月 31 日应计提的存货跌价准备为（　）人民币元。

A. 3 120　　　B. 1 560　　　C. 0　　　D. 3 160

任务三　外币财务报表的折算

企业将境外经营通过合并财务报表或权益法核算等纳入本企业财务报表中时，如果境外经营的记账本位币不同于本企业的记账本位币，且境外经营处于非恶性通货膨胀经济情况下，需要将境外经营的财务报表折算为以企业记账本位币反映的财务报表，这一过程就是外币财务报表的折算。如果境外经营采用与企业相同的记账本位币，则其财务报表不存在折算问题。

在对企业境外经营财务报表进行折算前，应当调整境外经营的会计期间和会计政策，使之与企业会计期间和会计政策相一致，根据调整后的会计政策及会计期间编制相应货币（记账本位币以外的货币）的财务报表，然后再按照以下规定进行折算。

1. 资产负债表中的资产和负债项目，采用资产负债表日的即期汇率折算，所有者权益项目除“未分配利润”项目外，其他项目采用发生时的即期汇率折算。

2. 利润表中的收入和费用项目，采用交易发生日的即期汇率折算；也可以采用按照系统合理的方法确定的、与交易发生日即期汇率近似的汇率折算。

3. 产生的外币财务报表折算差额，在资产负债表中所有者权益项目下单独列示。

【例 1-14】 三生公司的记账本位币为人民币，该公司在英国有一子公司 D 公司，D 公司确定的记账本位币为英镑。三生公司拥有 D 公司 70%的股权，并能够对 D 公司的财务和经营政策实施控制。三生公司采用当期平均汇率折算 D 公司利润表项目。D 公司有关资料如下：

2010 年 12 月 31 日的汇率为 1 英镑=9.88 人民币元，2010 年的平均汇率为 1 英镑=12.87 人民币元，股本、资本公积发生日的即期汇率为 1 英镑=14.27 人民币元。2009 年 12 月 31 日的股本为 6 000 000 英镑，折算为人民币 85 620 000 元；盈余公积为 600 000 英镑，折算为人民币 9 000 000 元；未分配利润为 1 400 000 英镑，折算为人民币 21 000 000元，三生公司、D 公司均在年末提取盈余公积，D 公司 2010 年提取的盈余公积为 700 000 英镑。

表 1-2　　　　**利润表（简表）**

编制单位：D 公司　　　2010 年度　　　单位：万元

项　目	本年金额（英镑）	折算汇率	折算为人民币金额
一、营业收入	2 400	12.87	30 888.0
减：营业成本	1 800	12.87	23 166.0
营业税金及附加	50	12.87	643.5
管理费用	120	12.87	1 544.4
财务费用	10	12.87	128.7

（续表）

项 目	本年金额(英镑)	折算汇率	折算为人民币金额
加:投资收益	30	12.87	386.1
二、营业利润	450	—	5 791.5
加:营业外收入	50	12.87	643.5
减:营业外支出	20	12.87	257.4
三、利润总额	480	—	6 177.6
减:所得税费用	130	12.87	1 673.1
四、净利润	350	—	4 504.5
五、每股收益		—	

注:在本项目中,为便于排版,在报表中统一以"万元"为单位。在实务中,财务报表应当以"元"为单位列报。

表 1-3 资产负债表(简表)

2010 年 12 月 31 日 单位:万元

资 产	期末数(英镑)	折算汇率	折算为人民币金额	负债和所有者权益	期末数(英镑)	折算汇率	折算为人民币金额
流动资产:				流动负债:			
货币资金	230	9.88	2 272.4	短期借款	50	9.88	494.0
应收账款	230	9.88	2 272.4	应付账款	340	9.88	3 359.2
存货	280	9.88	2 766.4	其他流动负债	130	9.88	1 284.4
其他流动资产	240	9.88	2 371.2	流动负债合计	520	—	5 137.6
流动资产合计	980	—	9 682.4	非流动负债:			
非流动资产:				长期借款	170	9.88	1 679.6
长期应收款	140	9.88	1 383.2	应付债券	100	9.88	988.0
固定资产	660	9.88	6 520.8	其他非流动负债	90	9.88	889.2
在建工程	90	9.88	889.2	非流动负债合计	360	—	3 556.8
无形资产	120	9.88	1 185.6	负债合计	880		8 694.4
其他非流动资产	40	9.88	395.2	所有者权益:			
非流动资产合计	1 050	—	10 374.0	实收资本	600	14.27	8 562.0
				盈余公积	130		1 800.9
				未分配利润	420		5 703.6
				外币报表折算差额			−4 704.5
				所有者权益合计	1 150		11 362.0
资产合计	2 030		20 056.4	负债和所有者权益合计	2 030		20 056.4

当期计提的盈余公积采用当期平均汇率折算,期初盈余公积为以前年度计提的盈余公积按相应年度平均汇率折算后金额的累计,期初未分配利润记账本位币金额为以前年度未分配利润记账本位币金额的累计。

外币报表折算差额为以记账本位币反映的净资产减去以记账本位币反映的实收资本、资本公积、盈余公积及未分配利润后的余额。

企业选定的记账本位币不是人民币的,应当按照境外经营财务报表折算原则将其财务报表折算为人民币财务报表。

任务检验

【1·多选题】 下列各项中,在资产负债表日应按该日即期汇率折算的有(　　)。

A. 以外币购入的存货　　B. 外币债权债务

C. 以外币购入的固定资产　　D. 以外币标价的交易性金融资产

【2·判断题】 企业对境外子公司的外币利润表进行折算时,可以采用交易发生日即期汇率,也可以采用按照系统合理的方法确定的、与交易日即期汇率近似的汇率。(　　)

项目综训

一、单项选择题

1. A公司的外币业务采用交易日的市场汇率核算。2011年6月15日A公司向中国银行购买10万欧元归还应付账款,当日中国银行欧元买入价为1欧元=10.1人民币元,卖出价为1欧元=10.3人民币元,当日市场汇率为1欧元=10.2人民币元。则A公司购买该笔欧元时应确认的汇兑损失为人民币(　　)万元。

A. 1　　B. −1　　C. 2　　D. −2

2. 甲公司是记账本位币为人民币的境内企业,以下不属于甲公司境外经营的是(　　)。

A. 甲公司在境内的子公司A,记账本位币为美元

B. 甲公司持有30%股份的境内B公司,记账本位币为人民币

C. 甲公司设在境外的分支机构C,记账本位币为欧元

D. 甲公司持有50%股份的境外D公司,记账本位币为美元

3. 按我国会计准则的规定,母公司编制合并会计报表时,应对子公司外币资产负债表进行折算,表中"资本公积"项目折算为母公司记账本位币所采用的汇率为(　　)。

A. 资产负债表日的市场汇率　　B. 资本公积入账时的即期汇率

C. 本年度平均市场汇率　　D. 根据所有者权益变动表中的其他项目计算出来

4. 某外商投资企业银行存款(美元)账户上期期末余额为100 000美元,上期资产负债表日即期汇率为1美元=7.30人民币元,该企业采用交易发生日的即期汇率进行业务核算,本月10日将其中20 000美元在银行兑换为人民币,银行当日美元买入价为1美元=7.25人民币元,当日即期汇率为1美元=7.32人民币元。该企业本期没有发生其他涉及美元账户的业务,期末即期汇率为1美元=7.28人民币元。则该企业本期登记的财务费用(汇兑损失)共计(　　)人民币元。

A. 1 200　　B. 1 400　　C. 2 600　　D. −200

5. 甲企业收到外商作为实收资本投入的设备一台,协议作价2 000 000美元,投资当日的市场汇率为1美元=7.50人民币元。投资合同约定汇率为1美元=8.00人民币元。另发生运杂费40 000人民币元,进口关税100 000人民币元,增值税2 567 000人民币元,安装调试费60 000人民币元。该设备的入账价值为(　　)人民币元。

A. 15 200 000　　B. 15 000 000　　C. 16 200 000　　D. 16 000 000

6. 甲公司外币业务采用业务发生时的即期汇率进行折算，按月计算汇兑损益。5月20日对外销售产品发生应收账款2 000 000欧元，当日的市场汇率为1欧元=10.30人民币元。5月31日的市场汇率为1欧元=10.28人民币元；6月1日的市场汇率为1欧元=10.26人民币元；6月30日的市场汇率为1欧元=10.21人民币元。7月10日收到该应收账款，当日市场汇率为1欧元=10.20人民币元。该应收账款6月份应当确认的汇兑损失为(　　)人民币元。

A. −40 000　　B. 60 000　　C. 100 000　　D. 140 000

7. 甲公司的记账本位币为人民币。2011年12月12日，甲公司以每股10美元的价格购入丁公司10 000股股票作为交易性金融资产，当日即期汇率为1美元=7.2人民币元。2011年12月31日，丁公司股票收盘价为每股13美元，当日即期汇率为1美元=7.1人民币元。假定不考虑相关税费，则2011年12月31日甲公司应确认(　　)。

A. 公允价值变动损益203 000人民币元

B. 财务费用(汇兑收益)−203 000人民币元

C. 公允价值变动损益210 000人民币元，财务费用(汇兑损失)13 000人民币元

D. 投资收益213 000人民币元，财务费用(汇兑损失)10 000人民币元

8. 甲公司外币业务采用发生时的即期汇率折算，每季度末计提利息和计算汇兑损益，本期7月1日甲公司从银行借入300万美元，期限为6个月，年利率6%，到期还本付息，借入时即期汇率为1美元=7.06人民币元，9月30日即期汇率为1美元=7.07人民币元，则甲公司9月30日该项短期借款产生的汇兑收益为(　　)人民币元。

A. 30 000　　B. −30 000　　C. −30 900　　D. −30 450

9. 甲公司投资一境外子公司，拥有其80%股权份额，该子公司记账本位币为欧元，甲公司编制合并财务报表时将该子公司报表折算为人民币。已知期初折算汇率为1欧元=10人民币元，期末折算汇率为1欧元=10.4人民币元，甲公司采用平均汇率1欧元=10.2人民币元对利润及其分配项目折算。期初未分配利润500万欧元，折合人民币4 750万元，本期取得净利润1 000万欧元，计提盈余公积100万欧元，折算后资产负债表期末未分配利润的人民币金额应为(　　)万元。

A. 13 930　　B. 14 950　　C. 15 100　　D. 9 180

10. 某公司需要编制合并财务报表，对其持有70%股份的境外经营子公司报表进行折算，该外币报表折算后以人民币计价的资产总额为1 800万元，负债总额为900万元，所有者权益总额为881万元，合并资产负债表上“外币报表折算差额”项目应列示的人民币金额是(　　)万元。

A. 19　　B. 13.3　　C. −13.3　　D. −19

11. 下列有关归属于少数股东的外币财务报表折算差额在合并资产负债表的列示方法中，正确的是(　　)。

A. 列入少数股东权益项目

B. 列入负债项目

C. 列入负债和所有者权益项目之间单设的项目

D. 列入外币财务报表折算差额项目

12. L公司的记账本位币为人民币。2010年5月1日从国外购入国内市场尚无供应的A原材料，每吨价格为1 000英镑，共2 000吨，当日市场汇率为1英镑=15.90人民币元。2010年6月30日，该原材料由于供大于求造成国际市场价格降为每吨950英镑，2010年6月30日的市场汇率为1英镑=16.00人民币元。假定不考虑增值税和相关销售税费等因素的影响，下列选项中L公司对本期原材料A的处理正确的是（　　）。

A. A原材料的可变现净值为30 400 000人民币元

B. A原材料的可变现净值为30 210 000人民币元

C. A原材料的资产减值损失为1 600 000人民币元

D. A原材料的汇兑损益应计入财务费用

二、多项选择题

1. 下列项目中，企业应当计入当期损益的有（　　）。

A. 可供出售外币货币性金融资产产生的汇兑差额

B. 交易性金融资产因汇率变动引起的公允价值变动

C. 存货因汇率变动引起的减值

D. 外币报表折算差额

2. 下列说法中正确的有（　　）。

A. 企业记账本位币一经确定，不得随意变更，除非企业经营所处的主要经济环境发生重大变化

B. 企业因经营所处的主要经济环境发生重大变化，确需变更记账本位币的，应当采用变更当日的即期汇率将所有项目折算为变更后的记账本位币

C. 企业的记账本位币一定是人民币

D. 我国境内企业的编报货币不可以是人民币以外的币种

3. 汇率变动可能记入的科目有（　　）。

A. 公允价值变动损益　　B. 资产减值损失

C. 财务费用　　D. 资本公积

4. 下列属于境外经营记账本位币确定应当考虑的因素有（　　）。

A. 该货币主要影响商品和劳务的销售价格，通常以该货币进行商品和劳务的计价和结算

B. 境外经营活动产生的现金流量是否足以偿还其现有债务和可预期的债务

C. 融资活动获得的货币以及保存从经营活动中收取款项所使用的货币

D. 境外经营活动中与企业的交易是否在境外经营活动中占有较大比重

5. 下列项目中属于货币性项目的有（　　）。

A. 短期借款　　B. 预收账款　　C. 应付账款　　D. 存货

6. 企业在资产负债表日，应当按照准则规定对外币货币性项目和外币非货币性项目进行处理，下列说法中正确的有（　　）。

A. 外币货币性项目，采用资产负债表日即期汇率折算，因当日即期汇率与初始确认

时或者前一资产负债表日即期汇率不同而产生的汇兑差额，计入当期损益

B. 以公允价值计量的外币非货币性项目，如属于交易性外币非货币性项目，期末公允价值变动和汇率变动不做区分一并计入公允价值变动损益，如属于可供出售外币非货币性项目一并计入资本公积

C. 以成本与可变现净值孰低计量且可变现净值以外币表示的非货币性项目，需要按照期末汇率将可变现净值折算成记账本位币比较计提减值准备

D. 以历史成本计量的外币非货币性项目，仍采用交易发生日的即期汇率折算，不改变其记账本位币金额

7. 下列各项汇兑差额中，不应当计入当期财务费用的有(　　)。

A. 在资本化期间内，企业的外币专门借款利息在期末按即期汇率折算的人民币金额与原账面已折算的人民币金额之间的差额

B. 企业用外币购买并计价的交易性金融资产在期末按即期汇率折算的人民币金额与原账面已折算的人民币金额之间的差额

C. 企业用外币购买并计价的原材料在期末按即期汇率折算的人民币金额与原账面已折算的人民币金额之间的差额

D. 在资本化期间内，企业的外币一般借款利息在期末按即期汇率折算的人民币金额与原账面已折算的人民币金额之间的差额

8. 以下说法正确的有(　　)。

A. 当期末即期汇率上升时，应收账款账户会产生汇兑收益

B. 当期末即期汇率上升时，实收资本账户会产生汇兑收益

C. 当期末即期汇率下降时，长期借款账户会产生汇兑收益

D. 当期末即期汇率下降时，应付账款账户会产生汇兑收益

9. 下列各项中，属于外币交易的有(　　)。

A. 从银行取得外币借款　　B. 进口材料发生外币应付账款

C. 归还外币借款　　D. 向银行等金融机构卖出外币

10. 企业对境外经营的财务报表进行折算时，下列项目中可用资产负债表日的即期汇率折算的有(　　)。

A. 应收及预付款项　　B. 交易性金融资产

C. 持有至到期投资　　D. 盈余公积

三、判断题

1. 企业收到投资者以外币投入资本，无论是否有合同约定汇率，均不得采用合同约定利率和即期汇率的近似汇率折算，而应当采用交易发生日的即期汇率折算。(　　)

2. 外币报表折算中利润表中的收入和费用项目，采用交易发生日的即期汇率折算；也可以采用按照系统合理的方法确定的、与交易发生日即期汇率近似的汇率折算。(　　)

3. 子公司报表折算时产生的外币报表折算差额既可能反映在“外币报表折算差额”项目中，也可能并入“少数股东权益”项目中。(　　)

4. 实质上构成对子公司净投资的外币货币性项目以母、子公司的记账本位币以外的货币反映，则应在抵消长期应收应付项目的同时，将其产生的汇兑差额转入“外币报表折算差额”项目。 （ ）

5. 企业记账本位币发生变更时应当采用变更当日的即期汇率将所有项目折算为变更后的记账本位币。 （ ）

6. 企业发生外币交易的，应在初始确认时采用交易发生日的即期汇率（不得采用即期汇率的近似汇率）将外币金额折算为记账本位币金额。 （ ）

7. 存货属于外币非货币性项目，一直按交易发生日当日即期汇率折算的金额反映，不改变记账本位币的金额。 （ ）

8. 我国企业业务收支以人民币以外的货币为主的企业，可以按规定选定其中一种货币作为记账本位币，但是编报的财务报表应当折算为人民币。 （ ）

9. 可供出售金融资产汇兑差额应当计入资本公积。 （ ）

四、计算分析题

甲股份有限公司（以下简称甲公司）外币业务采用当日市场汇率进行折算，按季核算汇兑损益。2011 年 3 月 31 日有关外币账户余额如表 1-4 所示：

表 1-4

项 目	外币金额（万美元）	折算汇率	折算人民币金额（万元）
银行存款（借方）	800	7.26	5 808
应收账款（借方）	600	7.26	4 356
长期借款（贷方）	2 000	7.26	14 520
应付利息（贷方）	30	7.26	217.8

长期借款 2 000 万美元，是 2010 年 10 月借入的专门用于建造某生产线的外币借款，借款期限为 2 年，年利率为 6%，按季计提利息，每年 1 月和 7 月支付半年的利息，假定不考虑借款手续费。至 2011 年 3 月 31 日，该生产线正处于建造过程之中，已使用外币借款 1 200 万美元，预计将于 2011 年 12 月完工。

2011 年 4 月至 6 月，甲公司发生如下外币业务（假定不考虑增值税等相关税费）：

(1)4 月 1 日，为建造该生产线进口一套设备，并以外币银行存款 200 万美元支付设备购置价款。设备于当月投入安装。当日市场汇率为 1 美元＝7.24 人民币元。

(2)4 月 20 日，将 100 万美元兑换为人民币，当日银行美元买入价为 1 美元＝7.20 人民币元，卖出价为 1 美元＝7.30 人民币元。兑换所得人民币已存入银行。当日市场汇率为 1 美元＝7.25 人民币元。

(3)5 月 1 日，以外币银行存款向安装公司支付生产线安装费用 240 万美元。当日市场汇率为 1 美元＝7.25 人民币元。

(4)5 月 15 日，收到第 1 季度发生的应收账款 200 万美元。当日市场汇率为 1 美元＝7.27 人民币元。

(5)6 月 30 日，计提外币专门借款利息。假定外币专门借款应计利息通过“应付利息”科目核算。当日市场汇率为1美元=7.27人民币元。

(6)第二季度剩余专门借款存入银行产生的利息收入为1万美元,已存入银行。

要求:

(1)编制2011年第二季度外币业务的会计分录。

(2)计算2011年第二季度计入在建工程和当期损益的汇兑净损益。

(3)编制与期末汇兑损益相关的会计分录。

(答案中的金额单位用万元表示)

项目二

借款费用

项目目标

学习本项目，应能完成以下两项任务：

任务一：借款费用的确认

任务二：借款费用的计量

项目实施

任务一　借款费用的确认

一、借款费用的范围

借款费用是企业因借入资金所付出的代价，包括借款利息、折价或者溢价的摊销、辅助费用以及因外币借款而发生的汇兑差额等。承租人确认的融资租赁发生的融资费用属于借款费用。

因借款而发生的利息包括企业向银行或者其他金融机构等借入资金发生的利息、发行公司债券或企业债券发生的利息，以及为购建或者生产符合资本化条件的资产而发生的带息债务所承担的利息等。

因借款而发生的折价或者溢价主要是指发行债券等发生的折价或者溢价，发行债券中的折价或者溢价，其实质是对债券票面利息的调整（即将债券票面利率调整为实际利率），属于借款费用的范畴。例如，ABC公司发行公司债券，每张公司债券票面价值为100元，票面年利率为6%，期限为4年，而同期市场利率为年利率8%，由于公司债券的票面利率低于市场利率，为成功发行公司债券，ABC公司采取了折价发行的方式，折价金额在实质上是用于补偿投资者在购入债券后所受到的名义利息上的损失，应当作为以后各期利息费用的调整额。

因借款而发生的辅助费用是指企业在借款过程中发生的诸如手续费、佣金等费用，由于这些费用是因安排借款而发生的，也属于借入资金所付出的代价，是借款费用的构成部分。

因外币借款而发生的汇兑差额，是指由于汇率变动导致市场汇率与账面汇率出现差异，从而对外币借款本金及其利息的记账本位币金额所产生的影响金额。

对于企业发生的权益性融资费用，不应包括在借款费用中。

【例 2-1】 六合企业发生了借款手续费 120 000 元，发行公司债券佣金 20 000 000 元，发行公司股票佣金 30 000 000 元，借款利息 2 500 000 元。其中借款手续费 120 000 元、发行公司债券佣金 20 000 000 元和借款利息 2 500 000 元均属于借款费用；发行公司股票属于公司权益性融资，所发生的佣金应当冲减溢价，不属于借款费用范畴，不应按照《企业会计准则第 17 号——借款费用》进行会计处理。

二、借款费用的确认

(一)确认原则

借款费用的确认主要解决的是将每期发生的借款费用资本化、计入相关资产的成本，还是将有关借款费用费用化、计入当期损益的问题。借款费用确认的基本原则是：企业发生的借款费用可直接归属于符合资本化条件的资产购建或者生产的，应当予以资本化，计入相关资产成本；其他借款费用应当在发生时根据其发生额确认为费用，计入当期损益。

符合资本化条件的资产是指需要经过相当长时间的购建或者生产活动才能达到预定可使用状态或者可销售状态的固定资产、投资性房地产和存货等资产。建造合同成本、无形资产的开发支出等在符合条件的情况下，也可以认定为符合资本化条件的资产。其中，“相当长时间”应当是指资产的购建或者生产所必需的时间，通常为 1 年以上(含 1 年)。

在实务中，如果由于人为或者故意等非正常因素导致资产的购建或者生产时间相当长的，该资产不属于符合资本化条件的资产。购入即可使用的资产，或者购入后需要安装但所需安装时间较短的资产，或者需要建造或生产但建造或生产时间较短的资产，均不属于符合资本化条件的资产。

【例 2-2】 六合企业向银行借入资金分别用于生产 A 产品和 B 产品，其中，A 产品的生产时间较短，为 1 个月；B 产品属于大型发电设备，生产周期较长，为 1 年零 3 个月。

为存货生产而借入的借款费用在符合资本化条件的情况下应当予以资本化。本例中，由于 A 产品的生产时间较短，不属于需要经过相当长时间的生产才能达到预定可销售状态的资产，因此，为 A 产品的生产而借入资金所发生的借款费用不应计入 A 产品的生产成本，而应当计入当期财务费用。而 B 产品的生产时间比较长，属于需要经过相当长时间的生产才能达到预定可销售状态的资产，因此，为 B 产品的生产而借入资金所发生的借款费用符合资本化的条件，应计入 B 产品的成本中。

(二)借款费用应予资本化的借款范围

借款包括专门借款和一般借款。专门借款是指为购建或者生产符合资本化条件的资产而专门借入的款项。专门借款通常应当有明确的用途，即为购建或者生产某项符合资本化条件的资产而专门借入，并通常应当具有标明该用途的借款合同。例如，某企业为了建造一条生产线向某银行专门贷款 50 000 000 元，某房地产开发企业为了开发某住宅小区向某银行专门贷款 2 亿元等，均属于专门借款，其使用目的明确，而且其使用受到相关合同的限制。一般借款是指除专门借款之外的借款，相对于专门借款而言，一般借款在借入时，其用途通常没有特指用于符合资本化条件的资产的购建或者生产。

借款费用应予资本化的借款范围既包括专门借款，也可包括一般借款。其中，对于一般借款，只有在购建或者生产某项符合资本化条件的资产占用了一般借款时，才应将与该部分一般借款相关的借款费用资本化；否则，所发生的借款费用应当计入当期损益。

（三）借款费用资本化期间的确定

只有发生在资本化期间内的有关借款费用才允许资本化，资本化期间的确定是借款费用确认和计量的重要前提。借款费用资本化期间是指从借款费用开始资本化时点到停止资本化时点的期间，但不包括借款费用暂停资本化的期间。

1. 借款费用开始资本化的时点

借款费用允许开始资本化必须同时满足三个条件，即资产支出已经发生、借款费用已经发生、为使资产达到预定可使用或者可销售状态所必要的购建或者生产活动已经开始。

(1)资产支出已经发生

资产支出包括以支付现金、转移非现金资产和承担带息债务形式所发生的支出。

①支付现金，是指用货币资金支付符合资本化条件的资产的购建或者生产支出。

②转移非现金资产，是指企业将自己的非现金资产直接用于符合资本化条件的资产的购建或者生产。

【例 2-3】 六合企业将自己生产的产品，包括水泥、钢材等，用于符合资本化条件的资产的建造或者生产，该企业同时还用自己生产的产品换取其他企业的工程物资，用于符合资本化条件的资产的建造或者生产，这些产品的成本均属于资产支出。

③承担带息债务，是指企业为了购建或者生产符合资本化条件的资产而承担的带息应付款项。企业以赊购方式购买这些物资所产生的债务可能带息，也可能不带息。如果企业赊购这些物资承担的是不带息债务，就不应当将购买价款计入资产支出，因为该债务在偿付前不需要承担利息，也没有占用借款资金。企业只有等到实际偿付债务，发生了资源流出时，才能将其作为资产支出。如果企业赊购物资承担的是带息债务，企业要为这笔债务付出代价，支付利息，与企业向银行借入款项用以支付资产支出在性质上是一致的。企业为购建或者生产符合资本化条件的资产而承担的带息债务应当作为资产支出，当该带息债务发生时，视同资产支出已经发生。

(2)借款费用已经发生

借款费用已经发生，是指企业已经发生了因购建或者生产符合资本化条件的资产而专门借入款项的借款费用，或者占用了一般借款的借款费用。

(3)为使资产达到预定可使用或者可销售状态所必要的购建或者生产活动已经开始

为使资产达到预定可使用或者可销售状态所必要的购建或者生产活动已经开始，是指符合资本化条件的资产的实体建造或者生产工作已经开始，如主体设备的安装、厂房的实际开工建造等。它不包括仅仅持有资产但没有发生为改变资产形态而进行的实质上的建造或者生产活动。

企业只有在上述三个条件同时满足的情况下，有关借款费用才可以开始资本化；只要其中有一个条件没有满足，借款费用就不能资本化，而应计入当期损益。

【例 2-4】 六合企业专门借入款项建造某项符合资本化条件的固定资产，相关借款费用已经发生，同时固定资产的实体建造工作也已开始，但为固定资产建造所需物资等都是赊购或者客户垫付的(且所形成的负债均为不带息负债)，发生的相关薪酬等费用也尚未形成现金流出。

在这种情况下，固定资产建造本身并没有占用借款资金，没有发生资产支出，该事项只满足借款费用开始资本化的第二个和第三个条件，但是没有满足第一个条件，所以，所发生的借款费用不应予以资本化。

【例 2-5】 六合企业为了建造一项符合资本化条件的固定资产，使用自有资金购置了工程物资，该固定资产已经开始动工兴建，但专门借款资金尚未到位，也没有占用一般借款资金。

在这种情况下，企业尽管满足了借款费用开始资本化的第一个和第三个条件，但是不符合借款费用开始资本化的第二个条件，因此不允许开始借款费用的资本化。

【例 2-6】 六合企业为了建造某一项符合资本化条件的厂房，已经使用银行存款购置了水泥、钢材等，发生了资产支出，相关借款也已开始计息，但是厂房因各种原因迟迟未能开工兴建。

在这种情况下，企业尽管满足了借款费用开始资本化的第一个和第二个条件，但不符合借款费用开始资本化的第三个条件，因此所发生的借款费用不允许资本化。

2. 借款费用暂停资本化的时间

符合资本化条件的资产在购建或者生产过程中发生非正常中断且中断时间连续超过 3 个月的，应当暂停借款费用的资本化。中断的原因必须是非正常中断，属于正常中断的，相关借款费用仍可资本化。在实务中，企业应当遵循“实质重于形式”等原则来判断借款费用暂停资本化的时间，如果相关资产购建或者生产的中断时间较长而且满足其他规定条件的，相关借款费用应当暂停资本化。

非正常中断，通常是由于企业管理决策上的原因或者其他不可预见的原因等所导致的中断。例如，企业因与施工方发生了质量纠纷，或者工程、生产用料没有及时供应，或者资金周转发生了困难，或者施工、生产发生了安全事故，或者发生了与资产购建、生产有关的劳动纠纷等原因，导致资产购建或者生产活动发生中断，均属于非正常中断。

【例 2-7】 六合企业于 2010 年 1 月 1 日利用专门借款开工兴建一幢厂房，支出已经发生，因此借款费用从当日起开始资本化。工程预计于 2011 年 3 月完工。

2010 年 4 月 10 日，由于工程施工发生了安全事故，导致工程中断，直到 9 月 20 日才复工。

该中断属于非正常中断，因此，上述专门借款在 4 月 10 日至 9 月 20 日期间所发生的借款费用不应资本化，而应作为财务费用计入当期损益。

非正常中断与正常中断显著不同。正常中断通常仅限于购建或者生产符合资本化条件的资产达到预定可使用或者可销售状态所必要的程序，或者事先可预见的不可抗力因素导致的中断。例如，某些工程建造到一定阶段必须暂停下来进行质量或者安全检查，检查通过后才可继续下一阶段的建造工作，这类中断是在施工前可以预见的，而且是工程建造必须经过的程序，属于正常中断。某些地区的工程在建造过程中，由于可预见的不可抗力因素(如雨季或冰冻季节等)导致施工出现停顿，也属于正常中断。

【例 2-8】 六合企业在北方某地建造某工程期间，遇上冰冻季节(通常为 6 个月)，工程施工因此中断，待冰冻季节过后方能继续施工。

由于该地区在施工期间出现较长时间的冰冻为正常情况，由此导致的施工中断是可预见的不可抗力因素导致的中断，属于正常中断。在正常中断期间所发生的借款费用可以继续资本化，计入相关资产的成本。

3. 借款费用停止资本化的时点

购建或者生产符合资本化条件的资产达到预定可使用或者可销售状态时，借款费用应当停止资本化。在符合资本化条件的资产达到预定可使用或者可销售状态之后所发生的借款费用，应当在发生时根据其发生额确认为费用，计入当期损益。

资产达到预定可使用或者可销售状态，是指所购建或者生产的符合资本化条件的资产已经达到建造方、购买方或者企业自身等预先设计、计划或者合同约定的可以使用或者可以销售的状态。企业在确定借款费用停止资本化的时点需要运用职业判断，应当遵循实质重于形式原则，针对具体情况，依据经济实质判断所购建或者生产的符合资本化条件的资产达到预定可使用或者可销售状态的时点，具体可从以下几个方面进行判断：

(1)符合资本化条件的资产的实体建造(包括安装)或者生产活动已经全部完成或者实质上已经完成。

(2)所购建或者生产的符合资本化条件的资产与设计要求、合同规定或者生产要求相符或者基本相符，即使有极个别与设计、合同或者生产要求不相符的地方，也不影响其正常使用或者销售。

(3)继续发生在所购建或生产的符合资本化条件的资产上的支出金额很少或者几乎不再发生。

购建或者生产符合资本化条件的资产需要试生产或者试运行的，在试生产结果表明资产能够正常生产出合格产品，或者试运行结果表明资产能够正常运转或者营业时，应当认为该资产已经达到预定可使用或者可销售状态。

【例 2-9】 一元公司借入一笔款项，于 2010 年 2 月 1 日采用出包方式开工兴建一幢厂房。2011 年 10 月 10 日工程全部完工，达到合同要求。10 月 30 日工程验收合格，11 月 15 日办理工程竣工结算，11 月 20 日完成全部资产移交手续，12 月 1 日厂房正式投入使用。

在本例中，一元公司应当将 2011 年 10 月 10 日确定为工程达到预定可使用状态的时点，作为借款费用停止资本化的时点。后续的工程验收日、竣工结算日、资产移交日和投入使用日均不应作为借款费用停止资本化的时点，否则会导致资产价值和利润的高估。

在符合资本化条件的资产的实际购建或者生产过程中，如果所购建或者生产的符合资本化条件的资产分别建造、分别完工，企业也应当遵循实质重于形式原则，区别不同情况，界定借款费用停止资本化的时点。

如果所购建或者生产的符合资本化条件的资产各部分分别完工，且每部分在其他部分继续建造或者生产过程中可供使用或者可对外销售，且为使该部分资产达到预定可使用或可销售状态所必要的购建或者生产活动实质上已经完成的，应当停止与该部分资产相关的借款费用的资本化，因为该部分资产已经达到了预定可使用或者可销售状态。

如果企业购建或者生产的资产的各部分分别完工，但必须等到整体完工后才可使用或者对外销售的，应当在该资产整体完工时停止借款费用的资本化。在这种情况下，即使各部分资产已经完工，也不能够认为该部分资产已经达到预定可使用或者可销售状态，企业只能在所购建固定资产整体完工时，才能认为资产已经达到了预定可使用或者可销售状态，借款费用方可停止资本化。

【例 2-10】 六合企业在建设某一涉及数项工程的钢铁冶炼项目时，每个单项工程都是根据各道冶炼工序设计建造的，因此只有在每项工程都建造完毕后，整个冶炼项目才能正式运转，达到生产和设计要求，所以每一个单项工程完工后不应认为资产已经达到了预定可使用状态，企业只有等到整个冶炼项目全部完工，达到预定可使用状态时，才可停止借款费用的资本化。

任务检验

【1·单选题】 下列项目中，不属于借款费用的是（ ）。

A. 外币借款发生的汇兑损失　　B. 借款过程中发生的承诺费

C. 发行公司债券发生的折价　　D. 发行公司债券溢价的摊销

【2·多选题】 下列有关借款费用资本化的表述中，正确的有（ ）。

A. 所建造固定资产的支出基本不再发生，应停止借款费用资本化

B. 固定资产建造中发生正常中断且连续超过 3 个月的，应暂停借款费用资本化

C. 固定资产建造中发生非正常中断且连续超过 1 个月的，应暂停借款费用资本化

D. 所建造固定资产基本达到设计要求，不影响正常使用，应停止借款费用资本化

任务二 借款费用的计量

一、借款利息资本化金额的确定

在借款费用资本化期间内，每一会计期间的利息（包括折价或溢价的摊销，下同）的资本化金额，应当按照下列原则确定：

1. 为购建或者生产符合资本化条件的资产而借入专门借款的，应当以专门借款当期实际发生的利息费用减去将尚未动用的借款资金存入银行取得的利息收入或进行暂时性投资取得的投资收益后的金额，确定专门借款应予资本化的利息金额。

2. 为购建或者生产符合资本化条件的资产而占用了一般借款的，企业应当根据累计资产支出超过专门借款部分的资产支出加权平均数乘以所占用一般借款的资本化率，计算确定一般借款应予资本化的利息金额。资本化率应当根据一般借款加权平均利率计算确定。即企业占用一般借款购建或者生产符合资本化条件的资产时，一般借款的借款费用的资本化金额的确定应当与资产支出相挂钩。有关计算公式如下：

一般借款利息费用资本化金额＝累计资产支出超过专门借款部分的资产支出加权平均数×所占用一般借款的资本化率

所占用一般借款的资本化率＝所占用一般借款加权平均利率

＝所占用一般借款当期实际发生的利息之和÷所占用一般借款本金加权平均数

3. 每一会计期间的利息资本化金额不应当超过当期相关借款实际发生的利息金额。

【例 2-11】 一元公司于 2010 年 1 月 1 日正式动工兴建一幢厂房，工期预计为 1 年零 6 个月。工程采用出包方式，分别于 2010 年 1 月 1 日、2010 年 7 月 1 日和 2011 年 1 月 1 日支付工程进度款。

一元公司为建造厂房于 2010 年 1 月 1 日取得专门借款 30 000 000 元，借款期限为 3 年，年利率为 5%。另外，在 2010 年 7 月 1 日又取得专门借款 60 000 000 元，借款期限为 5 年，年利率为 6%。借款利息按年支付(如无特别说明，本项目例题中名义利率与实际利率相同)。

一元公司将闲置借款资金用于固定收益债券短期投资，该短期投资月收益率为 0.5%。

厂房于 2011 年 6 月 30 日完工，达到预定可使用状态。

一元公司为建造该厂房的支出金额如表 2-1 所示。

表 2-1 单位：元

日　期	每期资产支出金额	累计资产支出金额	闲置借款资金用于短期投资金额
2010 年 1 月 1 日	15 000 000	15 000 000	15 000 000
2010 年 7 月 1 日	35 000 000	50 000 000	40 000 000
2011 年 1 月 1 日	35 000 000	85 000 000	5 000 000
总　计	85 000 000	—	—

由于一元公司使用了专门借款建造厂房，而且厂房建造支出没有超过专门借款金额，因此，公司 2010 年、2011 年建造厂房应予资本化的利息金额计算如下：

(1)确定借款费用资本化期间为 2010 年 1 月 1 日至 2011 年 6 月 30 日。

(2)计算在资本化期间内专门借款实际发生的利息金额：

2010 年专门借款发生的利息金额＝30 000 000×5%＋60 000 000×6%×6/12
＝3 300 000(元)

2011 年 1 月 1 日至 6 月 30 日专门借款发生的利息金额＝30 000 000×5%×6/12＋60 000 000×6%×6/12＝2 550 000(元)

(3)计算在资本化期间利用闲置资金的专门借款资金进行短期投资的收益：

2010 年短期投资收益＝15 000 000×0.5%×6＋40 000 000×0.5%×6
＝1 650 000(元)

2011 年 1 月 1 日至 6 月 30 日短期投资收益＝5 000 000×0.5%×6＝150 000(元)

(4)由于在资本化期间内，专门借款利息费用的资本化金额应当以其实际发生的利息费用减去将闲置的借款资金进行短期投资取得的投资收益后的金额确定，因此：

2010 年的利息资本化金额＝3 300 000－1 650 000＝1 650 000(元)

2011 年的利息资本化金额＝2 550 000－150 000＝2 400 000(元)

(5)有关账务处理如下：

①2010 年 12 月 31 日

借：在建工程——××厂房　　1 650 000
　　应收利息(或银行存款)　　1 650 000
　贷：应付利息——××银行　　3 300 000

②2011 年 6 月 30 日

借:在建工程——××厂房　　2 400 000

　应收利息(或银行存款)　　150 000

　贷:应付利息——××银行　　2 550 000

【例 2-12】 沿用【例 2-11】有关资料,假定一元公司建造厂房没有专门借款,占用的都是一般借款。

一元公司为建造厂房占用的一般借款有两笔,具体如下:

(1)向 A 银行长期贷款 20 000 000 元,期限为 2009 年 12 月 1 日至 2012 年 12 月 1 日,年利率为 6%,按年支付利息。

(2)发行公司债券 1 亿元,于 2009 年 1 月 1 日发行,期限为 5 年,年利率为 8%,按年支付利息。

假定这两笔一般借款除了用于厂房建设外,没有用于其他符合资本化条件的资产的购建或者生产活动。假定全年按 360 天计算。

鉴于一元公司建造厂房没有占用专门借款,而占用了一般借款,因此公司应当首先计算所占用一般借款的加权平均利率作为资本化率,然后计算建造厂房的累计资产支出加权平均数,将其与资本化率相乘,计算求得当期应予资本化的借款利息金额。具体如下:

(1)计算所占用一般借款资本化率:

一般借款资本化率(年)=(20 000 000×6%+100 000 000×8%)÷(20 000 000+100 000 000)×100%=7.67%

(2)计算累计资产支出加权平均数:

2010 年累计资产支出加权平均数=15 000 000×360÷360+35 000 000×180÷360
=32 500 000(元)

2011 年累计资产支出加权平均数=85 000 000×180÷360=42 500 000(元)

(3)计算每期利息资本化金额:

2010 年为建造厂房的利息资本化金额=32 500 000×7.67%=2 492 750(元)

2010 年实际发生的一般借款利息费用=20 000 000×6%+100 000 000×8%
=9 200 000(元)

2011 年为建造厂房的利息资本化金额=42 500 000×7.67%=3 259 750(元)

2011 年 1 月 1 日至 6 月 30 日实际发生的一般借款利息费用=20 000 000×6%×180÷360+100 000 000×8%×180÷360=4 600 000(元)

上述计算的利息资本化金额没有超过两笔一般借款实际发生的利息费用,可以予以资本化。

(4)根据上述计算结果,账务处理如下:

①2010 年 12 月 31 日

借:在建工程——厂房　　2 492 750

　财务费用　　6 707 250

　贷:应付利息——××银行　　9 200 000

②2011 年 6 月 30 日

借:在建工程——厂房　　3 259 750

　财务费用　　1 340 250

　贷:应付利息——××银行　　4 600 000

【例 2-13】 沿用【例 2-11】、【例 2-12】,假定一元公司为建造厂房于 2010 年 1 月 1 日专门借款 30 000 000 元,借款期限为 3 年,年利率为 5%。除此之外,没有其他专门借款。在厂房建造过程中所占用的一般借款仍为两笔,一般借款有关资料沿用【例 2-12】。其他相关资料同【例 2-11】和【例 2-12】。

在这种情况下,公司应当首先计算专门借款利息的资本化金额,然后计算所占用一般借款的资本化金额。具体如下:

(1)计算专门借款利息资本化金额:

2010 年专门借款利息资本化金额＝30 000 000×5%－15 000 000×0.5%×6
＝1 050 000(元)

2011 年专门借款利息资本化金额＝30 000 000×5%×180÷360＝750 000(元)

(2)计算一般借款资本化金额:

在建造厂房过程中,自 2010 年 7 月 1 日起已经有 20 000 000 元占用了一般借款,另外,2011 年 1 月 1 日指出的 35 000 000 元也占用了一般借款。计算这两笔资产支出的加权平均数如下:

2010 年占用一般借款的资产支出加权平均数＝20 000 000×180÷360
＝10 000 000(元)

由于一般借款利息资本化率与【例 2-12】相同,即为 7.67%。所以:

2010 年应予资本化的一般借款利息金额＝10 000 000×7.67%＝767 000(元)

2011 年占用一般借款的资产支出加权平均数＝(20 000 000＋35 000 000)×180÷360＝27 500 000(元)

则 2011 年应予资本化的一般借款利息金额＝27 500 000×7.67%＝2 109 250(元)

(3)根据上述结算结果,公司建造厂房应予资本化的利息金额如下:

2010 年利息资本化金额＝1 050 000＋767 000＝1 817 000(元)

2011 年利息资本化金额＝750 000＋2 109 250＝2 859 250(元)

(4)有关账务处理如下:

①2010 年 12 月 31 日

借:在建工程——××厂房　　1 817 000

　财务费用　　8 433 000

　应收利息(或银行存款)　　450 000

　贷:应付利息——××银行　　10 700 000

注:2010 年实际发生的借款利息＝30 000 000×5%＋20 000 000×6%＋100 000 000×8%＝10 700 000(元)

②2011 年 6 月 30 日

借:在建工程——××厂房　　　　2 859 250

　财务费用　　　　2 490 750

　贷:应付利息——××银行　　　　5 350 000

注:2011 年 1 月 1 日至 6 月 30 日的实际发生的借款费用＝10 700 000÷2
＝5 350 000(元)

【例 2-14】　一元公司拟在厂区内建造一种新厂房,有关资料如下:

(1)2010 年 1 月 1 日向银行专门借款 60 000 000 元,期限为 3 年,年利率为 6%,每年 1 月 1 日付息。

(2)除专门借款外,公司只有一笔其他借款,为公司于 2009 年 12 月 1 日借入的长期借款 72 000 000 元,期限为 5 年,年利率为 8%,每年 12 月 1 日付息,假设一元公司在 2010 年和 2011 年年底均未支付当年利息。

(3)由于审批、办手续等原因,厂房于 2010 年 4 月 1 日才开始动工兴建,当日支付工程款 24 000 000 元。工程建设期间的支出情况如表 2-2 所示。

表 2-2　　　　单位:元

日　期	每期资产支出金额	累计资产支出金额	闲置借款资金用于短期投资金额
2010 年 4 月 1 日	24 000 000	24 000 000	36 000 000
2010 年 6 月 1 日	12 000 000	36 000 000	24 000 000
2010 年 7 月 1 日	36 000 000	72 000 000	占用一般借款
2011 年 1 月 1 日	12 000 000	84 000 000	
2011 年 4 月 1 日	6 000 000	90 000 000	
2011 年 7 月 1 日	6 000 000	96 000 000	
总　计	96 000 000	—	—

工程于 2011 年 9 月 30 日完工,达到预定可使用状态。其中,由于施工质量问题,工程于 2010 年 9 月 1 日至 12 月 31 日停工 4 个月。

(4)专门借款中未支出部分全部存入银行,假定月利率为 0.25%。假定全年按照 360 天计算,每月按照 30 天计算。

根据上述资料,有关利息资本化金额的计算和账务处理如下:

(1)计算 2010 年、2011 年全年发生的专门借款和一般借款利息费用:

2010 年专门借款发生的利息金额＝60 000 000×6%＝3 600 000(元)

2010 年一般借款发生的利息金额＝72 000 000×8%＝5 760 000(元)

2011 年专门借款发生的利息金额＝60 000 000×6%＝3 600 000(元)

2011 年一般借款发生的利息金额＝72 000 000×8%＝5 760 000(元)

(2)在本例中,尽管专门借款于 2010 年 1 月 1 日借入,但是厂房建设于 4 月 1 日才开工。因此,借款利息费用从 4 月 1 日起才符合开始资本化的条件,计入在建工程成本。同时,由于厂房建设在 2010 年 9 月 1 日至 12 月 31 日期间发生非正常中断 4 个月,该期间发生的利息费用应当暂停资本化,计入当期损益。

(3)计算 2010 年借款利息资本化金额和应计入当期损益金额及其账务处理:

①计算 2010 年专门借款应予资本化的利息金额

2010 年 1～3 月和 9～12 月专门借款发生的利息费用＝60 000 000×6%×210÷360
＝2 100 000(元)

2010 年专门借款转存入银行取得的利息收入＝60 000 000×0.25%×3＋36 000 000×0.25%×2＋24 000 000×0.25%×1
＝690 000(元)

其中,专门借款在资本化期间取得的利息收入＝36 000 000×0.25%×2＋24 000 000×0.25%×1＝240 000(元)

公司在 2010 年应予资本化的专门借款利息金额＝3 600 000－2 100 000－240 000＝1 260 000(元)

公司在 2010 年应当计入当期损益(财务费用)的专门借款利息金额(减利息收入)＝3 600 000－1 260 000－690 000＝1 650 000(元)

②计算 2010 年一般借款应予资本化的利息金额

公司在 2010 年占用一般借款资金的资产支出加权平均数＝(24 000 000＋12 000 000＋36 000 000－60 000 000)×60÷360＝2 000 000(元)

公司在 2010 年一般借款应予资本化的利息金额＝2 000 000×8%＝160 000(元)

公司在 2010 年应当计入当期损益的一般借款利息金额＝5 760 000－160 000
＝5 600 000(元)

③计算 2010 年应予资本化和应计入当期损益的利息金额

公司在 2010 年应予资本化的借款利息金额＝1 260 000＋160 000＝1 420 000(元)

公司在 2010 年应当计入当期损益的借款利息金额＝1 650 000＋5 600 000
＝7 250 000(元)

④2010 年有关会计分录

借:在建工程——××厂房	1 420 000	
财务费用	7 250 000	
应收利息(或银行存款)	690 000	
贷:应付利息——××银行		9 360 000

(4)计算 2011 年借款利息资本化金额和应计入当期损益金额及其账务处理:

①计算 2011 年专门借款应予资本化的利息金额

公司在 2011 年应予资本化的专门借款利息金额＝60 000 000×6%×270÷360
＝2 700 000(元)

公司在 2011 年应当计入当期损益的专门借款利息金额＝3 600 000－2 700 000
＝900 000(元)

②计算 2011 年一般借款应予资本化的利息金额

公司在 2011 年占用一般借款资金的资产支出加权平均数

＝24 000 000×270÷360＋6 000 000×180÷360＋6 000 000×90÷360

＝22 500 000(元)

公司在 2011 年一般借款应予资本化的利息金额＝22 500 000×8%
＝1 800 000(元)

公司在 2011 年应当计入当期损益的一般借款利息金额＝5 760 000－1 800 000
＝3 960 000(元)

③计算 2011 年应予资本化和应计入当期损益的利息金额

公司在 2011 年应予资本化的借款利息金额＝2 700 000＋1 800 000
＝4 500 000(元)

公司在 2011 年应当计入当期损益的借款利息金额＝900 000＋3 960 000
＝4 860 000(元)

④2011 年有关会计分录

借:在建工程——××厂房　　4 500 000
　财务费用　　4 860 000
　贷:应付利息——××银行　　9 360 000

二、借款辅助费用资本化金额的确定

辅助费用是企业为了安排借款而发生的必要费用,包括借款手续费(如发行债券手续费)、佣金等。如果企业不发生这些费用,就无法取得借款,因此,辅助费用是企业借入款项所付出的一种代价,是借款费用的有机组成部分。

对于企业发生的专门借款辅助费用,在所购建或者生产的符合资本化条件的资产达到预定可使用或者可销售状态之前发生的,应当在发生时根据其发生额予以资本化;在所购建或者生产的符合资本化条件的资产达到预定可使用或者可销售状态之后所发生的,应当在发生时根据其发生额确认为费用,计入当期损益。上述资本化或计入当期损益的辅助费用的发生额,是指根据《企业会计准则第 22 号——金融工具确认和计量》,按照实际利率法所确定的金融负债交易费用对每期利息费用的调整额。借款实际利率与合同利率差异较小的,也可以采用合同利率计算确定利息费用。一般借款发生的辅助费用,也应当按照上述原则确定其发生额。考虑到借款辅助费用与金融负债交易费用是一致的,其会计处理相同。

根据《企业会计准则第 22 号——金融工具确认和计量》的规定,除以公允价值计量且其变动计入当期损益的金融负债之外,其他金融负债相关的交易费用应当计入金融负债的初始确认金额。为购建或者生产符合资本化条件的资产的专门借款或者一般借款,通常都属于除以公允价值计量且其变动计入当期损益的金融负债之外的其他金融负债。对于这些金融负债所发生的辅助费用需要计入借款的初始确认金额,即抵减相关借款的初始确认金额,从而影响以后各期实际利息的计算。换句话说,由于辅助费用的发生将导致相关借款实际利率的上升,从而需要对各期利息费用作相应调整,在确定借款辅助费用资本化金额时可以结合借款利息资本化金额一并计算。

三、外币专门借款汇兑差额资本化金额的确定

在资本化期间内,外币专门借款本金及其利息的汇兑差额应当予以资本化,计入符合资本化条件的资产的成本;除外币专门借款之外的其他外币借款本金及其利息所产生的

汇兑差额，应当作为财务费用计入当期损益。

【例 2-15】 一元公司产品已经打入美国市场，为节约生产成本，决定在当地建造生产工厂设立分公司，2010 年 1 月 1 日，为该工程项目专门向当地银行借入 10 000 000 美元，年利率为 8%，期限为 3 年，假定不考虑与借款有关的辅助费用。合同约定，一元公司于每年 1 月 1 日支付借款利息，到期偿还借款本金。

工程于 2010 年 1 月 1 日开始实体建造，2011 年 6 月 30 日完工，达到预定可使用状态。期间发生的资产支出如下：

2010 年 1 月 1 日，支出 2 000 000 美元；

2010 年 7 月 1 日，支出 5 000 000 美元；

2011 年 1 月 1 日，支出 3 000 000 美元。

公司的记账本位币为人民币，外币业务采用业务发生时当日即期汇率（市场汇率）折算。相关汇率如下：

2010 年 1 月 1 日，市场汇率为 1 美元＝6.70 人民币元；

2010 年 12 月 31 日，市场汇率为 1 美元＝6.75 人民币元；

2011 年 1 月 1 日，市场汇率为 1 美元＝6.77 人民币元；

2011 年 6 月 30 日，市场汇率为 1 美元＝6.80 人民币元。

本例中，一元公司计算该外币借款汇兑差额资本化金额如下：

（1）计算 2010 年汇兑差额资本化金额。

①应付利息＝10 000 000×8%×6.75＝5 400 000（元）

财务处理为：

借：在建工程——××工程	5 400 000	
贷：应付利息——××银行		5 400 000

②外币借款本金及利息汇兑差额＝10 000 000×（6.75－6.70）＋800 000×（6.75－6.75）＝500 000（元）

账务处理为：

借：在建工程——××工程	500 000	
贷：长期借款——××银行——汇兑差额		500 000

（2）2011 年 1 月 1 日实际支付利息时，应当支付 800 000 美元，折算成人民币为 5 416 000元。该金额与原账面金额之间的差额 16 000 元应当继续予以资本化，计入在建工程成本。账务处理为：

借：应付利息——××银行	5 400 000	
在建工程——××工程	16 000	
贷：银行存款		5 416 000

（3）计算 2011 年 6 月 30 日时的汇兑差额资本化金额。

①应付利息＝10 000 000×8%×1/2×6.80＝2 720 000（元）

账务处理为：

借：在建工程——××工程	2 720 000	
贷：应付利息——××银行		2 720 000

②外币借款本金及利息汇兑差额＝10 000 000×(6.80－6.75)＋400 000×(6.80－6.80)＝500 000(元)

账务处理为：

借:在建工程——××工程　　500 000

　贷:长期借款——××银行——汇兑差额　　500 000

任务检验

【1·判断题】 在借款费用资本化期间内,建造资产的累计支出金额未超过专门借款金额的,发生的专门借款利息扣除该期间与专门借款相关的收益后的金额,应当计入所建造资产成本。 (　　)

【2·单选题】 2009年1月1日,甲公司取得专门借款2 000万元直接用于当日开工建造的厂房,2009年累计发生建造支出1 800万元。2010年1月1日,该企业又取得一般借款500万元,年利率为6%,当天发生建造支出300万元,以借入款项支付(甲企业无其他一般借款)。不考虑其他因素,甲企业按季计算利息费用资本化金额。2010年第一季度该企业应予资本化的一般借款利息费用为(　　)万元。

A. 1.5　　B. 3　　C. 4.5　　D. 7.5

项目综训

一、单项选择题

1. A公司2009年1月8日决定建造固定资产,2月18日取得专门借款存入银行;3月17日支付工程款项;4月16日正式动工建造。A公司专门借款利息开始资本化的时间为(　　)。

A. 3月17日　　B. 4月16日　　C. 2月18日　　D. 1月8日

2. 某企业2009年7月1日为建造厂房,从银行取得3年期借款300万元,年利率为6%,按单利计算,到期一次归还本息。借入款项存入银行,工程于2010年年底达到预定可使用状态。2009年10月1日用银行存款支付工程价款150万元并开始厂房的建造,2010年4月1日用银行存款支付工程价款150万元。该项专门借款在2009年第三季度的利息收入为3万元,第四季度的利息收入为1.5万元。则2009年借款费用的资本化金额为(　　)万元。

A. 2.25　　B. 4.5　　C. 1.5　　D. 3

3. 甲公司为建造厂房于2010年2月1日从银行借入6 000万元专门借款,借款期限为2年,年利率为8%,不考虑借款手续费。该项专门借款在银行的存款年利率为3%,2010年7月1日,甲公司采用自营方式建造该厂房,由于审批办手续等原因当日支付1 000万元的工程款,厂房实体建造工作于当日开始。该工程因发生施工安全事故在2010年9月1日至11月30日中断施工,12月1日恢复正常施工,至年末工程尚未完工。该项厂房建造工程在2010年度应予资本化的利息金额为(　　)万元。

A. 120　　B. 82.5　　C. 215　　D. 112.5

4. 甲公司2009年1月1日发行面值总额为10 000万元的债券,取得的款项专门用于建造厂房。该债券是分期付息、到期还本债券，期限为4年，票面年利率为10%，每年12月31日支付当年利息。该债券年实际利率为8%。债券发行价格总额为10 662.10万元，款项已存入银行。厂房于2008年1月1日开工建造，2008年度累计发生建造工程支出5 000万元。经批准，2009年甲公司将尚未使用的债券资金投资于国债，取得投资收益600万元。2009年12月31日工程完工，新建厂房的入账价值为（　　）万元。

A. 5 092.97　　B. 5 252.97　　C. 58 452.97　　D. 6 000

二、多项选择题

1. 在符合借款费用资本化条件的会计期间，下列有关借款费用会计处理的表述中，正确的有（　　）。

A. 为购建固定资产向商业银行借入的专门借款发生的辅助费用，应予以资本化

B. 为购建固定资产取得的外币专门借款本金发生的汇兑差额，应予以资本化

C. 为购建固定资产而资本化的利息金额，不得超过当期专门借款实际发生的利息

D. 为购建固定资产取得的外币专门借款利息发生的汇兑差额，全部计入当期损益

E. 为购建固定资产溢价发行的债券，每期按面值和票面利率计算的利息减去按直线法摊销的溢价后的差额，应予以资本化

2. 关于借款费用准则中每一会计期间的利息资本化金额的确定，下列说法中正确的有（　　）。

A. 为购建或者生产符合资本化条件的资产而借入专门借款的，应当以专门借款当期实际发生的利息费用，减去将尚未动用的借款资金存入银行取得的利息收入或进行暂时性投资取得的投资收益后的金额确定

B. 企业应当将累计资产支出加权平均数乘以资本化率，计算确定当期应予资本化的利息金额

C. 为购建或者生产符合资本化条件的资产而占用了一般借款的，企业应当根据累计资产支出超过专门借款部分的资产支出加权平均数乘以所占用一般借款的资本化率，计算确定一般借款应予资本化的利息金额

D. 借款存在折价或者溢价的，应当按照实际利率法确定每一会计期间应摊销的折价或者溢价金额，调整每期利息金额

E. 为购建或者生产符合资本化条件的资产而占用了一般借款的，企业应当根据累计资产支出加权平均数超过专门借款的部分乘以所占用一般借款的资本化率，计算确定一般借款利息中应予资本化的金额

3. 甲公司于2008年12月1日正式动工兴建一幢办公楼，工期预计为1年零6个月，工程采用出包方式，分别于2009年1月1日、2009年7月1日和2010年1月1日支付工程进度款1 500万元、2 500万元和1 500万元。

甲公司为建造办公楼于2009年1月1日专门借款2 000万元，借款期限为3年，年利率为6%。另外在2009年7月1日又专门借款4 000万元，借款期限为5年，年利率为7%。借款利息按年支付（名义利率与实际利率均相同）。2009年8月1日甲公司与施工单位发生纠纷，工程暂时停工。2009年10月1日，甲公司与施工单位达成谅解协议，工程恢复施工。

闲置借款资金均用于固定收益债券短期投资，该短期投资月收益率为0.5%。办公楼于2010年6月30日完工，达到预定可使用状态。并于2010年8月15日办理竣工决算。

要求：根据上述资料，不考虑其他因素，回答下列问题。

(1)关于借款费用准则中每一会计期间的利息资本化金额的确定，下列说法中不正确的有（ ）。

A.专门借款利息资本化应与资产支出相挂钩

B.闲置的专门借款资金取得的利息收入应当予以递延确认收益

C.2009年8月1日不应当暂停资本化

D.2009年8月1日至2009年10月1日发生的借款费用利息应当直接计入当期损益

E.为购建或者生产符合资本化条件的资产而借入专门借款的，应当以专门借款当期实际发生的利息费用的金额确定

(2)甲公司关于借款费用的会计处理的以下说法中正确的有（ ）。

A.借款费用停止资本化的时点是2010年8月15日

B.2009年专门借款发生的利息金额为260万元

C.2009年利息资本化金额为260万元

D.2009年利息资本化金额为185万元

E.2010年利息资本化金额与2009年利息资本化金额相等

三、计算分析题

甲股份有限公司（以下简称甲公司）为了建造一栋厂房，于2008年11月1日专门从某银行借入5 000万元（假定甲公司向该银行的借款仅此一笔），借款期限为2年，年利率为6%，利息到期一次支付。该厂房采用出包方式建造，与承包方签订的工程合同的总造价为7 977万元。假定利息资本化金额按年计算，每年按360天计算，每月按30天计算。

(1)2009年发生的与厂房建造有关的事项如下：

1月1日，厂房正式动工兴建。当日用银行存款向承包方支付工程进度款1 000万元；

4月1日，用银行存款向承包方支付工程进度款1 000万元；

7月1日，用银行存款向承包方支付工程进度款1 000万元；

8月1日，甲公司与施工方发生了质量纠纷，工程暂时停工；

10月1日，甲公司与施工单位达成谅解协议，工程恢复施工；

10月1日，用银行存款向承包方支付工程进度款1 000万元；

11月1日，用银行存款向承包方支付工程进度款1 977万元；

12月31日，工程全部完工，可投入使用。甲公司还需要支付工程价款2 000万元。

上述专门借款2009年取得的收入为127万元（存入银行）。

(2)2010年发生的与所建造厂房和债务重组有关的事项如下：

1月31日，办理厂房工程竣工决算，与承包方结算的工程总造价为7 977万元。同日工程交付手续办理完毕，剩余工程款尚未支付。

11 月 1 日，甲公司发生财务困难，无法按期偿还于 2008 年 11 月 1 日借入的到期借款本金和利息。按照借款合同，公司在借款逾期未还期间，仍然必须按照原利率支付利息，如果逾期期间超过 2 个月，银行还将加收 1%的罚息。

11 月 10 日，银行将其对甲公司的债权全部划给资产管理公司。

12 月 1 日，甲公司与资产管理公司达成债务重组协议，债务重组日为 12 月 1 日，与债务重组有关的资产、债权和债务的所有权划转及相关法律手续均于当日办理完毕。有关债务重组及相关资料如下：

①资产管理公司首先豁免甲公司所有积欠利息。

②甲公司用两台生产设备抵偿债务。该生产设备的原价为 750 万元，累计折旧为 130 万元，公允价值为 640 万元。两项资产均未计提减值准备。

③资产管理公司对甲公司的剩余债权实施债转股，资产管理公司由此获得甲公司普通股 1 000 万股(每股面值 1 元)，每股市价为 4 元。

(3)2011 年发生的与资产置换有关的事项如下：

12 月 1 日，甲公司由于经营业绩滑坡，为了实现产业转型和产品结构调整，与资产管理公司控股的乙公司(该公司为房地产开发企业)达成资产置换协议。协议规定，甲公司将前述新建厂房和部分库存商品与乙公司的一批原材料进行置换。资产置换日为 12 月 1 日。与资产置换有关的资产、债权和债务的所有权划转及相关法律手续均于当日办理完毕。其他有关资料如下：

①公司所换出库存商品的账面余额为 3 000 万元，公允价值为 2 000 万元；甲公司已为库存商品计提了 1 400 万元的跌价准备。甲公司所换出的新建厂房的公允价值为 6 000万元。甲公司对新建厂房采用年限平均法计提折旧，预计使用年限为 10 年，预计净残值为 210 万元。支付补价 1 020 万元。

②乙公司用于置换的原材料的账面价值为 6 200 万元，公允价值为 8 000 万元。

③甲将换入的原材料用于生产 A 商品，2011 年 12 月 31 日，由于材料市场销售价格下降，用该批原材料所生产的 A 产品市场价格也发生下降，假设利用该批原材料所生产的 A 产品售价总额由 8 500 万元下降到 7 500 万元，将上述材料加工 A 产品尚需投入 200 万元，估计销售费用及相关税金为 20 万元。

假定不考虑与厂房建造、债务重组和资产置换相关的税费，非货币性资产交换具有商业实质。

要求：

(1)确定所建造厂房有关利息开始资本化和停止资本化的时点。

(2)计算甲公司 2009 年借款费用资本化金额并编制与专门借款利息有关的会计分录。

(3)编制甲公司与债务重组有关的会计分录。

(4)编制甲公司与非货币性资产交换有关的会计分录。

(5)编制甲公司 2011 年 12 月 31 日对换入资产计提减值准备的会计分录。

项目三

非货币性资产交换

项目目标

学习本项目，应能完成以下两项任务：

任务一：非货币性资产交换的确认和计量

任务二：非货币性资产交换的会计处理

项目实施

任务一　非货币性资产交换的确认和计量

企业在生产经营过程中，有时会出现这种状况，即甲企业需要乙企业拥有的某项设备，而乙企业恰好需要甲企业生产的产品作为原材料，双方可能通过互相交换上述设备和原材料达成交易，这就是一种非货币性资产交换行为。通过这种交换，企业一方面满足了各自生产经营的需要；另一方面也在一定程度上减少了货币性资产的流出。

一、非货币性资产交换的概念

非货币性资产交换是一种非经常性的特殊交易行为，是交易双方主要以存货、固定资产、无形资产和长期股权投资等非货币性资产进行的交换。这里的非货币性资产是相对于货币性资产而言的。所谓货币性资产，是指企业持有的货币资金和将以固定或可确定的金额收取的资产，包括库存现金、银行存款、应收账款和应收票据以及准备持有至到期的债券投资等；所谓非货币性资产，是指货币性资产以外的资产，该类资产在将来为企业带来的经济利益不固定或不可确定，包括存货（如原材料、库存商品等）、长期股权投资、投资性房地产、固定资产、在建工程、无形资产等。

这里所说的非货币性资产交换，仅包括企业之间主要以非货币性资产形式进行的互惠转让，即企业取得一项非货币性资产，必须以付出自己拥有的非货币性资产作为代价。企业与所有者或所有者以外方面的非货币性资产非互惠转让，如以非货币性资产作为股利发放给股东，或政府无偿提供非货币性资产给企业等，或在企业合并、债务重组中取得的非货币性资产，或企业以发行股票形式取得的非货币性资产等，均不属于本项目所讲的非货币性资产交换的范围。

二、非货币性资产交换的认定

从非货币性资产交换的概念可以看出，非货币性资产交换的交易对象主要是非货币性资产，交易中一般不涉及货币性资产，或只涉及少量货币性资产，即补价。一般认为，如果补价占整个资产交换金额的比例低于25%，则认定所涉及的补价为“少量”，该交换为非货币性资产交换；如果该比例等于或高于25%，则视为货币性资产交换。非货币性资产交换的认定条件可以用下面的公式表示：

$$\frac{\text{支付的货币性资产}}{\text{换入资产公允价值（或换出资产公允价值+支付的货币性资产）}}<25\%$$

或者

$$\frac{\text{收到的货币性资产}}{\text{换出资产公允价值（或换入资产公允价值+收到的货币性资产）}}<25\%$$

三、非货币性资产交换的确认和计量

非货币性资产交换无外乎几种形式，即一项资产换入一项资产、一项资产换入多项资产、多项资产换入一项资产和多项资产换入多项资产。无论采用何种形式，在确定换入资产成本的计量基础和交换所产生损益的确认原则时，还需要判断该项交换是否具有商业实质，以及换入资产或换出资产的公允价值能否可靠地计量。

（一）商业实质的判断

1. 判断条件

认定某项非货币性资产交换具有商业实质，必须满足下列条件之一：一是换入资产的未来现金流量在风险、时间和金额方面与换出资产显著不同；二是换入资产与换出资产的预计未来现金流量现值不同，且其差额与换入资产和换出资产的公允价值相比是重大的。

企业如果难以判断某项非货币性资产交换是否满足第一项条件，则应当考虑第二项条件，即换入资产与换出资产的预计未来现金流量现值不同，且其差额与换入资产和换出资产的公允价值相比是重大的。

资产的预计未来现金流量现值，应当按照资产在持续使用过程中和最终处置时预计产生的税后未来现金流量（因为交易双方适用的所得税税率可能不同），根据企业自身而不是市场参与者对资产特定风险的评价，选择恰当的折现率对预计未来现金流量折现后的金额加以确定。强调企业自身，是由于考虑到换入资产的性质和换入企业经营活动的特征，换入资产与换入企业其他现有资产相结合，可能比换出资产产生更大的作用，即换入资产与换出资产对换入企业的使用价值明显不同，使换入资产的预计未来现金流量现值与换出资产相比产生明显差异，表明该两项资产的交换具有商业实质。

例如，某企业以一项专利权换入另一企业拥有的长期股权投资，假定从市场参与者角度看，该项专利权与该项长期股权投资的公允价值相同，同时假定两项资产未来现金流量的风险、时间和金额亦相同，但是对换入企业来讲，换入该项长期股权投资使该企业与被投资方的投资关系由重大影响变为控制，另一企业换入的专利权能够解决生产中的技术难题，两企业换入资产的预计未来现金流量现值与换出资产相比均有明显差异，可以判断两项资产的交换具有商业实质。

2. 关联方之间交换资产与商业实质的关系

在确定非货币性资产交换是否具有商业实质时，企业应当关注交易各方之间是否存在关联方关系。关联方关系的存在可能导致发生的非货币性资产交换不具有商业实质。

(二)公允价值能否可靠计量的判断

属于以下三种情形之一的，换入资产或换出资产的公允价值视为能够可靠计量：

1. 换入资产或换出资产存在活跃市场，以市场价格为基础确定公允价值。

2. 换入资产或换出资产不存在活跃市场，但同类或类似资产存在活跃市场，以同类或类似资产市场价格为基础确定公允价值。

3. 换入资产或换出资产不存在同类或类似资产可比交易市场，采用估值技术确定公允价值。采用估值技术确定公允价值时，要求采用该估值技术确定的公允价值估计数的变动区间很小，或者在公允价值估计数变动区间内，各种用于确定公允价值估计数的概率能够合理确定。

任务检验

【1·多选题】　下列资产中，属于非货币性资产的有(　　)。

A. 存货　　B. 固定资产

C. 可供出售金融资产　　D. 准备持有至到期的债券投资

【2·多选题】　下列项目中，属于非货币性资产交换的有(　　)。

A. 以公允价值 100 万元的原材料换取一项设备

B. 以公允价值 500 万元的长期股权投资换取专利权

C. 以公允价值 100 万元的 A 车床换取 B 车床，同时收到 20 万元的补价

D. 以公允价值 70 万元的电子设备换取一辆小汽车，同时支付 30 万元的补价

任务二　非货币性资产交换的会计处理

一、以公允价值计量的非货币性资产交换的会计处理

非货币性资产交换同时满足下列两个条件的，应当以公允价值和应支付的相关税费作为换入资产的成本，公允价值与换出资产账面价值的差额计入当期损益：

1. 该项交换具有商业实质；

2. 换入资产或换出资产的公允价值能够可靠地计量。

换入资产和换出资产公允价值均能够可靠计量的，应当以换出资产公允价值作为确定换入资产成本的基础，一般来说，取得资产的成本应当按照所放弃资产的对价来确定，在非货币性资产交换中，换出资产的价值就是放弃的对价，如果其公允价值能够可靠确定，应当优先考虑按照换出资产的公允价值作为确定换入资产成本的基础；如果有确凿证

据表明换入资产的公允价值更加可靠的，应当以换入资产公允价值为基础确定换入资产的成本。

在以公允价值计量的情况下，无论是否涉及补价，只要换出资产的公允价值与其账面价值不相同，就通常会涉及损益的确认，因为非货币性资产交换损益通常是由换出资产公允价值与换出资产账面价值的差额通过非货币性资产交换予以实现。

非货币性资产交换的会计处理，视换出资产的类别不同而有所区别：

1. 换出资产为存货的，应当视同存货销售处理，按照公允价值确认销售收入，同时结转销售成本，销售收入与销售成本之间的差额即换出资产公允价值与换出资产账面价值的差额，在利润表中作为营业利润的构成部分予以列示。

2. 换出资产为固定资产、无形资产的，应当视同固定资产、无形资产处置处理，换出资产公允价值与换出资产账面价值的差额计入营业外收入或营业外支出。

3. 换出资产为长期股权投资的，应当视同长期股权投资处置处理，换出资产公允价值与换出资产账面价值的差额计入投资收益。

非货币性资产交换涉及相关税费的，如换出存货视同销售计算的增值税销项税额，换入资产作为存货、固定资产应当确认的增值税进项税额，以及换出固定资产、无形资产视同转让应缴纳的增值税、营业税等，按照相关税收规定计算确定。

（一）不涉及补价情况下的会计处理

【例 3-1】 2011 年 8 月，甲公司以生产经营过程中使用的一台设备交换乙家具公司生产的一批办公家具，换入的办公家具作为固定资产管理。甲乙均为增值税一般纳税人，适用的增值税税率均为 17%。设备的账面原价为 100 000 元，在交换日的累计折旧为 35 000元，公允价值为 75 000 元。办公家具的账面价值为 80 000 元，在交换日的公允价值为 75 000 元，计税价格等于公允价值。乙公司换入甲公司的设备是生产家具过程中需要使用的设备。

假设甲公司此前没有为该项设备计提资产减值准备，整个交易过程中，除支付清理费 1 500 元外没有发生其他相关税费。假设乙公司此前也没有为库存商品计提存货跌价准备，其在整个交易过程中没有发生除增值税以外的其他税费，根据税法规定，甲公司换入固定资产支付的增值税不能抵扣。

在整个资产交换过程没有涉及收付货币性资产，因此，该项交换属于非货币性资产交换。本例是以存货换入固定资产，对甲公司来讲，换入的办公家具是经营过程必需的资产，对乙公司来讲，换入的设备是生产家具过程中所需使用的机器，两项资产交换后对换入企业的特定价值显著不同，两项资产的交换具有商业实质；同时，两项资产的公允价值都能够可靠地计量，符合非货币性资产交换准则规定以公允价值计量的两个条件，因此，甲公司和乙公司均应当以换出资产的公允价值为基础确定换入资产的成本，并确认产生的损益。

甲公司的账务处理如下：

借：固定资产清理	65 000	
累计折旧	35 000	
贷：固定资产——设备		100 000

借：固定资产清理　　1 500
　贷：银行存款　　1 500
借：固定资产——办公家具　　75 000
　贷：固定资产清理　　66 500
　　营业外收入　　8 500

乙公司的账务处理如下：

根据增值税暂行条例的有关规定，企业以库存商品换入其他资产，视同销售行为发生，应计算增值税销项税额，缴纳增值税。

换出办公家具的增值税销项税额＝75 000×17%＝12 750(元)

借：固定资产——设备　　87 750
　贷：主营业务收入　　75 000
　　应交税费——应交增值税(销项税额)　　12 750
借：主营业务成本　　80 000
　贷：库存商品——办公家具　　80 000

(二)涉及补价情况下的会计处理

在以公允价值确定换入资产成本的情况下，发生补价的，支付补价方和收到补价方应当分别按以下情况处理：

1. 支付补价方：应当以换出资产的公允价值加上支付的补价(或换入资产的公允价值)和应支付的相关税费作为换入资产的成本；换入资产成本与换出资产账面价值加支付的补价、应支付的相关税费之和的差额应当计入当期损益。其计算公式为：

换入资产成本＝换出资产公允价值＋支付的补价＋应支付的相关税费

计入当期损益的金额＝换入资产成本－(换出资产账面价值＋支付的补价＋应支付的相关税费)

＝换出资产公允价值－换出资产账面价值

2. 收到补价方：应当以换入资产的公允价值(或换出资产的公允价值减去补价)和应支付的相关税费作为换入资产的成本；换入资产成本加收到的补价之和与换出资产账面价值加应支付的相关税费之和的差额应当计入当期损益。其计算公式为：

换入资产成本＝换出资产公允价值－收取的补价＋应支付的相关税费

计入当期损益的金额＝(换入资产成本＋收到的补价)－(换出资产账面价值＋应支付的相关税费)

＝换出资产公允价值－换出资产账面价值

在涉及补价的情况下，对于支付补价方而言，作为补价的货币性资产构成换入资产所放弃对价的一部分，对于收到补价方而言，作为补价的货币性资产构成换入资产的一部分。

【例 3-2】　甲公司与乙公司经协商，甲公司以其拥有的全部用于经营出租目的的一幢公寓楼与乙公司持有的交易目的的股票投资交换。甲公司的公寓楼符合投资性房地产定义，公司采用成本模式计量。在交换日，该幢公寓楼的账面原价为 400 万元，已提折旧 80 万元，未计提减值准备，在交换日的公允价值为 450 万元，营业税税额为 22.5 万元；乙公司持有的交易目的的股票投资账面价值为 300 万元，乙公司对该股票投资采用公允价值模式计量，在交换日的公允价值为400万元，乙公司支付了50万元给甲公司。乙公司换入公寓楼后仍然继续用于经营出租目的，并拟采用公允价值计量模式，甲公司换入股票投资后仍然用于交易目的。转让公寓楼的营业税尚未支付，假定除营业税外，该项交易过程中不涉及其他相关税费。

此例中，该项资产交换涉及收付货币性资产，即补价50万元。

对甲公司而言：收到的补价50万元÷换出资产的公允价值450万元（换入股票投资公允价值400万元＋收到的补价50万元）＝11.11%＜25%，属于非货币性资产交换。

对乙公司而言：支付的补价50万元÷换入资产的公允价值450万元＝11.11%＜25%，属于非货币性资产交换。

本例属于以投资性房地产换入以公允价值计量且其变动计入当期损益的金融资产。对甲公司而言，换入交易目的的股票投资使得企业可以在希望变现的时候取得现金流量，但风险程度要比租金稍大，用于经营出租目的的公寓楼，可以获得稳定均衡的租金流，但是不能满足企业急需大量现金的需要，因此，交易性股票投资带来的未来现金流量在时间、风险方面与用于出租的公寓楼带来的租金流有显著区别，因而可判断两项资产的交换具有商业实质。同时，股票投资和公寓楼的公允价值均能够可靠地计量，因此，甲、乙公司均应当以公允价值为基础确定换入资产的成本，并确认产生的损益。

甲公司的账务处理如下：

借：其他业务成本	3 200 000	
投资性房地产累计折旧	800 000	
贷：投资性房地产		4 000 000
借：其他业务成本	225 000	
贷：应交税费——应交营业税		225 000
借：交易性金融资产	4 000 000	
银行存款	500 000	
贷：其他业务收入		4 500 000

乙公司的账务处理如下：

借：投资性房地产	4 500 000	
贷：交易性金融资产		3 000 000
银行存款		500 000
投资收益		1 000 000

二、以账面价值计量的非货币性资产交换的会计处理

非货币性资产交换不具有商业实质，或者虽然具有商业实质但换入资产和换出资产的公允价值均不能可靠计量的，应当以换出资产的账面价值和应支付的相关税费作为换入资产的成本，无论是否支付补价，均不确认损益。

（一）不涉及补价情况下的会计处理

【例3-3】 甲公司以其持有的对丙公司的长期股权投资交换乙公司拥有的专利权。在交换日，甲公司持有的长期股权投资账面余额8 000 000元，已计提长期股权投资减值

准备余额为 4 400 000 元，该长期股权投资在市场上没有公开报价，公允价值也不能可靠计量；乙公司专利权的账面原价为 4 200 000 元，累计已摊销金额为 600 000 元，其公允价值也不能可靠计量，乙公司没有为该项专利权计提减值准备，税务机关核定乙公司为交换该专利权需要缴纳营业税 180 000 元。乙公司将换入的对丙公司的投资仍作为长期股权投资，并采用成本法核算。乙公司尚未缴纳营业税，假设除营业税外，整个交易过程没有发生其他相关税费。

本例中，该项资产交换没有涉及收付货币性资产，因此属于非货币性资产交换。本例属于以长期股权投资交换无形资产。由于换出资产和换入资产的公允价值都无法可靠计量，因此，甲、乙公司换入资产的成本均应当按照换出资产的账面价值确定，不确认损益。

甲公司的账务处理如下：

借：无形资产——专利权	3 600 000	
长期股权投资减值准备——丙公司股权投资	4 400 000	
贷：长期股权投资——丙公司		8 000 000

乙公司的账务处理如下：

借：长期股权投资——丙公司	3 600 000	
累计摊销	600 000	
营业外支出	180 000	
贷：无形资产——专利权		4 200 000
应交税费——应交营业税		180 000

(二)涉及补价情况下的会计处理

发生补价的，支付补价方和收到补价方应当分别按以下情况处理：

1. 支付补价方：应当以换出资产的账面价值，加上支付的补价和应支付的相关税费，作为换入资产的成本；不确认损益。其计算公式为：

换入资产成本＝换出资产账面价值＋支付的补价＋应支付的相关税费

2. 收到补价方：应当以换出资产的账面价值，减去收到的补价，加上应支付的相关税费，作为换入资产的成本；不确认损益。其计算公式为：

换入资产成本＝换出资产账面价值－收到的补价＋应支付的相关税费

【例 3-4】　甲公司拥有一个距离生产基地较远的仓库，该仓库账面原价5 500 000元，已计提折旧 4 350 000 元；乙公司拥有一项长期股权投资，账面价值 1 000 000 元，两项资产均未计提减值准备。由于仓库离市区较远，公允价值不能可靠计量；乙公司拥有的长期股权投资在活跃市场中没有报价，其公允价值也不能可靠计量。双方商定，乙公司以两项资产账面价值的差额为基础，支付甲公司 150 000 元补价，以换取甲公司拥有的仓库。税务机关核定甲公司需要为交换仓库支付营业税 57 500 元，税款尚未支付。假定除营业税外，交易中没有涉及其他相关税费的事项。

本例中，该项资产交换涉及收付货币性资产，即补价 150 000 元。对甲公司而言，收到的补价 150 000 元÷换出资产账面价值 1 150 000 元＝13.04%＜25%，因此，该项交换属于非货币性资产交换，乙公司的情况也类似。由于两项资产的公允价值不能可靠计量，因此，甲、乙公司换入资产的成本均应当以换出资产的账面价值为基础确定，不确认损益。

甲公司的账务处理如下：

借：固定资产清理　　1 150 000
　累计折旧　　4 350 000
　贷：固定资产——仓库　　5 500 000

借：固定资产清理　　57 500
　贷：应交税费——应交营业税　　57 500

借：长期股权投资——××公司　　1 000 000
　银行存款　　150 000
　贷：固定资产清理　　1 150 000

借：营业外支出　　57 500
　贷：固定资产清理　　57 500

乙公司的账务处理如下：

借：固定资产——仓库　　1 150 000
　贷：长期股权投资——××公司　　1 000 000
　　银行存款　　150 000

三、涉及多项非货币性资产交换的会计处理

非货币性资产交换有时涉及多项资产，例如，企业以一项非货币性资产同时换入另一企业的多项非货币性资产，或同时以多项非货币性资产换入另一企业的一项非货币性资产，或以多项非货币性资产同时换入多项非货币性资产，在此过程中，还可能涉及补价。与单项非货币性资产交换一样，涉及多项非货币性资产交换的计量，也应当首先确定换入资产成本的计量基础和损益确认原则，再计算换入资产的成本总额。在确定各项换入资产的成本时，则应当分别按不同情况处理。

(一)具有商业实质且换入资产公允价值能够可靠计量的会计处理

非货币性资产交换具有商业实质，且换入资产的公允价值能够可靠计量的，应当按照换入各项资产的公允价值占换入资产公允价值总额的比例，对换入资产的成本总额进行分配，确定各项换入资产的成本。

【例 3-5】 2011 年 6 月 30 日，为适应业务发展的需要，经与乙公司协商，甲公司决定以生产经营过程中使用的办公楼、机器设备和库存商品换入乙公司生产经营过程中使用的 10 辆货运车、5 辆轿车和 15 辆客运汽车。

甲公司办公楼的账面原价为 2 250 000 元，在交换日的累计折旧为 450 000 元，公允价值为 1 600 000 元；机器设备系由甲公司于 2008 年购入，账面原价为 1 800 000 元，在交换日的累计折旧为 900 000 元，公允价值为 1 200 000 元；库存商品的账面余额为 4 500 000元，市场价格为 5 250 000 元。

乙公司的货运车、轿车和客运汽车均系 2009 年初购入，货运车的账面原价为2 250 000元，在交换日的累计折旧为 750 000 元，公允价值为 2 250 000 元；轿车的账面原价为 3 000 000 元，在交换日的累计折旧为 1 350 000 元，公允价值为 2 500 000 元；客运汽车的账面原价为 4 500 000元，在交换日的累计折旧为 1 200 000 元，公允价值为 3 600 000 元。

乙公司另外收取甲公司以银行存款支付的 623 000 元，其中包括由于换出和换入资产公允价值不同而支付的补价 300 000 元，以及换出资产销项税额与换入资产进项税额的差额 323 000 元。

假定甲公司和乙公司都没有为换出资产计提减值准备；甲公司换入乙公司的货运车、轿车、客运汽车均作为固定资产使用和管理；乙公司换入甲公司的办公楼、机器设备作为固定资产使用和管理，换入的库存商品作为原材料使用和管理。甲公司和乙公司均为增值税一般纳税人，适用的增值税税率均为 17%。甲公司、乙公司均开具了增值税专用发票。甲公司交换办公楼需要按照 5%的营业税税率缴纳营业税，计税价格等于相关资产的公允价值或市场价格。

本例中，交换涉及收付货币性资产，应当计算甲公司支付的货币性资产占甲公司换出资产公允价值与支付的货币性资产之和的比例，即 623 000÷(1 600 000＋1 200 000＋5 250 000＋300 000)＝7.46%＜25%。可以认定这一涉及多项资产的交换行为属于非货币性资产交换。对于甲公司而言，为了拓展运输业务，需要客运汽车、轿车、货运汽车等，乙公司为了满足生产，需要办公楼、机器设备、原材料等，换入资产对换入企业均能发挥更大的作用，因此，该项涉及多项资产的非货币性资产交换具有商业实质；同时，各单项换入资产和换出资产的公允价值均能可靠计量，因此，甲、乙公司均应当以公允价值为基础确定换入资产的总成本，确认产生的相关损益。同时，按照各单项换入资产的公允价值占换入资产公允价值总额的比例，确定各单项换入资产的成本。

甲公司的账务处理如下：

(1)换出办公楼的营业税税额＝1 600 000×5%＝80 000(元)

换出设备的增值税销项税额＝1 200 000×17%＝204 000(元)

换出库存商品的增值税销项税额＝5 250 000×17%＝892 500(元)

换入货运车、轿车和客运汽车的增值税进项税额＝(2 250 000＋2 500 000＋3 600 000)×17%＝1 419 500(元)

(2)计算换入资产、换出资产公允价值总额

换出资产公允价值总额＝1 600 000＋1 200 000＋5 250 000＝8 050 000(元)

换入资产公允价值总额＝2 250 000＋2 500 000＋3 600 000＝8 350 000(元)

(3)计算换入资产总成本

换入资产总成本＝换出资产公允价值＋支付的补价＋应支付的相关税费

＝8 050 000＋300 000＋0＝8 350 000(元)

(4)计算确定换入各项资产的成本

货运车的成本＝8 350 000×(2 250 000÷8 350 000×100%)＝2 250 000(元)

轿车的成本＝8 350 000×(2 500 000÷8 350 000×100%)＝2 500 000(元)

客运汽车的成本＝8 350 000×(3 600 000÷8 350 000×100%)＝3 600 000(元)

(5)会计分录

借：固定资产清理	2 700 000
累计折旧	1 350 000

贷:固定资产——办公楼　　2 250 000
　　　　　——机器设备　　1 800 000

借:固定资产清理　　80 000
　贷:应交税费——应交营业税　　80 000

借:固定资产——货运车　　2 250 000
　　　　　——轿车　　2 500 000
　　　　　——客运汽车　　3 600 000
　应交税费——应交增值税(进项税额)　　1 419 500
　贷:固定资产清理　　2 780 000
　　主营业务收入　　5 250 000
　　应交税费——应交增值税(销项税额)　　1 096 500
　　银行存款　　623 000
　　营业外收入　　20 000

借:主营业务成本　　4 500 000
　贷:库存商品　　4 500 000

其中,营业外收入的金额等于甲公司换出办公楼和设备的公允价值 2 800 000 元(1 600 000+1 200 000)超过其账面价值 2 700 000 元[(2 250 000－450 000)+(1 800 000－900 000)]的金额,再减去支付的营业税金额 80 000 元,即 20 000 元。

乙公司的账务处理如下:

(1)换入设备的增值税进项税额=1 200 000×17%=204 000(元)

换入原材料的增值税进项税额=5 250 000×17%=892 500(元)

(2)计算换入资产、换出资产公允价值总额

换出资产公允价值总额=2 250 000+2 500 000+3 600 000=8 350 000(元)

换入资产公允价值总额=1 600 000+1 200 000+5 250 000=8 050 000(元)

(3)确定换入资产总成本

换入资产总成本=换出资产公允价值－收取的补价+应支付的相关税费

=8 350 000－300 000+0=8 050 000(元)

(4)计算确定换入各项资产的成本

办公楼的成本=8 050 000×(1 600 000÷8 050 000×100%)=1 600 000(元)

机器设备的成本=8 050 000×(1 200 000÷8 050 000×100%)=1 200 000(元)

原材料的成本=8 050 000×(5 250 000÷8 050 000×100%)=5 250 000(元)

(5)会计分录

借:固定资产清理　　6 450 000
　累计折旧　　3 300 000
　贷:固定资产——货运车　　2 250 000
　　　　　——轿车　　3 000 000
　　　　　——客运汽车　　4 500 000

借:固定资产——办公楼　　1 600 000
　　　　　——机器设备　　1 200 000
　原材料　　5 250 000
　应交税费——应交增值税(进项税额)　　1 096 500
　银行存款　　623 000
　贷:固定资产清理　　8 350 000
　　应交税费——应交增值税(销项税额)　　1 419 500
借:固定资产清理　　1 900 000
　贷:营业外收入　　1 900 000

其中,营业外收入的金额为换出货运车、轿车和客运汽车的公允价值 8 350 000 元(2 250 000＋2 500 000＋3 600 000)与账面价值 6 450 000 元[(2 250 000－750 000)＋(3 000 000－1 350 000)＋(4 500 000－1 200 000)]的差额,即 1 900 000 元。

(二)不具有商业实质或者虽具有商业实质但换入资产的公允价值不能可靠计量的会计处理

非货币性资产交换不具有商业实质,或者虽具有商业实质但换入资产的公允价值不能可靠计量的,应当按照换入各项资产的原账面价值占换入资产原账面价值总额的比例,对换入资产的成本总额进行分配,确定各项换入资产的成本。

【例 3-6】　甲公司因经营战略发生较大转变,产品结构发生较大调整,原生产厂房、专利技术等已不符合生产新产品的需要,经与乙公司协商,2010 年 1 月 1 日,甲公司将其生产厂房连同专利技术与乙公司正在建造过程中的一幢建筑物、乙公司对丙公司的长期股权投资(采用成本法核算)进行交换。

甲公司换出生产厂房的账面原价为 2 000 000 元,已提折旧 1 250 000 元;专利技术账面原价为 750 000 元,已摊销金额为 375 000 元。

乙公司在建工程截止到交换日的成本为 875 000 元,对丙公司的长期股权投资成本为 250 000 元。

甲公司厂房的公允价值难以取得,专利技术在市场上并不多见,公允价值也不能可靠计量。乙公司的在建工程因完工程度难以合理确定,其公允价值不能可靠计量,由于丙公司不是上市公司,乙公司对丙公司长期股权投资的公允价值也不能可靠计量。假定甲、乙公司均未对上述资产计提减值准备。经税务机关核定,因此项交易甲公司和乙公司分别需要缴纳营业税 56 250 元和 43 750 元。

本例中,交换不涉及收付货币性资产,属于非货币性资产交换。由于换入资产、换出资产的公允价值均不能可靠计量,甲、乙公司均应当以换出资产账面价值总额作为换入资产的总成本,各项换入资产的成本,应当按各项换入资产的账面价值占换入资产账面价值总额的比例分配后确定。

甲公司的账务处理如下:

(1)计算换入资产、换出资产账面价值总额

换入资产账面价值总额＝875 000＋250 000＝1 125 000(元)

换出资产账面价值总额＝(2 000 000－1 250 000)＋(750 000－375 000)

　　　　　　　　　＝1 125 000(元)

(2)确定换入资产总成本

换入资产总成本＝换出资产账面价值＝1 125 000(元)

(3)确定各项换入资产成本

在建工程成本＝1 125 000×(875 000÷1 125 000×100%)＝875 000(元)

长期股权投资成本＝1 125 000×(250 000÷1 125 000×100%)＝250 000(元)

(4)会计分录

借:固定资产清理　　750 000

　累计折旧　　1 250 000

　贷:固定资产——厂房　　2 000 000

借:在建工程——××工程　　875 000

　长期股权投资　　250 000

　累计摊销　　375 000

　贷:固定资产清理　　750 000

　　无形资产——专利技术　　750 000

借:营业外支出　　56 250

　贷:应交税费——应交营业税　　56 250

乙公司的账务处理如下:

(1)计算换入资产、换出资产账面价值总额

换入资产账面价值总额＝(2 000 000－1 250 000)＋(750 000－375 000)

　　　　　　　　　＝1 125 000(元)

换出资产账面价值总额＝875 000＋250 000＝1 125 000(元)

(2)确定换入资产总成本

换入资产总成本＝换出资产账面价值＝1 125 000(元)

(3)确定各项换入资产成本

厂房成本＝1 125 000×(750 000÷1 125 000×100%)＝750 000(元)

专利技术成本＝1 125 000×(375 000÷1 125 000×100%)＝375 000(元)

(4)会计分录

借:固定资产清理　　875 000

　贷:在建工程——××工程　　875 000

借:固定资产清理　　43 750

　贷:应交税费——应交营业税　　43 750

借:固定资产——厂房　　750 000

　无形资产——专利技术　　375 000

　营业外支出　　43 750

　贷:固定资产清理　　918 750

　　长期股权投资　　250 000

任务检验

【1·判断题】 在非货币性资产交换中，如果换入资产的未来现金流量在风险、金额、时间方面与换出资产显著不同，即使换入或换出资产的公允价值不能可靠计量，也应将该交易认定为具有商业实质。（　　）

【2·多选题】 甲公司以一台生产设备和一项专利权与乙公司的一台机床进行非货币性资产交换。甲公司换出生产设备的账面原价为1 000万元，累计折旧为250万元，公允价值为780万元；换出专利权的账面原价为120万元，累计摊销为24万元，公允价值为100万元。乙公司换出机床的账面原价为1 500万元，累计折旧为750万元，固定资产减值准备为32万元，公允价值为700万元。甲公司另向乙公司收取银行存款180万元作为补价。假定该非货币性资产交换不具有商业实质，不考虑其他因素，甲公司换入乙公司机床的入账价值为（　　）万元。

A. 538　　B. 666　　C. 700　　D. 718

项目综训

一、单项选择题

1. 下列资产中，属于货币性资产的是（　　）。

A. 存货　　B. 固定资产

C. 可供出售金融资产　　D. 准备持有至到期的债券投资

2. 下列项目中，属于货币性资产交换的是（　　）。

A. 以公允价值300万元的长期股权投资换取一台设备

B. 以公允价值200万元的A车床换取B车床，同时收到40万元的补价

C. 以公允价值200万元的固定资产换取专利权

D. 以公允价值70万元的电子设备换取一辆小汽车，同时支付30万元的补价

3. 新龙公司以一台A设备换入大成公司的一台B设备。A设备的账面原价为44万元，已提折旧6万元，已提减值准备5万元。B设备的账面原价为60万元，已提折旧10万元，已提减值准备15万元。A设备和B设备的公允价值均无法合理确定，不考虑增值税等相关税费的影响。新龙公司换入的B设备的入账价值为（　　）万元。

A. 33　　B. 31　　C. 33.40　　D. 32.60

4. 新龙公司和大成公司均为增值税一般纳税企业，适用的增值税税率为17%。2011年1月，新龙公司以其持有的交易性金融资产交换大成公司生产的一台办公设备，并将换入的办公设备作为固定资产核算。新龙公司持有的交易性金融资产的成本为18万元，累计确认公允价值变动收益为5万元，在交换日的公允价值为28万元。新龙公司另向大成公司支付补价1.25万元。大成公司用于交换的办公设备的账面余额为20万元，未计提减值准备，在交换日的公允价值为25万元。大成公司换入的金融资产仍作为交易性金融资产核算。假定不考虑其他因素，计算新龙公司换入办公设备的入账价值是（　　）万元。

A. 20　　B. 24.25　　C. 25　　D. 29.25

5. 新龙公司将两辆大型运输车辆与大成公司的一台生产设备相交换，另支付补价 10 万元。在交换日，新龙公司用于交换的两辆运输车辆账面原价为 140 万元，累计折旧为 25 万元，公允价值不能可靠估计；大成公司用于交换的生产设备账面原价为 300 万元，累计折旧为 175 万元，公允价值为 140 万元。该非货币性资产交换具有商业实质。假定不考虑相关税费，新龙公司换入生产设备的入账价值为(　　)万元。

A. 125　　B. 115　　C. 130　　D. 140

6. 企业发生的交易中，如果涉及补价，判断该项交易属于非货币性资产交换的标准是(　　)。

A. 支付的补价占换入资产公允价值的比例小于 25%

B. 支付的补价占换出资产公允价值的比例小于 25%

C. 支付的补价占换入资产公允价值的比例大于等于 25%

D. 支付的补价占换出资产公允价值加上支付的补价之和的比例小于等于 25%

7. 关于货币性资产，下列说法正确的是(　　)。

A. 给企业带来的经济利益是不确定的

B. 为企业带来的经济利益是固定的或可确定的

C. 为出售而持有

D. 具有流动性

8. 新龙公司以生产经营用的客车和货车交换大成公司生产经营用的甲设备和乙设备。新龙公司换出客车的账面原值为 45 万元，已计提折旧 3 万元，公允价值为 45 万元；货车的账面原值 37.50 万元，已计提折旧 10.50 万元，公允价值 30 万元。大成公司换出甲设备的账面原值为 22.50 万元，已计提折旧 9 万元，公允价值 15 万元；乙设备账面原值 63 万元，已计提折旧 7.50 万元，公允价值 60 万元。假定该项交换具有商业实质，增值税税率为 17%，则新龙公司取得的乙设备的入账价值为(　　)万元。

A. 15　　B. 60　　C. 63　　D. 55.50

9. 新龙公司以生产经营用的客车和货车交换大成公司生产经营用的甲设备和乙设备。新龙公司换出客车的账面原值为 45 万元，已计提折旧 3 万元；货车账面原值 37.50 万元，已计提折旧 10.50 万元。大成公司换出甲设备的账面原值为 22.50 万元，已计提折旧 9 万元；乙设备账面原值 63 万元，已计提折旧 7.50 万元。假定该项交换不具有商业实质(不考虑增值税的影响)，则新龙公司取得的甲设备的入账价值为(　　)万元。

A. 14.67　　B. 63　　C. 60　　D. 13.50

10. 在不具有商业实质、不涉及补价的非货币性资产交换中，确定换入资产入账价值时，不应考虑的因素是(　　)。

A. 换出资产的账面余额

B. 换出资产计提的减值准备

C. 换入资产应支付的相关税费

D. 换出资产账面价值与其公允价值的差额

二、多项选择题

1. 下列项目中，属于非货币性资产交换的有(　　)。

A. 以公允价值 100 万元的原材料换取一项设备

B. 以公允价值 500 万元的长期股权投资换取专利权

C. 以公允价值 50 万元的应收账款换取一辆小汽车，同时支付 5 万元的补价

D. 以公允价值 100 万元的 A 车床换取 B 车床，同时收到 20 万元的补价

2. 下列项目中，属于货币性资产的有（ ）。

A. 准备持有至到期的债券投资　　B. 可供出售金融资产

C. 应收票据　　D. 预收账款

3. 如果非货币性资产交换不具有商业实质，且涉及补价，下列说法中不正确的有（ ）。

A. 支付补价的，应当以换出资产的账面价值加上支付的补价和应支付的相关税费，作为换入资产的成本，不确认损益

B. 收到补价的，应当以换出资产的账面价值减去收到的补价并加上应支付的相关税费，作为换入资产的成本，不确认损益

C. 收到补价的，应当以换出资产的账面价值减去收到的补价并加上应支付的相关税费，作为换入资产的成本，并确认非货币性资产交换损益

D. 支付补价的，换入资产成本与换出资产账面价值加支付的补价、应支付的相关税费之和的差额，应当计入当期损益

4. 下列关于非货币性资产交换的会计处理中，表述正确的有（ ）。

A. 非货币性资产交换以账面价值计量时，不确认相关损益

B. 若换出资产账面价值小于换出资产公允价值，交易实现时应确认收益

C. 非货币性资产交换以公允价值计量时，换出资产账面价值与换出资产公允价值的差额应确认为当期损益

D. 非货币性资产交换以账面价值计量时，换出资产账面价值与换出资产公允价值的差额确认为当期损益

5. 非货币性资产交换中，可以作为公允价值能够可靠计量的条件的有（ ）。

A. 换入资产或换出资产存在活跃市场

B. 换入资产或换出资产不存在活跃市场，但同类或类似资产存在活跃市场

C. 换入资产或换出资产不存在同类或类似资产的可比市场交易，应当采用估值技术确定其公允价值且该公允价值估计数的变动区间很小

D. 换入资产或换出资产不存在同类或类似资产的可比市场交易，应当采用估值技术确定其公允价值，在公允价值估计数变动区间内，各种用于确定公允价值估计数的概率能够合理确定

6. 关于非货币性资产交换，下列说法正确的有（ ）。

A. 非货币性资产交换不涉及或只涉及少量的货币性资产

B. 企业为换入交易性金融资产发生的相关税费，计入换入金融资产的成本

C. 企业为换出资产发生的相关税费，计入当期损益

D. 企业换出无形资产缴纳的营业税应计入换入资产的成本

7. 鑫龙公司和L公司均为增值税一般纳税企业。适用的增值税税率均为17%。2011年2月1日，鑫龙公司以一批库存商品和固定资产与L公司持有的长期股权投资进行交换，鑫龙公司该批库存商品的账面价值为80万元，公允价值为100万元；固定资产原价为300万元，已计提折旧190万元，未计提减值准备，该项固定资产的公允价值为160万元，交换中发生固定资产清理费用10万元。L公司持有的长期股权投资的账面价值为

260 万元，公允价值为 277 万元，假设该项非货币性资产交换具有商业实质，不考虑固定资产的增值税。下列表述正确的有（　　）。

A. 鑫龙公司与 L 公司之间的交换不属于非货币性资产交换

B. 鑫龙公司换入长期股权投资的入账价值为 277 万元

C. 鑫龙公司计入损益的金额为 60 万元

D. L 公司换入资产的入账价值为 260 万元

8. 甲公司以库存原材料交换一座库房，该原材料的账面成本为 90 万元，不含税售价 100 万元，增值税税率 17%，已计提的存货跌价准备为 5 万元。该库房在原企业的账面价值为 75 万元，公允价值为 100 万元，甲公司收到银行存款 17 万元。甲公司以下会计处理中正确的有（　　）。

A. 固定资产（库房）入账价值为 80 万元

B. 固定资产（库房）入账价值为 75 万元

C. 固定资产（库房）入账价值为 100 万元

D. 存货账面余额减少 90 万元

9. 下列有关非货币性资产交换的说法中，正确的有（　　）。

A. 只要非货币性资产交换具有商业实质，就应当以公允价值和应支付的相关税费作为换入资产的成本

B. 只要换出资产的公允价值能够可靠确定，就应当以其公允价值和应支付的相关税费作为换入资产的成本

C. 若非货币性资产交换具有商业实质且换入资产或换出资产的公允价值能够可靠计量，则应当以其公允价值和应支付的相关税费作为换入资产的成本

D. 在确定非货币性资产交换是否具有商业实质时，企业应当关注交易各方之间是否存在关联方关系，关联方关系的存在可能导致发生的非货币性资产交换不具有商业实质

10. 甲公司发生的下列非关联交易中，不属于非货币性资产交换的有（　　）。

A. 以公允价值为 360 万元的无形资产换入账面价值为 400 万元的固定资产，并支付补价 40 万元

B. 以账面价值为 280 万元的固定资产换入公允价值为 200 万元的长期股权投资，并收到补价 80 万元

C. 以公允价值为 320 万元的长期股权投资换入账面价值为 460 万元的短期股票投资，并支付补价 140 万元

D. 以账面价值 8 万元，公允价值 10 万元的专利权换入公允价值为 12 万元的设备，支付补价 2 万元，支付营业税 0.5 万元

三、判断题

1. 货币性资产是指企业持有的货币资金和将以固定或可确定的金额收取的资产。（　）

2. 补价占整个资产交换金额的比例低于或等于 25% 时，认定为该交换属于非货币性资产交换。（　）

3. 换入资产的未来现金流量在风险、时间和金额方面与换出资产显著不同，就可以认

定为该项交换具有商业实质。（　　）

4. 非货币性资产交换具有商业实质，且换入资产的公允价值能够可靠计量的，应该按照换入各项资产的公允价值占换入资产公允价值总额的比例，对换入资产的成本总额进行分配，确定各项换入资产的成本。（　　）

5. 企业购入的准备在2个月后转让的债券投资属于货币性资产。（　　）

6. 非货币性资产交换具有商业实质且公允价值能够可靠计量的，换出资产为长期股权投资、可供出售金融资产的，换出资产公允价值和换出资产账面价值的差额，计入资本公积。（　　）

7. 在确定非货币性资产交换是否具有商业实质时，企业应当关注交易各方之间是否存在关联方关系，关联方关系的存在可能导致发生的非货币性资产交换不具有商业实质。（　　）

8. 企业持有的不准备持有至到期的债券投资属于货币性资产。（　　）

9. 在非货币性资产交换中，企业可以自行确定是采用换出资产的公允价值，还是换出资产的账面价值对换入资产的成本进行计量。（　　）

10. 非货币性资产交换不具有商业实质，或虽具有商业实质，但换入资产和换出资产的公允价值均不能可靠计量的，应以换出资产账面价值和应支付的相关税费作为换入资产的成本，无论是否收付补价，均不确认损益。（　　）

四、计算分析题

1. 2010年12月5日，新龙公司与大成公司签订资产置换协议，新龙公司以其持有的以成本模式计量的投资性房地产与大成公司的可供出售金融资产进行交换。资产置换日，新龙公司换出投资性房地产的原值为2 000万元，已计提折旧200万元，公允价值为3 000万元，换出投资性房地产应缴纳的营业税为15万元，为换入金融资产发生的相关税费为2万元。大成公司换出可供出售金融资产的账面价值为3 600万元(其中，成本为2 400万元，公允价值变动为1 200万元)，公允价值为3 800万元，大成公司为换入资产发生的相关税费为1万元，为换出资产发生的相关税费为5万元。新龙公司向大成公司支付补价800万元。新龙公司和大成公司对换入的资产均不改变用途。大成公司对换入的投资性房地产采用公允价值模式进行后续计量。2010年12月31日，可供出售金融资产的公允价值为4 000万元，投资性房地产的公允价值为3 200万元。

要求：根据上述资料，分别编制新龙公司、大成公司2010年与非货币性资产交换相关的会计分录。(答案中的金额单位用万元表示)

2. 2010年4月15日，新龙公司决定以库存商品和交易性金融资产——A股票与大成公司交换其持有的一项对丙公司的长期股权投资和一台机器设备。新龙公司库存商品的账面余额为200万元，公允价值为288万元，计税价格等于公允价值；A股票的账面余额为360万元(其中，成本为320万元，公允价值变动为40万元)，公允价值为432万元。大成公司持有的对丙公司的长期股权投资占丙公司有表决权股份的30%，其账面余额为500万元(其中“长期股权投资——成本”的余额为350万元，“长期股权投资——损益调整”的借方余额为120万元，“长期股权投资——其他权益变动”的借方余额30万元)，公允价值为490万元；机器设备的账面原值为220万元，已计提折旧22万元，公允价值210

万元，另外，大成公司向新龙公司支付银行存款33.26万元作为补价，其中包括由于换出和换入资产的公允价值不同而支付的补价20万元，以及换出资产销项税额与换入资产的进项税额的差额13.26万元。新龙公司和大成公司换入的资产均不改变其用途。假设两公司都没有为资产计提减值准备，整个交易过程中没有发生除增值税以外的其他相关税费，新龙公司和大成公司的增值税税率均为17%。假设该非货币性资产交换具有商业实质。

要求：

(1)计算新龙公司换入各项资产的成本，并编制新龙公司有关的会计分录；

(2)计算大成公司换入各项资产的成本，并编制大成公司有关的会计分录。

(答案中的金额单位以万元表示，有小数的，保留两位小数，两位小数后四舍五入)

项目四

债务重组

项目目标

学习本项目，应能完成以下两项任务：

任务一：债务重组的确认

任务二：债务重组的会计处理

项目实施

任务一　债务重组的确认

债务重组，是指在债务人发生财务困难的情况下，债权人按照其与债务人达成的协议或者法院的裁定作出让步的事项。本项目主要讲述持续经营条件下债权人作出让步的债务重组的会计处理。

债务人发生财务困难、债权人作出让步是会计准则中债务重组的基本特征。债务人发生财务困难，是指因债务人出现资金周转困难、经营陷入困境或者其他方面的原因，导致其无法或者没有能力按原定条件偿还债务。债权人作出让步，是指债权人同意发生财务困难的债务人现在或者将来以低于重组债务账面价值的金额或者价值偿还债务。债权人作出让步的情形主要包括债权人减免债务人部分债务本金或者利息、降低债务人应付债务的利率等。

债务重组的方式主要有以下几种：

(1)以资产清偿债务

以资产清偿债务，是指债务人转让其资产给债权人以清偿债务的债务重组方式。债务人用于清偿债务的资产主要有：现金、存货、金融资产、固定资产、无形资产等。此处的现金包括库存现金、银行存款和其他货币资金。

(2)将债务转为资本

将债务转为资本，是指债务人将债务转为资本，同时债权人将债权转为股权的债务重组方式。其结果是，债务人因此而增加股本(或实收资本)，债权人因此而增加长期股权投资等。债务人根据转换协议，将应付可转换公司债券转为资本的，属于正常情况下的债务转为资本,不能作为本项目所指的债务重组。

(3)修改其他债务条件

修改其他债务条件,是指修改不包括上述两种方式在内的其他债务条件进行债务重组的方式,如减少债务本金、降低利率、减少或免去债务利息、延长偿还期限等。

(4)以上三种方式的组合

以上三种方式的组合,是指采用以上三种方式共同清偿债务的债务重组方式。例如,以转让资产清偿某项债务的一部分,另一部分债务通过修改其他债务条件进行债务重组。

此外,需要注意的是,在债务重组中涉及的金融负债和金融资产只有在满足《企业会计准则第 22 号——金融工具的确认和计量》规定的金融负债和金融资产终止确认条件时,才能终止确认。

任务检验

【1·判断题】 2010 年 3 月 31 日,甲公司应收乙公司的一笔货款 700 万元到期,由于乙公司发生财务困难,该笔货款预计短期内无法收回。甲公司已为该项债权计提坏账准备 150 万元。当日,甲公司就该项债权与乙公司进行协商。下列协商方案中,属于债务重组的有(　　)。

A. 减免 100 万元债务,其余部分立即以现金偿还

B. 减免 100 万元债务,其余部分延期两年偿还

C. 以公允价值为 700 万元的无形资产偿还

D. 以现金 200 万元和公允价值为 500 万元的固定资产偿还

【2·多选题】 甲公司欠乙公司 600 万元货款,到期日为 2010 年 10 月 30 日。甲公司因财务困难,经协商于 2010 年 11 月 15 日与乙公司签订债务重组协议,协议规定:甲公司以价值 550 万元的商品抵偿欠乙公司上述全部债务。2010 年 11 月 20 日,乙公司收到该商品并验收入库,2010 年 11 月 22 日办理了有关债务解除手续。该债务重组的重组日为(　　)。

A. 2010 年 10 月 30 日　　B. 2010 年 11 月 15 日

C. 2010 年 11 月 20 日　　D. 2010 年 11 月 22 日

任务二　债务重组的会计处理

一、以资产清偿债务

(一)以现金清偿债务

以现金清偿债务的,债务人应当在满足金融负债终止确认条件时,终止确认重组债务,并将重组债务的账面价值与实际支付现金之间的差额确认为债务重组利得,计入营业外收入。重组债务的账面价值,一般为债务的面值或本金,如应付账款;如有利息的,还应加上应计未付利息,如长期借款等。

债权人应当在满足金融资产终止确认条件时,终止确认重组债权,并将重组债权的账

面余额与收到的现金之间的差额确认为债务重组损失，计入营业外支出。债权人已对债权计提减值准备的，应当先将该差额冲减减值准备，冲减后尚有余额的，计入营业外支出，冲减后减值准备仍有余额的，应予转回并抵减当期资产减值损失。

【例 4-1】 甲企业于 2011 年 1 月 20 日销售一批材料给乙企业，不含税价格为 200 000元，增值税税率为 17%，按合同规定，乙企业应于 2011 年 4 月 1 日前偿付货款。由于乙企业发生财务困难，无法按合同规定的期限偿还债务，经双方协议于 7 月 1 日进行债务重组。债务重组协议规定，甲企业同意减免乙企业 30 000 元债务，余额用现金立即偿清。乙企业于当日通过银行转账支付了该笔剩余款项，甲企业随即收到了通过银行转账偿还的款项。甲企业已为该项应收债权计提了 20 000 元的坏账准备。

(1)乙企业的账务处理

①计算债务重组利得

应付账款账面余额	234 000
减：支付的现金	204 000
债务重组利得	30 000

②编制会计分录

借：应付账款	234 000	
贷：银行存款		204 000
营业外收入——债务重组利得		30 000

(2)甲企业的账务处理

①计算债务重组损失

应收账款账面余额	234 000
减：收到的现金	204 000
差额	30 000
减：已计提坏账准备	20 000
债务重组损失	10 000

②编制会计分录

借：银行存款	204 000	
营业外支出——债务重组损失	10 000	
坏账准备	20 000	
贷：应收账款		234 000

(二)以非现金资产清偿债务

1. 债务人的会计处理

以非现金资产清偿债务的，债务人应当在满足金融负债终止确认条件时，终止确认重组债务，并将重组债务的账面价值与转让的非现金资产的公允价值之间的差额确认为债务重组利得，计入营业外收入。转让的非现金资产的公允价值与其账面价值的差额为转让资产损益，计入当期损益。

债务人在转让非现金资产过程中发生的一些税费，如资产评估费、运杂费等，直接计入转让资产损益。

2. 债权人的会计处理

债务人以非现金资产清偿债务，债权人应当在满足金融资产终止确认条件时，终止确认重组债权，并将重组债权的账面余额与受让的非现金资产的公允价值之间的差额，计入当期损益。债权人已对债权计提减值准备的，应当先将该差额冲减减值准备，冲减后尚有余额的计入营业外支出，冲减后减值准备仍有余额的，应予转回并抵减当期资产减值损失。

3. 以非现金资产清偿债务的具体会计处理

企业以非现金资产清偿债务的，非现金资产类别不同，其会计处理也略有不同。

(1)以库存材料、产品抵偿债务

债务人以库存材料、产品抵偿债务，应视同销售进行会计处理。企业可将该项业务分为两部分：一是将库存材料、产品出售给债权人，取得货款。出售库存材料、产品业务与企业正常的销售业务处理相同，其发生的损益计入当期损益；二是以取得货币清偿债务。但在这项业务中并没有实际的现金流入和流出。

【例 4-2】 甲公司欠乙公司购货款 350 000 元。由于甲公司财务发生困难，短期内不能支付已于 2011 年 5 月 1 日到期的货款。2011 年 7 月 1 日，经双方协商，乙公司同意甲公司以其生产的产品偿还债务。该产品的公允价值为 200 000 元，实际成本为 120 000 元。甲公司为增值税一般纳税人，适用的增值税税率为 17%。乙公司于 2011 年 8 月 1 日收到甲公司抵债的产品，并作为库存商品入库；乙公司对该项应收账款计提了 50 000 元的坏账准备。

(1)甲公司的账务处理

①计算债务重组利得

应付账款的账面余额	350 000	
减：所转让产品的公允价值	200 000	
增值税销项税额(200 000×17%)	34 000	
债务重组利得	116 000	

②编制会计分录

借：应付账款	350 000	
贷：主营业务收入		200 000
应交税费——应交增值税(销项税额)		34 000
营业外收入——债务重组利得		116 000
借：主营业务成本	120 000	
贷：库存商品		120 000

在本例中，甲公司销售产品取得的利润体现在营业利润中，债务重组利得作为营业外收入处理。

(2)乙公司的账务处理

①计算债务重组损失

应收账款账面余额	350 000	
减：受让资产的公允价值	200 000	
增值税进项税额	34 000	

差额　116 000
减:已计提坏账准备　50 000
债务重组损失　66 000

②编制会计分录

借:库存商品　200 000
　应交税费——应交增值税(进项税额)　34 000
　坏账准备　50 000
　营业外支出——债务重组损失　66 000
　贷:应收账款　350 000

(2)以固定资产清偿债务

债务人以固定资产清偿债务,应将固定资产的公允价值与该项固定资产账面价值和清理费用的差额作为转让固定资产的损益处理。将固定资产公允价值与重组债务的账面价值的差额,作为债务重组利得。债权人收到的固定资产按公允价值计量。

【例4-3】 2010年4月5日,乙公司销售一批材料给甲公司,价款1 100 000元(包括应收取的增值税税额),按购销合同约定,甲公司应于2010年7月5日前支付价款,但至2010年9月30日甲公司尚未支付。由于甲公司发生财务困难,短期内无法偿还债务。经过协商,乙公司同意甲公司用其一台机器设备抵偿债务。该项设备的账面原价为1 200 000元,累计折旧为330 000元,公允价值为850 000元。抵债设备已于2010年10月10日运抵乙公司,乙公司将其用于本企业产品的生产。

(1)甲公司的账务处理

债务重组利得=1 100 000－(850 000＋850 000×17%)=105 500(元)

固定资产清理损益=850 000－(1 200 000－330 000)=－20 000(元)

首先,将固定资产净值转入固定资产清理:

借:固定资产清理——××设备　870 000
　累计折旧　330 000
　贷:固定资产——××设备　1 200 000

其次,结转债务重组利得:

借:应付账款——乙公司　1 100 000
　贷:固定资产清理——××设备　850 000
　　应交税费——应交增值税(销项税额)　144 500
　　营业外收入——债务重组利得　105 500

最后,结转转让固定资产损失:

借:营业外支出——处置非流动资产损失　20 000
　贷:固定资产清理——××设备　20 000

(2)乙公司的账务处理

债务重组损失=1 100 000－(850 000＋850 000×17%)=105 500(元)

借:固定资产——××设备 850 000
　　应交税费——应交增值税(进项税额) 144 500
　　营业外支出——债务重组损失 105 500
　贷:应收账款——甲公司 1 100 000

(3)以股票、债券等金融资产抵偿债务

债务人以股票、债券等金融资产抵偿债务,应按相关金融资产的公允价值与其账面价值的差额,作为转让金融资产的利得或损失处理;相关金融资产的公允价值与重组债务的账面价值的差额,作为债务重组利得。债权人收到的相关金融资产按公允价值计量。

【例 4-4】 甲公司于 2010 年 7 月 1 日销售给乙公司一批产品,价值 450 000 元(包括应收的增值税税额),乙公司于 2010 年 7 月 1 日开出六个月承兑的商业汇票。乙公司于 2010 年 12 月 31 日尚未支付货款。由于乙公司财务发生困难,短期内不能支付货款。当日经与甲公司协商,甲公司同意乙公司以其所拥有的作为以公允价值计量且公允价值变动计入当期损益的某公司股票抵偿债务。乙公司该股票的账面价值为 400 000 元(假定该资产账面公允价值变动额为 0),当日的公允价值 380 000 元。假定甲公司为该项应收账款提取了坏账准备 40 000 元。用于抵债的股票于当日即办理相关转让手续,甲公司将取得的股票作为以公允价值计量且其变动计入当期损益的金融资产处理。债务重组前甲公司已将该项应收票据转入应收账款;乙公司已将应付票据转入应付账款。假定不考虑与商业汇票或者应付款项有关的利息。

(1)乙公司的账务处理

①计算债务重组利得

应付账款的账面余额 450 000
减:股票的公允价值 380 000
债务重组利得 70 000

②计算转让股票损益

股票的公允价值 380 000
减:股票的账面价值 400 000
转让股票损益 −20 000

③编制会计分录

借:应付账款 450 000
　　投资收益 20 000
　贷:交易性金融资产 400 000
　　　营业外收入——债务重组利得 70 000

(2)甲公司的账务处理

①计算债务重组损失

应收账款账面余额 450 000
减:受让股票的公允价值 380 000
差额 70 000
减:已计提坏账准备 40 000
债务重组损失 30 000

②编制会计分录

借:交易性金融资产　380 000

　营业外支出——债务重组损失　30 000

　坏账准备　40 000

　贷:应收账款　450 000

二、将债务转为资本

将债务转为资本,应分别以下情况处理:

1. 债务人为股份有限公司时,应当在满足金融负债终止确认条件时,终止确认重组债务,并将债权人放弃债权而享有股份的面值总额确认为股本;股份的公允价值总额与股本之间的差额确认为股本溢价计入资本公积。重组债务账面价值超过股份的公允价值总额的差额,作为债务重组利得计入当期营业外收入。

2. 债务人为其他企业时,应当在满足金融负债终止确认条件时,终止确认重组债务,并将债权人放弃债权而享有的股权份额确认为实收资本;股权的公允价值与实收资本之间的差额确认为资本溢价计入资本公积。重组债务账面价值超过股权的公允价值的差额,作为债务重组利得计入当期营业外收入。

3. 债权人应当在满足金融资产终止确认条件时,终止确认重组债权,并将因放弃债权而享有股份的公允价值确认为对债务人的投资,重组债权的账面余额与股份的公允价值之间的差额确认为债务重组损失,计入营业外支出。债权人已对债权计提减值准备的,应当先将该差额冲减减值准备,减值准备不足以冲减的部分,作为债务重组损失计入营业外支出。发生的相关税费,分别按照长期股权投资或者金融工具确认计量的规定进行处理。

【例 4-5】 2011 年 2 月 10 日,乙公司销售一批材料给甲公司,价款 200 000 元(包括应收取的增值税税额),合同约定 6 个月后结清款项。6 个月后,由于甲公司发生财务困难,无法支付该价款,于是与乙公司协商进行债务重组。经双方协议,乙公司同意甲公司将该债务转为甲公司的股权(非股份制企业)。乙公司对该项应收账款计提了坏账准备 10 000 元。转股后甲公司注册资本为 5 000 000 元,抵偿股权占甲公司注册资本的 2%。债务重组日,抵债股权的公允价值为 152 000 元。2011 年 11 月 1 日,相关手续办理完毕。假定不考虑其他相关税费。

(1)甲公司的账务处理

应计入资本公积的金额=152 000−5 000 000×2%=52 000(元)

债务重组利得=200 000−152 000=48 000(元)

借:应付账款——乙公司　200 000

　贷:实收资本——乙公司　100 000

　　资本公积——资本溢价　52 000

　　营业外收入——债务重组利得　48 000

(2)乙公司的账务处理

债务重组损失=200 000−152 000−10 000=38 000(元)

借:长期股权投资——甲公司　152 000
　坏账准备　10 000
　营业外支出——债务重组损失　38 000
　贷:应收账款——甲公司　200 000

三、修改其他债务条件

企业采用修改其他债务条件进行债务重组的,应当区分是否涉及或有应付(或应收)金额进行会计处理。或有应付(或应收)金额,是指需要根据未来某种事项出现而发生的应付(或应收)金额,而且该未来事项的出现具有不确定性。

(一)不涉及或有应付(或应收)金额的债务重组

以修改其他债务条件进行债务重组的,如果修改后的债务条款中不涉及或有应付金额,则债务人应当将重组债务的账面价值大于重组后债务的入账价值的差额作为债务重组利得,计入营业外收入。

以修改其他债务条件进行债务重组的,如果修改后的债务条款中不涉及或有应收金额,债权人应当将修改其他债务条件后的债权的公允价值作为重组后债权的账面价值,重组债权的账面余额与重组后债权的账面价值之间的差额作为债务重组损失,计入营业外支出。如债权人已对该债权计提减值准备的,应当先将该差额冲减减值准备,减值准备不足以冲减的部分作为债务重组损失计入营业外支出。

【例 4-6】 甲公司 2009 年 12 月 31 日应收乙公司票据的账面余额为 65 400 元。其中,5 400 元为累计应付的利息,票面年利率 4%。由于乙公司连年亏损,资金周转困难,不能偿付应于 2009 年 12 月 31 日前支付的应付票据。经双方协商,于 2010 年 1 月 5 日进行债务重组。甲公司同意将债务本金减至 50 000 元;免去债务人所欠的全部利息;将利率从 4%降低到 2%(等于实际利率),并将债务到期日延至 2011 年 12 月 31 日,利息按年支付。该项债务重组协议从协议签订日起开始实施。甲、乙公司已分别将应收票据、应付票据转入应收账款、应付账款。甲公司已为该项应收款项计提了 5 000 元坏账准备。

(1)乙公司的账务处理

①计算债务重组利得

应付账款的账面余额　65 400
减:重组后债务公允价值　50 000
债务重组利得　15 400

②债务重组时的会计分录

借:应付账款　65 400
　贷:应付账款——债务重组　50 000
　　营业外收入——债务重组利得　15 400

③2010 年 12 月 31 日支付利息

借:财务费用　1 000
　贷:银行存款(50 000×2%)　1 000

④2011 年 12 月 31 日偿还本金和最后一年利息

借:应付账款——债务重组	50 000	
财务费用	1 000	
贷:银行存款		51 000

(2)甲公司的账务处理

①计算债务重组损失

应收账款账面余额	65 400
减:重组后债权公允价值	50 000
差额	15 400
减:已计提坏账准备	5 000
债务重组损失	10 400

②债务重组日的会计分录

借:应收账款——债务重组	50 000	
营业外支出——债务重组损失	10 400	
坏账准备	5 000	
贷:应收账款		65 400

③2010 年 12 月 31 日收到利息

借:银行存款	1 000	
贷:财务费用(50 000×2%)		1 000

④2011 年 12 月 31 日收到本金和最后一年利息

借:银行存款	51 000	
贷:财务费用		1 000
应收账款		50 000

(二)涉及或有应付(或应收)金额的债务重组

以修改其他债务条件进行债务重组,修改后的债务条款如涉及或有应付金额,且该或有应付金额符合《企业会计准则第 13 号——或有事项》中有关预计负债确认条件的,债务人应当将该或有应付金额确认为预计负债。比如,债务重组协议规定,债务人在债务重组后一定期间内,其业绩改善到一定程度或者符合一定要求(如扭亏为盈、摆脱财务困境等),应向债权人额外支付一定款项,当债务人承担的或有应付金额符合预计负债确认条件时,应当将该或有应付金额确认为预计负债。重组债务的账面价值与重组后债务的入账价值和预计负债金额之和的差额作为债务重组利得,计入营业外收入。或有应付金额在随后的会计期间没有发生的,企业应当冲销已确认的预计负债,同时确认营业外收入。

以修改其他债务条件进行债务重组的,修改后的债务条款中涉及或有应收金额的,债权人不应当确认或有应收金额,不得将其计入重组后债权的账面价值。根据谨慎性要求,或有应收金额属于或有资产,或有资产不予确认。只有在或有应收金额实际发生时,才可计入当期损益。

四、以上三种方式的组合方式

以上三种方式的组合方式进行的债务重组,主要有以下几种情况:

1. 债务人以现金、非现金资产两种方式的组合清偿某项债务的，应将重组债务的账面价值与支付的现金、转让的非现金资产的公允价值之间的差额作为债务重组利得。非现金资产的公允价值与其账面价值的差额作为转让资产损益。

债权人应将重组债权的账面余额与收到的现金、受让的非现金资产的公允价值以及已计提坏账准备之间的差额作为债务重组损失。

2. 债务人以现金、将债务转为资本两种方式的组合清偿某项债务的，应将重组债务的账面价值与支付的现金、债权人因放弃债权而享有的股权的公允价值之间的差额作为债务重组利得。股权的公允价值与股本（或实收资本）的差额作为资本公积。

债权人应将重组债权的账面余额与收到的现金、因放弃债权而享有股权的公允价值以及已计提坏账准备之间的差额计入债务重组损失。

3. 债务人以非现金资产、将债务转为资本两种方式的组合清偿某项债务的，应将重组债务的账面价值与转让的非现金资产的公允价值、债权人因放弃债权而享有的股权的公允价值之间的差额作为重组债务利得。非现金资产的公允价值与账面价值的差额作为转让资产损益；股权的公允价值与股本（或实收资本）的差额作为资本公积。

债权人应将重组债权的账面余额与受让的非现金资产的公允价值、因放弃债权而享有的股权的公允价值以及已计提坏账准备的差额计入债务重组损失。

4. 债务人以现金、非现金资产、将债务转为资本三种方式的组合清偿某项债务的，应将重组债务的账面价值与支付的现金、转让的非现金资产的公允价值、债权人因放弃债权而享有股权的公允价值的差额作为债务重组利得；非现金资产的公允价值与账面价值的差额作为转让资产损益；股权的公允价值与股本（或实收资本）的差额作为资本公积。

债权人应将重组债权的账面余额与收到的现金、受让的非现金资产的公允价值、因放弃债权而享有的股权的公允价值，以及已计提坏账准备的差额作为债务重组损失。

5. 以资产、将债务转为资本等方式清偿某项债务的一部分，并对该项债务的另一部分以修改其他债务条件进行债务重组。在这种方式下，债务人应先以支付的现金、转让的非现金资产的公允价值、债权人因放弃债权而享有的股权的公允价值之和冲减重组债务的账面价值，余额与将来应付金额进行比较，据此计算债务重组利得。债权人因放弃债权而享有的股权的公允价值与股本（或实收资本）的差额计入资本公积；非现金资产的公允价值与其账面价值的差额作为转让资产损益，于当期确认。

债权人应先以收到的现金、受让的非现金资产的公允价值、因放弃债权而享有的股权的公允价值冲减重组债权的账面价值，余额与将来应收金额进行比较，据此计算债务重组损失。

【例 4-7】 2010 年 1 月 10 日，乙公司销售一批产品给甲公司，价款 1 300 000 元（包括应收取的增值税税额）。至 2010 年 12 月 31 日，乙公司对该应收账款计提的坏账准备为 18 000 元。由于甲公司发生财务困难，无法偿还债务，与乙公司协商进行债务重组。2011 年 1 月 1 日，甲公司与乙公司达成债务重组协议如下：

(1)甲公司以材料一批偿还部分债务。该批材料的账面价值为 280 000 元（未提取减值准备），公允价值为 300 000 元，适用的增值税税率为 17%。假定材料同日运抵乙公司，甲公司开出增值税专用发票，乙公司将该批材料作为原材料验收入库。

(2)将250 000元的债务转为甲公司的股份(甲公司为股份制企业),其中,50 000元为股份面值。假定股份转让手续同日办理完毕,乙公司将其作为长期股权投资核算。

(3)乙公司同意减免甲公司所负全部债务扣除实物抵债和股权抵债后剩余债务的40%,其余债务的偿还期延长至2011年6月30日。

(1)甲公司账务处理

债务重组后债务的公允价值=[1 300 000-300 000×(1+17%)-250 000]×(1-40%)=419 400(元)

债务重组利得=1 300 000-351 000-250 000-419 400=279 600(元)

借:应付账款——乙公司	1 300 000	
贷:其他业务收入——销售××材料		300 000
应交税费——应交增值税(销项税额)		51 000
股本		50 000
资本公积——股本溢价		200 000
应付账款——债务重组——乙公司		419 400
营业外收入——债务重组利得		279 600

同时,

借:其他业务成本——销售××材料	280 000	
贷:原材料——××材料		280 000

(2)乙公司的账务处理

债务重组损失=1 300 000-351 000-250 000-419 400-18 000=261 600(元)

借:原材料——××材料	300 000	
应交税费——应交增值税(进项税额)	51 000	
长期股权投资——甲公司	250 000	
应收账款——债务重组——甲公司	419 400	
坏账准备	18 000	
营业外支出——债务重组损失	261 600	
贷:应收账款——甲公司		1 300 000

任务检验

【1·多选题】 下列各项以非现金资产清偿全部债务的债务重组中,属于债务人债务重组利得的是( )。

A. 非现金资产账面价值小于其公允价值的差额

B. 非现金资产账面价值大于其公允价值的差额

C. 非现金资产公允价值小于重组债务账面价值的差额

D. 非现金资产账面价值小于重组债务账面价值的差额

【2·判断题】 下列各项中,属于债务重组日债务人应计入重组后负债账面价值的有( )。

A. 债权人同意减免的债务

B. 债务人在未来期间应付的债务本金

C. 债务人在未来期间应付的债务利息

D. 债务人符合预计负债确认条件的或有应付金额

项目综训

一、单项选择题

1. A公司欠B公司700万元货款，到期日为2010年9月30日。A公司因财务困难，经协商于2010年12月15日与B公司签订债务重组协议，协议规定：A公司以价值600万元的专利权抵偿欠B公司的上述全部债务。2010年12月20日，A公司将专利权转让给B公司，办理完相关手续。该债务重组的重组日为(　　)。

A. 2010年9月30日　　B. 2010年12月15日

C. 2010年12月20日　　D. 2010年12月22日

2. 以下方式中，不属于债务重组方式的是(　　)。

A. 以固定资产清偿债务　　B. 将债务转为资本

C. 以固定资产换取对方的原材料　　D. 以交易性金融资产清偿债务

3. 一般情况下，债务人以现金清偿债务的，债务人应当将重组债务的账面价值与实际支付的现金之间的差额，计入(　　)。

A. 营业外支出　　B. 管理费用

C. 营业外收入　　D. 资本公积

4. 企业用于清偿债务的现金低于应付债务账面价值的，债权人实际收到的现金与应收债权账面价值的差额，应当计入(　　)。

A. 盈余公积　　B. 资本公积

C. 其他业务支出　　D. 营业外支出

5. 甲公司为增值税一般纳税人，适用的增值税税率为17%。因甲公司发生财务困难，就其所欠乙公司的500万元的货款甲公司与乙公司进行了债务重组。根据债务重组协议，甲公司以其生产的产品抵偿债务，甲公司交付产品后双方的债权债务结清。甲公司已将用于抵债的产品发出，并开具增值税专用发票。甲公司用于抵债的产品的账面余额为400万元，已计提的存货跌价准备为50万元，公允价值(计税价格)为350万元。乙公司另向甲公司支付了增值税税额59.50万元。甲公司对该项债务重组应确认的债务重组利得为(　　)万元。

A. 90.50　　B. 150　　C. 100　　D. 40.50

6. 2010年1月1日，甲公司销售一批材料给乙公司，货款为100万元(含税价)。2010年7月1日，乙公司发生财务困难，无法按合同规定偿还该项债务。经双方协商，甲公司同意乙公司用其生产的产品偿还该笔货款。该产品的市价为80万元，乙公司适用的增值税税率为17%，产品成本为50万元，乙公司开具了增值税专用发票，甲公司将该产品作为原材料入库。假定甲公司未对该项应收账款计提坏账准备，也没有向乙公司另行支付增值税，则乙公司应当确认的债务重组利得为(　　)万元。

A. 41.50　　B. 6.40　　C. 20　　D. 50

7. 2010 年 1 月 1 日，A 公司销售一批材料给 B 公司，含税价为 130 万元。2010 年 7 月 1 日，B 公司发生财务困难，无法按合同规定偿还该笔货款，经双方协商，A 公司同意 B 公司用固定资产抵偿该笔货款。该固定资产在 B 公司的原价为 200 万元，已计提折旧 80 万元，计提减值准备 20 万元。在债务重组日的公允价值为 100 万元，A 公司为该项债权计提了坏账准备 5 万元，并将抵债的固定资产作为管理用固定资产进行核算。假定不考虑相关税费，A 公司应确认的债务重组损失为(　　)万元。

A. 30　　B. 25　　C. 0　　D. 15

8. 2010 年 1 月 1 日，A 公司销售一批材料给 B 公司，含税价为 130 万元。2010 年 8 月 1 日，B 公司发生财务困难，无法按照合同规定偿还该笔货款。经双方协商，A 公司同意 B 公司用固定资产抵偿该笔债务。该固定资产的公允价值为 100 万元，账面原价为 240 万元，累计折旧为 150 万元，已计提减值准备 10 万元。A 公司为该项债权计提了坏账准备 5 万元。A 公司将抵债的固定资产作为管理用固定资产进行核算。假定不考虑相关税费。B 公司该项交易影响当期利润的金额为(　　)万元。

A. 30　　B. 20　　C. 50　　D. 25

9. 甲公司欠乙公司货款 300 万元，因甲公司发生财务困难，经与乙公司协商，乙公司同意甲公司以其所持有的交易性金融资产进行偿债。该项交易性金融资产的账面价值为 200 万元，其中成本为 180 万元，公允价值变动为 20 万元。债务重组日该项交易性金融资产的公允价值为 240 万元。乙公司将受让的股票作为可供出售金融资产进行核算，乙公司对该项债权计提了 20 万元的坏账准备。假定不考虑相关税费，乙公司应当确认的债务重组损失为(　　)万元。

A. 100　　B. 60　　C. 40　　D. 0

10. 2010 年 11 月 15 日，A 公司赊销一批商品给 B 公司，含税价为 15 万元。由于 B 公司发生财务困难，无法按期偿付该笔货款。2011 年 6 月 1 日，A 公司与 B 公司进行债务重组，A 公司同意将该项债权转为对 B 公司的投资，所转换的股数为 3 万股，该股票每股面值为 1 元，每股市价为 4 元。A 公司对该项债权计提了 2 万元坏账准备。假定不考虑其他因素，A 公司应当确认的债务重组损失为(　　)万元。

A. 10　　B. 3　　C. 1　　D. 0

11. 以修改其他债务条件进行债务重组的，如果债务重组协议中附有或有应付金额，但是该或有应付金额最终没有发生，应进行的会计处理为(　　)。

A. 冲减已确认的预计负债，同时确认营业外收入

B. 冲减营业外支出

C. 冲减销售费用

D. 冲减管理费用

12. 2010 年 3 月 1 日，甲公司销售一批产品给乙公司，开出的增值税专用发票上注明的销售价款为 20 万元，增值税销项税额为 3.40 万元，款项尚未收到。因乙公司发生财务困难，无法偿还该项债务，2010 年 6 月 1 日，甲公司与乙公司协商进行债务重组。重组协议如下：甲公司同意免除乙公司债务 13.40 万元；其余债务于 2010 年 10 月 1 日偿还，债务延长期间，每月收取余款 2%的利息(若乙公司从 7 月份起每月获利超过 20 万元，每月

加收1%的利息)。假定债务重组日重组债权的公允价值为10万元,假定甲公司为该项应收账款计提了坏账准备0.40万元,整个债务重组交易没有发生相关税费。若乙公司从7月份开始每月获利均超过20万元,在债务重组日,甲公司应确认的债务重组损失为( )万元。

A. 11.80 B. 13 C. 13.40 D. 12.20

13. 甲公司销售一批商品给红星公司,价款585万元(含税价)。按双方协议规定,款项应于2011年6月20日之前付清。由于资金周转困难,红星公司不能在规定的时间内偿付甲公司该笔货款。经协商,双方于2011年10月20日进行债务重组。重组协议如下:甲公司同意免除红星公司债务85万元,其余款项于重组日起一年内付清;债务延长期间,甲公司按年加收余款2%的利息,假定实际利率为2%,利息与债务本金一同支付。红星公司应确认的债务重组利得为( )万元。

A. 10 B. 85 C. 75 D. 0

14. 2010年5月31日,甲公司向某银行借的一笔借款到期,该笔借款在到期日的本息和为200万元。因甲公司发生财务困难,短期内无法偿还该笔借款。当日,甲公司与该银行签订债务重组协议,约定减免甲公司债务的30%,其余部分延期两年支付,借款延期期间年利率为5%(相当于实际利率),利息按年支付。假定不考虑其他因素,甲公司在该项债务重组业务中确认的债务重组利得为( )万元。

A. 10 B. 12 C. 16 D. 60

15. 甲公司应收乙公司货款1 500万元已逾期,双方经协商决定进行债务重组。债务重组协议规定:①乙公司以银行存款偿付甲公司货款230万元;②乙公司以一项固定资产和一项长期股权投资偿付所欠账款的余额。乙公司该项固定资产的账面原价为500万元,已提折旧180万元,已提减值准备20万元,公允价值为260万元;长期股权投资的账面价值为750万元,公允价值为800万元。甲公司对该项债权计提了50万元的减值准备。假定不考虑其他相关税费,则该债务重组中甲公司应计入当期损益的金额为( )万元。

A. 220 B. 210 C. 170 D. 160

二、多项选择题

1. 关于债务重组准则,下列说法中正确的有( )。

A. 债务重组一定是债权人按照其与债务人达成的协议或者法院的裁定作出让步的事项

B. 债务重组一定是在债务人发生财务困难情况下发生的

C. 债务重组既包括持续经营情况下的债务重组,也包括非持续经营情况下的债务重组

D. 债务重组中,债务人一定会确认债务重组利得

2. 下列各项中属于债务重组方式的有( )。

A. 以现金清偿债务

B. 将债务转为资本

C. 修改其他债务条件，如减少债务本金、减少债务利息等，不包括上述A和B两种方式

D. 以企业生产的产品清偿债务

3. 关于债务重组准则中以现金清偿债务，下列说法中正确的有（ ）。

A. 债务人应当将重组债务的账面价值与实际支付现金之间的差额，计入当期损益

B. 若债权人未对应收债权计提减值准备，债权人应当将重组债权的账面余额与实际收到的现金之间的差额，计入当期损益

C. 若债权人已对债权计提减值准备的，债权人应当先将实际收到的款项与应收债权账面余额之间的差额冲减减值准备，如果冲减后减值准备仍有余额，那么应当将该余额转出，冲减资产减值损失

D. 若债权人已对债权计提减值准备的，应当先将实际收到款项与应收债权账面余额的差额冲减减值准备，减值准备不足以冲减的部分，计入营业外支出

4. 下列关于债务人的相关会计处理中，正确的有（ ）。

A. 债务人应当将债权人因放弃债权而享有股份的面值总额确认为股本（或者实收资本），股份的公允价值总额与股本（或者实收资本）之间的差额确认为债务重组利得

B. 债务人应当将债权人放弃债权而享有股份的面值总额确认为股本（或者实收资本），股份的公允价值总额与股本（或者实收资本）之间的差额确认为资本公积

C. 重组债务的账面价值与股份的公允价值总额之间的差额，确认为债务重组利得，计入当期损益

D. 重组债务的账面价值与股份的面值总额之间的差额，计入当期损益

5. 关于债务重组准则中修改其他债务条件的会计处理，下列说法中错误的有（ ）。

A. 修改其他债务条件的，债务人应当将修改其他债务条件后债务的公允价值作为重组后债务的入账价值。重组债务的账面价值与重组后债务的入账价值之间的差额，计入资本公积

B. 修改其他债务条件的，债务人应当将修改其他债务条件后债务的公允价值作为重组后债务的入账价值。重组债务的账面价值与重组后债务的入账价值之间的差额，计入当期损益

C. 修改后的债务条款如涉及或有应付金额，且该或有应付金额符合《企业会计准则第13号——或有事项》中有关预计负债确认条件的，债务人应当将该或有应付金额确认为预计负债。重组债务的账面价值与重组后债务的入账价值与预计负债金额之和的差额，计入当期损益

D. 修改后的债务条款如涉及或有应付金额，无论该或有应付金额是否符合预计负债确认条件，根据谨慎性原则，债务人均应当将该或有应付金额确认为预计负债。重组债务的账面价值与重组后债务的入账价值与预计负债金额之和的差额，计入当期损益

6. 在混合重组方式下，以下会计处理中不正确的有（ ）。

A. 债权人以收到的现金、接受的非现金资产原账面价值、债权人享有股份的面值冲减重组债权的账面余额

B. 债权人以收到的现金、接受的非现金资产公允价值、债权人享有股份的公允价值

冲减重组债权的账面余额

C. 债务人以支付的现金、转让的非现金资产原账面价值、债权人享有股份的面值冲减重组债务的账面价值

D. 债务人以支付的现金、转让的非现金资产公允价值、债权人享有股份的公允价值冲减重组债务的账面价值

7. 关于债务重组，下列说法中正确的有(　　)。

A. 以现金清偿债务的，债务人应当将重组债务的账面价值与实际支付现金之间的差额，计入当期损益

B. 以现金清偿债务的，若债权人已对该债权计提减值准备的，债权人实际收到的现金大于应收债权账面价值的差额，冲减资产减值损失

C. 或有应付金额，是指需要根据未来某种事项出现而发生的应付金额，而且未来事项的出现具有不确定性

D. 修改后的债务条款如涉及或有应付金额，债务人就应当将该或有应付金额确认为预计负债

8. 下列关于债务重组的说法中，正确的有(　　)。

A. 债务重组中债权人必须作出让步

B. 债务重组的方式主要包括以资产清偿债务、将债务转为资本、修改其他债务条件和这三种方式的组合

C. 债务人以可供出售金融资产进行债务清偿时，债务人应当将可供出售金融资产的公允价值与账面价值之间的差额确认为投资收益

D. 债权人应当对或有应收金额进行确认，计入其他应收款

三、判断题

1. 只要债权人对债务人的债务作出了让步，不管债务人是否发生财务困难，都属于会计准则所规定的债务重组。(　　)

2. 债务重组方式仅仅包括以资产清偿债务、将债务转为资本、修改其他债务条件等，不包括以上三种方式的组合。(　　)

3. 以现金清偿债务的情况下，债权人对重组债权已计提减值准备的，应当将实际收到的现金和重组债权账面余额之间的差额先冲减已计提的减值准备，冲减后仍有损失的，计入营业外支出；若冲减后减值准备仍有余额的，应当将该余额冲减资产减值损失。(　　)

4. 以非现金资产清偿债务的，债务人应当将重组债务的账面价值与转让的非现金资产公允价值之间的差额，计入当期损益。(　　)

5. 债务人以非现金资产清偿债务的，应当将重组债务的账面价值与转让的非现金资产的账面价值之间的差额，确认为债务重组利得，计入当期损益。(　　)

6. 以非现金资产清偿债务的，债权人应当对接受的非现金资产按照原账面价值入账，将重组债权的账面余额与接受的非现金资产的入账价值之间的差额，计入当期损益。

(　　)

7. 如果债务人以持有的长期股权投资偿还债务，应当将长期股权投资的账面价值与其公允价值的差额计入投资收益。(　　)

8. 以修改其他债务条件进行债务重组的，如果涉及或有应付金额，不论该或有应付金额是否符合《企业会计准则第13号——或有事项》中有关预计负债的确认条件，根据谨慎性原则，债务人均应当确认为预计负债。（ ）

9. 以修改其他债务条件进行债务重组的，若涉及或有应付金额，债务人应当将修改其他债务条件后债务的公允价值与或有应付金额之和作为重组后债务的入账价值。重组债务的账面价值与重组后债务的入账价值之间的差额，计入当期损益。（ ）

10. 在债务重组中，债务人的或有应付金额在随后会计期间没有发生的，应在结算时转入资本公积。（ ）

11. 将债务转为资本的，债务人应当将债权人放弃债权而享有股份的面值总额确认为股本（或者实收资本），股份的公允价值总额与股本（或者实收资本）之间的差额计入当期损益。重组债务的账面价值与股份的公允价值总额之间的差额，计入当期损益。（ ）

12. 将债务转为资本的，债权人应当将享有股份的公允价值确认为对债务人的投资，重组债权的账面余额与股份的公允价值之间的差额，应当计入当期损益。债权人已对债权计提减值准备的，应当先将该差额冲减减值准备，冲减后尚有余额的，计入营业外支出（债务重组损失）；冲减后减值准备仍有余额的，应予转回并抵减当期资产减值损失。（ ）

四、计算分析题

1. 甲公司与华云公司均为增值税一般纳税人。2010年5月，甲公司销售一批商品给华云公司，价税合计为585万元。销售协议约定，华云公司应当在2010年的11月30日付清全部货款。由于华云公司发生财务困难，无法偿付到期债务。2010年12月10日，双方协商进行债务重组，华云公司以其持有的对丙公司的长期股权投资清偿全部债务，股权划转手续于2010年12月31日办理完毕。华云公司的长期股权投资的账面价值为400万元，采用成本法进行核算，未计提相关的资产减值准备，在2010年12月31日的公允价值为430万元。甲公司将对丙公司的长期股权投资作为可供出售金融资产进行核算，甲公司对该项债权计提了30万元的坏账准备。假定不考虑相关税费。

要求：

（1）作出甲公司的会计处理，并计算债务重组损失；

（2）作出华云公司的会计处理，并计算其债务重组利得。

（答案中的金额单位用万元表示）

2. 甲公司和乙公司均为增值税一般纳税人，适用的增值税税率均为17%。甲公司就其所欠乙公司的一笔货款300万元（含税价）进行债务重组，双方经协商，乙公司同意甲公司用其所生产的产品和一项可供出售金融资产进行偿债。甲公司产品的成本为50万元，市场价格为80万元。该项可供出售金融资产的账面价值为160万元（其中成本为130万元，公允价值变动为30万元），债务重组日的公允价值为180万元。乙公司没有向甲公司另行支付增值税，假定交易中不考虑其他相关税费。产品已运抵乙公司，相关的股权划转手续已经办理完毕。乙公司将收到的产品作为生产用的原材料，将收到的金融资产作为交易性金融资产进行核算。乙公司对该项债权计提了60万元的减值准备。

要求：

(1)计算甲公司的债务重组利得，作出相关的债务重组的分录。

(2)计算乙公司的债务重组损失，作出相关的债务重组分录。

(答案中的金额单位用万元表示)

五、综合题

长江股份有限公司(以下简称长江公司)2010年发生以下经济业务：

(1)应收A公司一笔款项为200万元，已提坏账准备10万元。因A公司发生财务困难，到期无法偿还长江公司的债务。2010年4月10日，长江公司与A公司达成债务重组协议，长江公司同意A公司用一批产品和一辆小轿车抵偿上述全部账款。产品的成本为60万元，市场价格为80万元，增值税税额为13.60万元；小轿车账面原价为150万元，已计提折旧80万元，已计提减值准备10万元，公允价值为50万元。A公司于2010年5月20日将上述产品和小轿车运抵长江公司，并解除了债权债务关系。假定不考虑换出小轿车所发生的相关的增值税。长江公司将用于抵债的产品作为库存商品核算，将小轿车作为管理用固定资产进行核算。长江公司没有向A公司单独支付与产品相关的增值税税额。

(2)2010年6月30日，长江公司已为上述小轿车计提折旧1万元，预计上述小轿车的可收回金额为45万元。

(3)2010年7月10日，因生产经营需要，长江公司将上述小轿车与B公司的一批材料交换，2010年7月，长江公司为该小轿车计提折旧0.50万元。在交换日，小轿车的公允价值为40万元，换入材料发票上注明的价款为40万元，增值税为6.80万元，该批材料的成本为30万元。长江公司向B公司单独支付增值税税款6.80万元。假定该交换具有商业实质，不考虑换出小轿车所发生的增值税，双方对换入的资产均不改变用途。

(4)不考虑交易过程中的除增值税以外的其他相关税费。

要求：

(1)确定债务重组日；

(2)分别编制长江公司和A公司在债务重组日的会计分录；

(3)编制长江公司2010年6月30日小轿车计提减值准备的会计分录；

(4)分别编制长江公司和B公司2010年7月10日非货币性资产交换的会计分录。

(答案中的金额单位用万元表示，计算结果保留小数点后两位)

项目五

或有事项

项目目标

学习本项目，应能完成以下两项任务：

任务一：或有事项的确认和计量

任务二：预计负债的会计处理

项目实施

任务一 或有事项的确认和计量

一、或有事项的特征

企业在经营活动中有时会面临诉讼、仲裁、债务担保、产品质量保证、重组等具有较大不确定性的经济事项，这些不确定事项对企业的财务状况和经营成果可能会产生较大的影响，其最终结果需由某些未来事项的发生或不发生加以决定。比如，企业对商品提供售后担保，承诺在商品发生质量问题时由企业无偿提供修理服务，从而会发生一些费用。至于这笔费用是否会发生以及发生金额是多少，取决于未来是否发生修理请求以及修理工作量的大小等。按照权责发生制的要求，企业不能等到客户提出修理请求时，才确认因提供产品质量保证而发生的义务，而应当在资产负债表日对这一不确定事项作出判断，以决定是否在当期确认可能承担的修理义务。会计上将这种不确定事项称为或有事项。

或有事项，是指由过去的交易或者事项形成的，其结果需由某些未来事项的发生或不发生才能决定的不确定事项。常见的或有事项包括：未决诉讼或未决仲裁、债务担保、产品质量保证（含产品安全保证）、亏损合同、重组义务、承诺、环境污染整治等。

或有事项具有以下特征：

（一）或有事项是由过去的交易或者事项形成的

或有事项作为一种不确定事项，是由企业过去的交易或者事项形成的。由过去的交易或者事项形成，是指或有事项的现存状况是由过去的交易或者事项引起的客观存在。

例如，未决诉讼是企业因过去的经济行为导致起诉其他单位或被其他单位起诉，是现存的一种状况,而不是未来将要发生的事项。又如,产品质量保证是企业对已售商品或已提供劳务的质量提供的保证,不是对尚未出售商品或尚未提供劳务的质量提供的保证。基于这一特征,未来可能发生的自然灾害、交通事故、经营亏损等事项,都不属于或有事项。

(二)或有事项的结果具有不确定性

或有事项的结果具有不确定性,是指或有事项的结果是否发生具有不确定性或者或有事项的结果预计将会发生,但发生的具体时间或金额具有不确定性。

首先,或有事项的结果是否发生具有不确定性。例如,债务的担保方在债务到期时是否承担和履行连带责任,需要根据被担保方能否按时还款决定,其结果在担保协议达成时具有不确定性。又如,有些未决诉讼,被起诉的一方是否会败诉,在案件审理过程中是难以确定的,需要根据人民法院的判决情况加以确定。

其次,或有事项的结果预计将会发生,但发生的具体时间或金额具有不确定性。例如,某企业因生产过程中排污治理不力并对周围环境造成污染而被起诉,如无特殊情况,该企业很可能败诉。但是,在诉讼成立时,该企业因败诉将支出多少金额,或者何时将发生这些支出,可能是难以确定的。

(三)或有事项的结果需由未来事项决定

由未来事项决定,是指或有事项的结果只能由未来不确定事项的发生或不发生才能决定。

或有事项的结果,由未来事项的发生或不发生予以确定。例如,或有事项发生时,将会对企业产生有利影响还是不利影响,或虽已知是有利影响或不利影响,但影响有多大,在或有事项发生时是难以确定的。这种不确定性的消失,只能由未来不确定事项的发生或不发生才能证实。例如,未决诉讼只能等到人民法院的判决才能确定其结果。

或有事项与不确定性联系在一起,但在会计处理过程中存在不确定性的事项并不都是或有事项,企业应当按照或有事项的定义和特征来进行判断。例如,对固定资产计提折旧虽然也涉及对固定资产预计净残值和使用寿命进行分析和判断,带有一定的不确定性,但是,固定资产折旧是已经发生的损耗,固定资产的原值是确定的,其价值最终会转移到成本或费用中也是确定的,该事项的结果是确定的,因此,对固定资产计提折旧不属于或有事项。

二、或有负债和或有资产

或有资产和或有负债与或有事项密切相关。

(一)或有负债

或有负债,是指过去的交易或事项形成的潜在义务,其存在需通过未来不确定事项的发生或不发生予以证实;或过去的交易或事项形成的现时义务,履行该义务不是很可能导致经济利益流出企业或该义务的金额不能可靠计量。

或有负债涉及两类义务:一类是潜在义务;另一类是现时义务。

1. 潜在义务,是指结果取决于不确定未来事项的可能义务。也就是说,潜在义务最终是否转变为现时义务,由某些未来不确定事项的发生或不发生才能决定。

2. 现时义务,是指企业在现行条件下已承担的义务,该现时义务的履行不是很可能导致经济利益流出企业,或者该现时义务的金额不能可靠地计量。其中:“不是很可能导致经济利益流出企业”,是指该现时义务导致经济利益流出企业的可能性不超过50%(含50%),例如,甲企业和乙企业签订担保合同,承诺为乙企业的某项贷款提供担保。由于担保合同的签订,甲企业承担了一项现实义务,但承担现实义务并不意味着经济利益很可能流出企业。如果乙企业的财务状况良好,说明甲企业履行连带责任的可能性不大,那么这项担保合同就不是很可能导致经济利益流出甲企业。该现实义务属于甲企业的或有负债。“金额不能可靠地计量”,是指该现时义务导致经济利益流出企业的“金额”难以合理预计,现时义务履行的结果具有较大的不确定性。例如,甲公司涉及一桩诉讼案,根据以往的审判案例推断,甲公司很可能要败诉。但人民法院尚未判决,甲公司无法根据经验判断未来将要承担多少赔偿金额,因此该现时义务的金额不能可靠地计量,该诉讼案件即形成一项甲公司的或有负债。

或有负债无论是潜在义务还是现实义务,均不符合负债的确认条件,因而不能在报表中予以确认,但应按相关规定在财务报表附注中披露。

【例 5-1】 2008 年 5 月 10 日,A 公司的子公司 B 公司从银行贷款人民币 80 000 000 元,期限 2 年,由 A 公司全额担保;2009 年 6 月 1 日,C 公司从银行贷款人民币50 000 000 元,期限为 3 年,由 A 公司全额担保;2009 年 7 月 1 日,D 公司从银行贷款 20 000 000 美元,期限 5 年,由 A 公司担保 60%。

截至 2010 年 12 月 31 日的情况如下:B 公司贷款逾期未还,银行已起诉 A 公司和 B 公司,C 公司经营状况良好,逾期不存在还款困难。D 公司受政策不利影响,可能不能偿还到期美元债务。

在本例中,就 B 公司而言,A 公司很可能履行连带责任,造成损失,但损失金额是多少,目前还难以预计。就 C 公司而言,要求 A 公司履行连带责任的可能性极小。就 D 公司而言,A 公司可能履行连带责任。根据企业会计准则的规定,A 公司应在 2010 年 12 月 31 日的财务报表附注中作如下披露(表 5-1):

表 5-1

被担保单位	担保金额	财务影响
B 公司	担保金额人民币 80 000 000 元,2010 年 5 月 10 日到期	B 公司的银行借款已逾期。贷款银行已起诉 B 公司和本公司,由于对 B 公司该笔银行贷款提供全额担保,预期诉讼结果将给本公司的财务造成重大不利影响,损失金额目前难以估计
C 公司	担保金额人民币 50 000 000 元,2012 年 6 月 1 日到期	C 公司目前经营良好,预期对银行贷款不存在还款困难,因此对 C 公司的担保极小可能会给本公司造成不利影响,损失金额目前难以估计
D 公司	担保金额 20 000 000 美元,2014 年 7 月 1 日到期	D 公司受政策影响本年度效益不如以往,可能不能偿还到期美元贷款,本公司可能因此承担相应的连带责任而发生损失,损失金额目前难以估计

(二)或有资产

或有资产，是指由过去的交易或者事项形成的潜在资产，其存在需通过未来不确定事项的发生或不发生予以证实。

或有资产作为一种潜在资产，其结果具有较大的不确定性，只有随着经济情况的变化，通过某些未来不确定事项的发生或不发生才能证实其是否会形成企业真正的资产。

正如或有负债不符合负债确认条件一样，或有资产也不符合资产确认条件，因而也不能在报表中确认。然而，需要指出的是，影响或有负债和或有资产的多种因素处于不断变化之中，企业应当持续地对这些因素予以关注。随着时间的推移和事态的进展，或有负债对应的潜在义务可能转化为现实义务，原来不是很可能导致经济利益流出的现实义务也可能被证实将很可能导致经济利益流出企业，并且现实义务的金额也能够可靠计量。企业应当对或有负债相关义务进行评估、分析判断其是否符合预计负债确认条件。如符合预计负债确认条件，应对其确认为负债。类似地，或有资产对应的潜在权利也可能随着相关因素的改变而发生变化，如基本确定可以收到，应对其予以确认。

例如，未决诉讼对于预期会胜诉的一方而言，因未决诉讼形成了一项或有资产；该或有资产最终是否会转化为企业的资产，要根据诉讼的最终判决而定。最终判决胜诉的一方，这项或有资产就转化为企业真正的资产。对于预期会败诉的一方而言，因未决诉讼形成了一项或有负债或预计负债。如为或有负债，该或有负债最终是否转化为企业的预计负债，只能根据诉讼的进展而定。企业根据法律规定、律师建议等因素判断自己很可能败诉且赔偿金额能够合理估计的，这项或有负债就转化为企业的预计负债。

三、或有事项的确认

或有事项的确认是指与或有事项相关的义务的确认。根据《企业会计准则第 13 号——或有事项》的规定，与或有事项有关的义务应当在同时符合以下三个条件时，确认为预计负债进行确认和计量：该义务是企业承担的现时义务；履行该义务很可能导致经济利益流出企业；该义务的金额能够可靠地计量。

(一)该义务是企业承担的现实义务

该义务是企业承担的现时义务，是指与或有事项相关的义务是在企业当前条件下已承担的义务，企业没有其他现实的选择，只能履行该现时义务。这里所指的义务包括法定义务和推定义务。

其中，法定义务，是指因合同、法规或其他司法解释等产生的义务，通常即企业在经济管理和经济协调中，依照经济法律、法规的规定必须履行的责任。比如，企业与其他企业签订购货合同产生的义务就属于法定义务。

推定义务，是指因企业的特定行为而产生的义务。企业的“特定行为”，泛指企业以往的习惯做法、已公开的承诺或已公开宣布的经营政策。并且，由于以往的习惯做法，或通过这些承诺或公开的声明，企业向外界表明了它将承担特定的责任，从而使受影响的各方形成了其将履行那些责任的合理预期。例如，甲公司是一家化工企业，因扩大经营规模，在A国创办了一家分公司。假定A国尚未针对甲公司这类企业的生产经营可能产生的环境污染制定相关法律,因而甲公司的分公司对在A国生产经营可能产生的环境污染不承担法定义务。但是,甲公司为在A国树立良好的形象,自行向社会公告,宣称将对生产经营可能产生的环境污染进行治理,甲公司的分公司为此承担的义务就属于推定义务。

(二)履行该义务很可能导致经济利益流出企业

履行该义务很可能导致经济利益流出企业,是指履行与或有事项相关的现时义务时,导致经济利益流出企业的可能性超过50%,但尚未达到基本确定的程度。企业通常可以结合下列情况判断经济利益流出的可能性(表5-2):

表5-2

结果的可能性	对应的概率区间
基本确定	大于95%但小于100%
很可能	大于50%但小于或等于95%
可能	大于5%但小于或等于50%
极小可能	大于0但小于或等于5%

企业因或有事项承担了现时义务,并不说明该现时义务很可能导致经济利益流出企业。例如,2010年5月1日,甲企业与乙企业签订协议,承诺为乙企业的2年期银行借款提供全额担保。对于甲企业而言,由于该担保事项而承担了一项现时义务,但这项义务的履行是否很可能导致经济利益流出企业,需依据乙企业的经营情况和财务状况等因素加以确定。假定2010年年末,乙企业的财务状况恶化,且没有迹象表明可能发生好转。此种情况出现,表明乙企业很可能违约,从而甲企业履行承担的现时义务将很可能导致经济利益流出企业。反之,如果乙企业财务状况良好,一般可以认定乙企业不会违约,从而甲企业履行承担的现时义务不是很可能导致经济利益流出。

(三)该义务的金额能够可靠地计量

该义务的金额能够可靠地计量,即与或有事项相关的现时义务的金额能够合理地估计。

由于或有事项具有不确定性,因或有事项产生的现时义务的金额也具有不确定性,需要进行相应的估计。要将或有事项确认为一项预计负债,相关现时义务的金额应当能够可靠估计。只有在其金额能够可靠地估计,并同时满足其他两个条件时,企业才能加以确认。

例如,乙公司涉及一起诉讼案。根据以往的审判结果判断,公司很可能败诉,相关的赔偿金额也可以估算出一个区间。在这种情况下,就可以认为该公司因未决诉讼承担的现时义务的金额能够可靠地估计,从而可以对未决诉讼确认一项因或有事项形成的预计负债。但是如果没有以往的审判结果作为比照,而相关的法律条文没有明确解释,那么即使该公司预计可能败诉,在判决以前也很可能无法合理估计其需承担的现实义务的金额,这种情况下不应确认为预计负债。

四、或有事项的计量

或有事项的计量是指与或有事项相关义务的预计负债的计量，主要涉及两个方面：一是最佳估计数的确定；二是预期可获得补偿的处理。

（一）最佳估计数的确定

预计负债应当按照履行相关现时义务所需支出的最佳估计数进行初始计量。最佳估计数的确定应当分以下两种情况处理：

1. 所需支出存在一个连续范围，且该范围内各种结果发生的可能性相同，则最佳估计数应当按照该范围内的中间值，即上下限金额的平均数确定。

【例 5-2】 2010 年 12 月 27 日，甲企业因合同违约而涉及一桩诉讼案。根据企业的法律顾问判断，最终的判决很可能对甲企业不利。2010 年 12 月 31 日，甲企业尚未接到法院的判决，因诉讼需承担的赔偿金额也无法准确地确定。不过，据专业人士估计，赔偿金额可能是 80 万元至 100 万元之间的某一金额，而且这个区间内每个金额的可能性都大致相同。

此例中，甲企业应在 2010 年 12 月 31 日的资产负债表中确认一项负债，金额为：

$$(80+100)\div 2=90(\text{万元})$$

有关账务处理如下：

借：营业外支出——赔偿支出　　900 000

　贷：预计负债——未决诉讼　　900 000

2. 所需支出不存在一个连续范围，或者虽然存在一个连续范围，但该范围内各种结果发生的可能性不相同。在这种情况下，最佳估计数按照如下方法确定：

（1）如果或有事项涉及单个项目，最佳估计数按照最可能发生金额确定。“涉及单个项目”指或有事项涉及的项目只有一个，如一项未决诉讼、一项未决仲裁或一项债务担保等。

【例 5-3】 2010 年 10 月 2 日，天远公司涉及一起诉讼案。2010 年 12 月 31 日，天远公司尚未接到人民法院的判决。在咨询了公司的法律顾问后，天远公司认为：胜诉的可能性为 40%，败诉的可能性为 60%；如果败诉，需要赔偿 1 000 000 元。

在这种情况下，天远公司在 2010 年 12 月 31 日的资产负债表中应确认的预计负债金额应为最可能发生的金额，即 1 000 000 元。

有关账务处理：

借：营业外支出——赔偿支出　　1 000 000

　贷：预计负债——未决诉讼　　1 000 000

（2）如果或有事项涉及多个项目，最佳估计数按照各种可能结果及相关概率加权计算确定。“涉及多个项目”指或有事项涉及的项目不止一个，如产品质量保证。在产品质量保证中，提出产品保修要求的可能有许多客户，于是，企业对这些客户负有保修义务。

【例 5-4】 丙公司是生产并销售 A 产品的企业，2010 年度第一季度共销售 A 产品 30 000件，销售收入为 180 000 000 元。根据公司的产品质量保证条款，该产品售出后一年内，如发生正常质量问题，公司将负责免费维修。根据以前年度的维修记录，如果发生较小的质量问题，发生的维修费用为销售收入的1%；如果发生较大的质量问题，发生的维修费用为销售收入的2%。根据公司质量部门的预测，本季度销售的产品中，80%不会发生质量问题；15%可能发生较小质量问题；5%可能发生较大质量问题。

根据上述资料，2010年第一季度末丙公司应确认的预计负债金额为：

180 000 000×(0×80%+1%×15%+2%×5%)=450 000(元)

有关账务处理：

借：销售费用——产品质量保证——A产品 450 000

　贷：预计负债——产品质量保证——A产品 450 000

(二)预期可获得补偿的处理

如果企业清偿因或有事项而确认的负债所需支出的全部或部分预期由第三方或其他方补偿，则此补偿金额只有在基本确定能收到时，才能作为资产单独确认，确认的补偿金额不能超过所确认负债的账面价值。

预期可能获得补偿的情况通常有：发生交通事故等情况时，企业通常可从保险公司获得合理的赔偿；在某些索赔诉讼中，企业可对索赔人或第三方另行提出赔偿要求；在债务担保业务中，企业在履行担保义务的同时，通常可向被担保企业提出追偿要求。

企业预期从第三方获得的补偿，是一种潜在资产，其最终是否会转化为企业真正的资产(企业是否能够收到这项补偿)具有较大的不确定性，企业只有在基本确定能够收到补偿时才能对其进行确认。根据资产和负债不能随意抵消的原则，预期可获得的补偿在基本确定能够收到时应当确认为一项资产，而不能作为预计负债金额的扣减。

补偿金额的确认涉及两个方面问题：一是确认时间，补偿只有在"基本确定"能够收到时才可予以确认；二是确认金额，确认的金额是基本确定能够收到的金额，而且不能超过相关预计负债的金额。

【例5-5】 2010年12月31日，乙公司因或有事项而确认了一笔金额为500 000元的预计负债；同时，乙公司因该或有事项基本确定可从甲保险公司获得200 000元的赔偿。

本例中，乙公司应分别确认一项金额为500 000元的预计负债和一项金额为200 000元的资产，而不能只确认一项金额为300 000元(500 000−200 000)的预计负债。同时，乙公司所确认的补偿金额200 000元不能超过所确认的负债的账面价值500 000元。

任务检验

【1·判断题】 下列关于或有事项的表述中，正确的有(　　)。

A. 或有资产由过去的交易或事项形成

B. 或有负债应在资产负债表内予以确认

C. 或有资产不应在资产负债表内予以确认

D. 因或有事项所确认负债的偿债时间或金额不确定

【2·多选题】 2010年12月31日,甲公司存在一项未决诉讼。根据类似案例的经验判断,该项诉讼败诉的可能性为90%。如果败诉,甲公司将需赔偿对方100万元并承担诉讼费用5万元,但很可能从第三方收到补偿款10万元。2010年12月31日,甲公司应就此项未决诉讼确认的预计负债金额为(　　)万元。

A. 90　　B. 95　　C. 100　　D. 105

任务二　预计负债的会计处理

一、未决诉讼或未决仲裁

诉讼,是指当事人不能通过协商解决争议,因而在人民法院起诉、应诉,请求人民法院通过审判程序解决纠纷的活动。诉讼尚未裁决之前,对于被告人来说,可能形成一项或有负债或者预计负债;对于原告来说,则可能形成一项或有资产。

仲裁,是指经济法的各方当事人依照事先约定或事后达成的书面仲裁协议,共同选定仲裁机构并由其对争议依法作出具有约束力裁决的一种活动。作为当事人一方,仲裁的结果在仲裁决定公布以前是不确定的,会构成一项潜在义务或现时义务,或者潜在资产。

【例5-6】 A公司2010年度发生的有关交易或事项如下:

(1)2010年10月1日有一笔已到期的银行贷款本金10 000 000元,利息1 500 000元,A公司具有还款能力,但因与B银行存在其他经济纠纷,而未按时归还B银行的贷款,2010年12月1日,B银行向人民法院提起诉讼。截至2010年12月31日人民法院尚未对案件进行审理。A公司法律顾问认为败诉的可能性为60%,预计将要支付的罚息、诉讼费用在1 000 000~1 200 000元之间,其中诉讼费50 000元。

(2)2008年10月6日,A公司委托银行向K公司贷款60 000 000元,由于经营困难,2010年10月6日贷款到期时K公司无力偿还贷款,A公司依法起诉K公司,2010年12月6日,人民法院一审判决A公司胜诉,责成K公司向A公司偿付贷款本息70 000 000元,并支付罚息及其他费用6 000 000元,两项合计76 000 000元,但由于种种原因,K公司未履行判决,直到2010年12月31日,A公司尚未采取进一步的行动。

在本例中,A公司的会计处理如下:

1. A公司败诉的可能性60%,即很可能败诉,则A公司应在2010年12月31日确认一项预计负债:(1 000 000+1 200 000)÷2=1 100 000(元)

有关账务处理:

借:管理费用——诉讼费　　50 000
　　营业外支出——罚息支出(1 100 000-50 000)　　1 050 000
　贷:预计负债——未决诉讼——B银行　　1 100 000

A公司应在2010年12月31日的财务报表附注中作如下披露:

本公司欠B银行贷款于2010年10月1日到期,到期本金和额利息合计11 500 000元,由于与B银行存在其他经济纠纷,故本公司尚未偿还上述借款本金和利息,为此,B银行起诉本公司，除要求本公司偿还本金和利息外，还要求支付罚息等费用。由于以上情况，本公司在 2010 年 12 月 31 日确认了一项预计负债 1 100 000 元。目前，此案正在审理中。

2. 虽然一审判决 A 公司胜诉，将很可能从 K 公司收回委托贷款本金、利息及罚息，但是由于 K 公司本身经营困难，该款项是否能全额收回存在较大的不确定性，因此 A 公司在 2010 年 12 月 31 日不应确认资产，但应考虑该项委托贷款的减值问题。

A 公司应在 2010 年 12 月 31 日的财务报表附注中作如下披露：

本公司于 2008 年 10 月 6 日委托银行向 K 公司贷款 60 000 000 元，K 公司逾期未还，为此本公司依法向人民法院起诉 K 公司。2010 年 12 月 6 日，一审判决本公司胜诉，并可从 K 公司索偿款项 76 000 000 元，其中贷款本金 60 000 000 元、利息 10 000 000 元以及罚息等其他费用 6 000 000 元。截至 2010 年 12 月 31 日，K 公司未履行判决，本公司也未采取进一步的措施。

二、债务担保

债务担保在企业中是较为普遍的现象。作为提供担保的一方，在被担保方无法履行合同的情况下，常常承担连带责任。从保护投资者、债权人的利益出发，客观、充分地反映企业因担保义务而承担的潜在风险是十分必要的。

企业对外提供债务担保常常会涉及未决诉讼，这时可以分别按以下情况进行处理：

(1)企业已被判决败诉，则应当按照人民法院判决的应承担的损失金额，确认为负债，并计入当期营业外支出；

(2)已判决败诉，但企业正在上诉，或者经上一级人民法院裁定暂缓执行，或者由上一级人民法院发回重审等，企业应当在资产负债表日，根据已有判决结果合理估计可能产生的损失金额，确认为预计负债，并计入当期营业外支出；

(3)人民法院尚未判决的，企业应向其律师或法律顾问等咨询，估计败诉的可能性，以及败诉后可能发生的损失金额，并取得有关书面意见。如果败诉的可能性大于胜诉的可能性，并且损失金额能够合理估计，应当在资产负债表日将预计担保损失金额，确认为预计负债，并计入当期营业外支出。

【例 5-7】 2009 年 10 月，B 公司从银行贷款人民币 20 000 000 元，期限 2 年，由 A 公司全额担保；2011 年 4 月，C 公司从银行贷款 1 000 000 美元，期限 1 年，由 A 公司担保 50%；2011 年 6 月，D 公司通过银行从 G 公司贷款人民币 10 000 000 元，期限 2 年，由 A 公司全额担保。

截至 2011 年 12 月 31 日，各贷款单位的情况如下：B 公司贷款逾期未还，银行已起诉 B 公司和 A 公司，A 公司因承担连带责任需赔偿多少金额尚无法确定；C 公司由于受政策影响和内部管理不善等原因，经营效益不如以往，可能无法偿还到期美元债务；D 公司经营情况良好，不存在预期还款困难。

本例中，对 B 公司而言，A 公司很可能需履行连带责任，但损失金额是多少，目前还难以预计；就 C 公司而言，A 公司可能需履行连带责任；就 D 公司而言，A 公司履行连带责任的可能性极小。这三项债务担保形成 A 公司的或有负债，不符合预计负债的确认条件，A 公司在 2011 年 12 月 31 日编制财务报表时，应当在附注中作相应披露。

三、产品质量保证

产品质量保证，通常指销售商或制造商在销售产品或提供劳务后，对客户提供服务的一种承诺。在约定期内（或终身保修），若产品或劳务在正常使用过程中出现质量或与之相关的其他属于正常范围的问题，企业负有更换产品、免费或只收成本价进行修理等责任。按照权责发生制的要求，上述相关支出符合确认条件就应在收入实现时确认相关预计负债。

【例 5-8】 A 公司为机床生产和销售企业。A 公司对购买其机床的消费者作出承诺：机床售出后 3 年内如出现非意外事件造成的机床故障和质量问题，A 公司负责免费保修（含零配件更换）。A 公司 2010 年第 1 季度、第 2 季度、第 3 季度、第 4 季度分别销售机床 400 台、600 台、800 台和 700 台，每台售价为 50 000 万元。根据以往的经验，机床发生的保修费一般为销售额的 1%～1.5%之间。A 公司 2010 年四个季度实际发生的维修费用分别为 40 000 元、400 000 元、360 000 元和 700 000 元（假定用银行存款支付 50%，另 50%为耗用的原材料）。假定 2009 年 12 月 31 日，"预计负债——产品质量保证——机床"科目年末余额为 240 000 元。

本例中，A 公司因销售机床而承担了现实义务，该现实义务的履行很可能导致经济利益流出 A 公司，且该义务的金额能够可靠计量。A 公司应在每季度末确认一次预计负债。

(1)第 1 季度：发生产品质量保证费用（维修费）

借：预计负债——产品质量保证——机床　　40 000

　贷：银行存款　　20 000

　　原材料　　20 000

应确认的产品质量保证负债金额＝400×50 000×(1%＋1.5%)÷2＝250 000（元）

借：销售费用——产品质量保证——机床　　250 000

　贷：预计负债——产品质量保证——机床　　250 000

第 1 季度末，"预计负债——产品质量保证——机床"科目余额＝240 000＋250 000－40 000＝450 000（元）

(2)第 2 季度：发生产品质量保证费用（维修费）

借：预计负债——产品质量保证——机床　　400 000

　贷：银行存款　　200 000

　　原材料　　200 000

应确认的产品质量保证负债金额＝600×50 000×(1%＋1.5%)÷2＝375 000（元）

借：销售费用——产品质量保证——机床　　375 000

　贷：预计负债——产品质量保证——机床　　375 000

第 2 季度末，"预计负债——产品质量保证——机床"科目余额＝450 000＋375 000－400 000＝425 000（元）

(3)第 3 季度：发生产品质量保证费用（维修费）

借：预计负债——产品质量保证——机床　　360 000

贷:银行存款 180 000

原材料 180 000

应确认的产品质量保证负债金额=800×50 000×(1%+1.5%)÷2=500 000(元)

借:销售费用——产品质量保证——机床 500 000

贷:预计负债——产品质量保证——机床 500 000

第3季度末,“预计负债——产品质量保证——机床”科目余额=425 000+500 000-360 000=565 000(元)

(4)第4季度:发生产品质量保证费用(维修费)

借:预计负债——产品质量保证——机床 700 000

贷:银行存款 350 000

原材料 350 000

应确认的产品质量保证负债金额=700×50 000×(1%+1.5%)÷2=437 500(元)

借:销售费用——产品质量保证——机床 437 500

贷:预计负债——产品质量保证——机床 437 500

第4季度末,“预计负债——产品质量保证——机床”科目余额=565 000+437 500-700 000=302 500(元)

在对产品质量保证确认预计负债时,需要注意的是:

第一,如果发现保证费用的实际发生额与预计数相差较大,应及时对预计比例进行调整;

第二,如果企业针对特定批次产品确认预计负债,则在保修期结束时,应将“预计负债——产品质量保证”余额冲销,同时冲销销售费用;

第三,已对其确认预计负债的产品,如企业不再生产了,那么应在相应的产品质量保证期满后,将“预计负债——产品质量保证”余额冲销,同时冲销销售费用。

四、亏损合同

亏损合同产生的义务满足预计负债的确认条件,应当确认为预计负债。其中,亏损合同,是指履行合同义务不可避免地发生的成本超过预期经济利益的合同。预计负债的计量应当反映了退出该合同的最低净成本,即履行该合同的成本与未能履行该合同而发生的补偿或处罚两者之中的较低者。企业与其他企业签订的商品销售合同、劳务合同、租赁合同等,均可能变为亏损合同。

企业对亏损合同进行会计处理,需要遵循以下两点原则:

1.如果与亏损合同相关的义务不需支付任何补偿即可撤销,企业通常就不存在现时义务,不应确认为预计负债;如果与亏损合同相关的义务不可撤销,企业就存在了现时义务,同时满足该义务很可能导致经济利益流出企业且金额能够可靠地计量的,应当确认为预计负债。

2.待执行合同变为亏损合同时,合同存在标的资产的,应当对标的资产进行减值测试并按规定确认减值损失,在这种情况下,企业通常不需确认预计负债,如果预计亏损超过该减值损失,应将超过部分确认为预计负债;合同不存在标的资产的,亏损合同相关义务满足预计负债确认条件时，应当确认预计负债。

【例 5-9】 甲公司 2010 年 12 月 10 日与丙公司签订不可撤销合同，约定在 2011 年 3 月 1 日以每件 200 元的价格向丙公司提供 A 产品 1 000 件，若不能按期交货，将对甲公司处以总价款 20%的违约金。签订合同时 A 产品尚未开始生产，甲公司准备生产 A 产品时，原材料价格突然上涨，预计生产 A 产品的单位成本将超过合同单价。假定不考虑相关税费。

(1)若生产 A 产品的单位成本为 210 元

履行合同发生的损失＝1 000×(210－200)＝10 000(元)

不履行合同支付的违约金＝1 000×200×20%＝40 000(元)

本例中，甲公司与丙公司签订了不可撤销合同，但是执行合同不可避免发生的费用超过了预期获得的经济利益，属于亏损合同。由于该合同变为亏损合同时不存在标的资产，甲公司应当按照履行合同造成的损失与违约金两者中的较低者确认一项预计负债，即应确认预计负债 10 000 元。

借：营业外支出——亏损合同损失——A 产品　　10 000
　贷：预计负债——亏损合同损失——A 产品　　10 000

待产品完工后，将已确认的预计负债冲减产品成本。

借：预计负债——亏损合同损失——A 产品　　10 000
　贷：库存商品——A 产品　　10 000

(2)若生产 A 产品的单位成本为 270 元

履行合同发生的损失＝1 000×(270－200)＝70 000(元)

不履行合同支付的违约金＝1 000×200×20%＝40 000(元)

应确认预计负债 40 000 元。

借：营业外支出——亏损合同损失——A 产品　　40 000
　贷：预计负债——亏损合同损失——A 产品　　40 000

支付违约金时

借：预计负债——亏损合同损失——A 产品　　40 000
　贷：银行存款　　40 000

【例 5-10】 甲公司与乙公司于 2010 年 11 月签订不可撤销合同，甲公司向乙公司销售 A 设备 50 台，合同价格每台 1 000 000 元(不含税)。该批设备在 2010 年 1 月 25 日交货。至 2010 年末甲公司已生产 40 台 A 设备，由于原材料价格上涨，单位成本达到 1 020 000元，每销售一台 A 设备亏损 20 000 元，因此这项合同已成为亏损合同。预计其余未生产的 10 台 A 设备的单位成本与已生产的 A 设备的单位成本相同。则甲公司应对有标的的 40 台 A 设备计提存货跌价准备，对没有标的的 10 台 A 设备确认预计负债。不考虑相关税费。

有关账务处理如下：

(1)有标的的部分，合同为亏损合同，确认减值损失

借：资产减值损失——存货跌价准备——A 设备　　800 000
　贷：存货跌价准备——A 设备(40×20 000)　　800 000

(2)无标的的部分，合同为亏损合同，确认预计负债

借：营业外支出——亏损合同损失——A设备　　200 000

　贷：预计负债——亏损合同损失——A设备(10×20 000)　　200 000

在产品生产出来后，将预计负债冲减成本

借：预计负债——亏损合同损失——A设备　　200 000

　贷：库存商品——A设备　　200 000

任务检验

【1·多选题】 2010年11月，甲公司因污水排放对环境造成污染被周围居民提起诉讼。2010年12月31日，该案件尚未一审判决。根据以往类似案例及公司法律顾问的判断，甲公司很可能败诉。如败诉，预计赔偿2 000万元的可能性为70%，预计赔偿1 800万元的可能性为30%。假定不考虑其他因素，该事项对甲公司2010年利润总额的影响金额为(　　)万元。

A. －1 800　　B. －1 900　　C. －1 940　　D. －2 000

【2·多选题】 关于或有事项，下列说法中正确的是(　　)。

A. 待执行合同变成亏损合同的，该亏损合同产生的义务满足或有事项确认预计负债条件的，应当确认为预计负债

B. 待执行合同变成亏损合同的，应当确认为预计负债

C. 企业应当就未来经营亏损确认预计负债

D. 企业在一定条件下应当将未来经营亏损确认预计负债

项目综训

一、单项选择题

1. 根据有关准则规定，下列各项中，不属于或有事项的是(　　)。

A. 未决诉讼或未决仲裁　　B. 重组义务

C. 未来经营亏损　　D. 环境污染治理

2. 下列关于或有事项确认为预计负债的条件中，表述不正确的是(　　)。

A. 该项义务为企业承担的潜在义务

B. 该项义务为企业承担的现时义务

C. 履行该义务很可能导致经济利益流出企业

D. 该义务的金额能够可靠计量

3. 2010年11月1日，新龙公司因合同违约而被大成公司起诉。2010年12月31日，新龙公司尚未接到人民法院的判决。新龙公司预计，最终的法律判决很可能对公司不利。假定预计将要支付的赔偿金额为150～200万元之间的某一金额，而且这个区间内每个金额的可能性都大致相同。2010年12月31日，新龙公司对该起诉讼应确认的预计负债金额为(　　)万元。

A. 150　　B. 160　　C. 175　　D. 200

4. 2011年12月31日，新龙公司存在一项未决诉讼。根据类似案例的经验判断，该

项诉讼败诉的可能性为80%。如果败诉，新龙公司将需赔偿对方80万元并承担诉讼费用3万元，但很可能从第三方收到补偿款10万元。2011年12月31日，新龙公司应就此项未决诉讼确认的预计负债金额为(　　)万元。

A. 70　　B. 77　　C. 80　　D. 83

5. 大成公司因新龙公司违反合同约定而与其发生争议，于2011年11月20日向法院提起诉讼，要求新龙公司赔偿造成的损失150万元。截至2011年12月31日，法院尚未对此诉讼进行审理。据新龙公司法律顾问分析，新龙公司很可能败诉，但赔偿金额很可能为130万元，另外还需承担诉讼费5万元。据调查，新龙公司向大成公司延期交货是由于长江公司违约造成的。经与长江公司交涉，基本确定长江公司可赔偿新龙公司115万元。新龙公司因此诉讼及与长江公司交涉而在2011年度利润表中反映的费用或支出总计为(　　)万元。

A. 135　　B. 20　　C. 130　　D. 115

6. 2010年10月1日，新龙公司与大成公司签订一份B产品销售合同，约定在2011年4月底以每件0.3万元的价格向大成公司销售300件B产品，违约金为合同总价款的20%。2010年12月31日，新龙公司库存B产品300件，成本总额为120万元，按目前市场价格计算的市价总额为100万元。假定新龙公司销售B产品不发生销售费用。2010年12月31日，新龙公司应确认的预计负债的金额为(　　)万元。

A. 30　　B. 38　　C. 40　　D. 0

7. 新龙公司管理层于2010年11月制订了一项业务重组计划，从2011年1月1日起关闭C产品生产线。新龙公司预计发生以下支出或损失：因辞退员工将支付补偿款800万元；因撤销厂房租赁合同将支付违约金25万元；因将用于C产品生产的固定资产等转移至仓库将发生运输费3万元；因对留用员工进行培训将发生支出1万元；因推广新款A产品将发生广告费用2 500万元；因处置用于C产品生产的固定资产将发生减值损失150万元。2010年12月31日，因重组计划减少2010年度利润总额的金额为(　　)万元。

A. 825　　B. 975　　C. 979　　D. 3 479

8. 下列关于亏损合同的会计处理中，错误的是(　　)。

A. 如果与亏损合同相关的义务不需支付任何补偿即可撤销，企业通常就不存在现时义务，不应确认预计负债

B. 预计负债的计量应当反映退出该合同的最低净成本

C. 亏损合同存在标的资产的，应当对标的资产进行减值测试并按规定确认减值损失，如果预计亏损超过该减值损失，应将超过部分确认为预计负债；合同不存在标的资产的，亏损合同相关义务满足预计负债确认条件时，应当确认为预计负债

D. 即使亏损合同存在标的资产的，也应将合同预计亏损金额确认为预计负债

9. 2010年10月1日，新龙公司与大成公司签订了一项不可撤销的销售合同，约定于2011年2月1日以300万元的价格向大成公司销售大型机床一台。若不能按期交货，新龙公司需按照总价款的5%支付违约金。至2010年12月31日，新龙公司尚未开始生产该机床；由于原料上涨等因素，新龙公司预计生产该机床成本不可避免地升至320万元。

假定不考虑其他因素。2010 年 12 月 31 日，新龙公司的下列处理中，正确的是(　　)。

A. 新龙公司应确认预计负债 20 万元

B. 新龙公司应确认预计负债 15 万元

C. 新龙公司应确认存货跌价准备 20 万元

D. 新龙公司应确认存货跌价准备 15 万元

10. 关于或有事项的列报，下列说法中正确的是(　　)。

A. 或有负债应该在资产负债表中单独列报反映

B. 企业应当在报表附注中披露所有的或有负债信息

C. 企业通常不应当披露或有资产，但是或有资产很可能会给企业带来经济利益的，应当予以披露

D. 预计负债只需要列报，不需要进行披露

二、多项选择题

1. 关于或有事项的定义和特征，下列说法不正确的有(　　)。

A. 或有事项是由现在的交易或者事项形成的

B. 或有事项的结果具有不确定性

C. 对固定资产计提折旧属于或有事项

D. 所有的不确定性事项都是或有事项

2. 关于最佳估计数，下列说法中正确的有(　　)。

A. 企业在确定最佳估计数时，不应当综合考虑与或有事项有关的不确定性因素

B. 所需支出不存在一个连续范围，或者虽然存在一个连续范围，但该范围内各种结果发生的可能性不相同的，如果或有事项涉及单个项目，最佳估计数应当按照最可能发生的金额确定

C. 企业在确定最佳估计数时，应当综合考虑与或有事项有关的货币时间价值因素

D. 所需支出存在一个连续范围，且该范围内各种结果发生的可能性相同的，最佳估计数应当按照该范围内的中间值确定

3. 预计负债的计量需要考虑的因素有(　　)。

A. 风险

B. 不确定性

C. 货币时间价值

D. 未来事项

4. 新龙公司于 10 月 15 日收到法院通知，被告知大成公司状告新龙公司侵权，要求新龙公司赔偿 300 万元，至本年年末尚未结案。新龙公司在年末编制财务报表时，根据法律诉讼的进展情况以及专业人士的意见，认为对原告赔偿 250 万元的可能性为 60%，赔偿 200 万元的可能性为 40%，为此，新龙公司的会计处理中，正确的有(　　)。

A. 确认预计负债 250 万元

B. 该事项属于或有事项涉及单个项目的最佳估计数的确定

C. 该事项属于或有事项涉及多个项目的最佳估计数的确定

D. 确认预计负债 225 万元

5. 2010 年 11 月 1 日,因中国银行未按合同规定及时提供贷款,给新龙公司造成损失 300 万元。新龙公司要求中国银行赔偿损失 300 万元,但中国银行未予同意,新龙公司于 2010 年 11 月 15 日向法院提起诉讼,要求中国银行赔偿损失 300 万元。截至 2010 年 12 月 31 日,法院尚未作出判决。新龙公司预计将很可能获得胜诉,可获得 250 万元赔偿金的可能性为 40%,可获得 300 万元赔偿金的可能性为 30%。新龙公司下列做法中不正确的有(　　)。

A. 新龙公司应确认或有资产 300 万元

B. 新龙公司应确认或有资产 250 万元

C. 新龙公司不应确认或有资产,而应在财务报表附注中披露该或有资产

D. 新龙公司既不能确认该或有资产,也不能披露该或有资产

6. 关于重组义务,下列说法中正确的有(　　)。

A. 与重组有关的直接支出是企业重组必须承担的直接支出,并且是与主体继续进行的活动无关的支出

B. 企业承担的重组义务满足或有事项确认预计负债规定的,应当确认预计负债

C. 企业应当按照与重组有关的全部支出确定预计负债金额

D. 与重组有关的直接支出包括留用职工岗前培训、市场推广、新系统和营销网络投入等支出

7. 新龙公司在编制本年度财务报告时,对有关的或有事项进行了检查,包括:正在诉讼过程中的经济案件估计很可能胜诉并可获得 100 万元的赔偿;由于本公司生产过程中产生的废料污染了河水,有关环保部门正在进行调查,估计很可能支付赔偿金额 350 万元。新龙公司在本年度财务报告中,对上述或有事项的处理正确的有(　　)。

A. 新龙公司将诉讼过程中很可能获得的 100 万元赔偿款确认为资产,并在财务报表附注中作了披露

B. 新龙公司未将诉讼过程中很可能获得的 100 万元赔偿款确认为资产,但在财务报表附注中作了披露

C. 新龙公司将因污染环境而很可能发生的 350 万元赔偿款确认为负债,并在财务报表附注中作了披露

D. 新龙公司未将因污染环境而很可能发生的 350 万元赔偿款确认为负债,也未在财务报表附注中披露

8. 下列关于产品质量保证确认预计负债的说法中,正确的有(　　)。

A. 企业应当在符合确认条件的情况下,于销售成立时确认预计负债

B. 已对其确认预计负债的产品,如企业不再生产了,那么该产品的“预计负债——产品质量保证”余额可用于其他产品,不用冲销

C. 如果企业针对特定批次产品确认预计负债,则在保修期结束时,应将“预计负债——产品质量保证”余额冲销,不留余额

D. 如果发现产品质量保证费用的实际发生额与预计数相差较大,应及时对预计比例进行调整

9. 下列关于不涉及标的资产的亏损合同确认预计负债金额的说法中正确的有( )。

A. 预计负债的计量应当反映退出该合同的最低净成本

B. 预计负债的计量应当反映履行该合同的成本与未能履行该合同而发生的补偿或处罚两者之中的较低者

C. 预计负债的计量应当反映退出该合同的最高净成本

D. 预计负债的计量应当反映履行该合同的成本与未能履行该合同而发生的补偿或处罚两者之中的较高者

10. 关于或有事项,下列说法不正确的有( )。

A. 待执行合同不属于或有事项,但是,待执行合同变为亏损合同的,应当作为或有事项

B. 会计处理过程中存在的所有不确定性事项都是或有事项

C. 预计负债相关的未来支出的时间或金额具有一定的不确定性

D. 根据资产和负债不能随意抵消的原则,预期可获得的补偿在很可能收到时应当确认为一项资产,而不能作为预计负债金额的扣减

三、判断题

1. 或有事项作为一种不确定事项,是由企业过去的交易或者事项形成的。 ( )

2. 或有负债既可以是过去的交易或者事项形成的潜在义务,也可以是过去的交易或者事项形成的现时义务。 ( )

3. 或有事项包括或有资产、或有负债和预计负债。 ( )

4. 企业在确定最佳估计数时应当考虑与或有事项有关的风险和不确定性因素,而不用考虑货币时间价值和未来事项等因素。 ( )

5. 如果清偿因或有事项而确认的负债所需支出全部或部分预期由第三方补偿的,则补偿金额只能在基本确定收到时,才作为资产单独确认,且确认的补偿金额不应超过所确认负债的账面价值。 ( )

6. 待执行合同变成亏损合同时,有合同标的资产的,应当将预计亏损确认为预计负债;无合同标的资产的,亏损合同相关义务满足预计负债确认条件时,应当确认为预计负债。 ( )

7. 资产负债表日后至财务报告批准报出日之间发生的需要调整或说明的未决诉讼,按照资产负债表日后事项的有关规定进行会计处理。 ( )

8. 或有资产是指由过去的交易或者事项形成的潜在资产,其存在需通过未来不确定事项的发生或不发生予以证实。 ( )

9. 企业承担的重组义务只要有详细、正式的重组计划则表明企业承担了重组义务。 ( )

10. 与重组有关的直接支出包括留用职工岗前培训、市场推广、新系统和营销网络投入等支出。 ( )

四、计算分析题

新龙公司于2010年11月10日与大成公司签订了一项销货合同,约定在2011年

1月10日以每件40元的价格向大成公司提供甲产品10万件，如果不能按期交货，将向大成公司支付总价款20%的违约金。签订合同时甲产品尚未开始生产，新龙公司准备生产产品时，材料的价格突然上涨，预计生产甲产品的单位成本将超过合同单价。

要求：

(1)若生产甲产品的单位成本为50元，编制新龙公司相关的会计分录；

(2)若生产甲产品的单位成本为45元，编制新龙公司相关的会计分录。

(答案中的金额单位用万元表示)

项目六

企业合并

项目目标

学习本项目，应能完成以下三项任务：

任务一：企业合并的确认

任务二：同一控制下企业合并的处理

任务三：非同一控制下企业合并的处理

项目实施

任务一　企业合并的确认

企业合并是经济快速发展时期较为常见的交易事项。近些年来，随着我国经济市场化和国际化的发展，国际竞争力的不断增强，跨国经营不断增多，企业的收购兼并日趋复杂，客观上需要拓宽生产经营渠道，开辟新的投资领域或市场等。同时，在企业合并会计政策方面不断提出新的问题，需要加以统一规范，以指导企业并购实务。《企业会计准则第 20 号——企业合并》(以下简称企业合并准则)主要规范了对不同类型企业合并的会计处理。

一、企业合并的定义和范围

企业合并是将两个或两个以上单独的企业合并形成一个报告主体的交易或事项。

从企业合并的定义看，是否形成企业合并，关键要看有关交易或事项发生前后，是否引起报告主体的变化。

报告主体的变化产生于控制权的变化。在交易事项发生以后，一方能够对另一方的生产经营决策实施控制，形成母子公司关系，就会涉及控制权的转移，从合并财务报告角度形成报告主体的变化；交易事项发生以后，一方能够控制另一方的全部净资产，被合并的企业在合并后失去其法人资格，也涉及控制权及报告主体的变化，形成企业合并。实务中，对于交易或事项发生前后是否形成控制权的转移，应当遵循实质重于形式原则，综合可获得的各方面情况来进行判断。

假定在企业合并前 A、B 两个企业为各自独立的法律主体，企业合并准则中所界定的企业合并，包括但不限于以下情形：

1. A企业通过增发自身的普通股自B企业原股东处取得B企业的全部股权，该交易事项发生后，B企业仍持续经营。

2. A企业支付对价取得B企业的净资产，该交易事项发生后，撤销B企业的法人资格。

3. A企业以其资产作为出资投入B企业，取得对B企业的控制权，该交易事项发生后，企业B仍维持其独立法人资格继续经营。

二、企业合并的类型

企业合并准则中将企业合并划分为两大基本类型——同一控制下的企业合并与非同一控制下的企业合并。企业合并的类型划分不同，所遵循的会计处理原则也不同。

(一)同一控制下的企业合并

同一控制下的企业合并，是指参与合并的企业在合并前后均受同一方或相同的多方最终控制且该控制并非暂时性的。

判断某一企业合并是否属于同一控制下的企业合并，应当把握以下要点：

1. 能够对参与合并各方在合并前后均实施最终控制的一方通常指企业集团的母公司。

同一控制下的企业合并一般发生于企业集团内部，如集团内母子公司之间、子公司与子公司之间等。因为该类合并从本质上是集团内部企业之间的资产或权益的转移，能够对参与合并企业在合并前后均实施最终控制的一方为集团的母公司。

2. 能够对参与合并的企业在合并前后均实施最终控制的相同多方，是指根据合同或协议的约定，拥有最终决定参与合并企业的财务和经营政策，并从中获取利益的投资者群体。

3. 实施控制的时间性要求，是指参与合并各方在合并前后较长时间内为最终控制方所控制。具体是指在企业合并之前(合并日之前)，参与合并各方在最终控制方的控制时间一般在1年以上(含1年)，企业合并后所形成的报告主体在最终控制方的控制时间也应达到1年以上(含1年)。

4. 企业之间的合并是否属于同一控制下的企业合并，应综合构成企业合并交易的各方面情况，按照实质重于形式的原则进行判断。通常情况下，同一控制下的企业合并是指发生在同一企业集团内部企业之间的合并。同受国家控制的企业之间发生的合并，不应仅仅因为参与合并各方在合并前后均受国家控制而将其作为同一控制下的企业合并。

(二)非同一控制下的企业合并

非同一控制下的企业合并，是指参与合并各方在合并前后不受同一方或相同的多方最终控制的合并交易，即同一控制下企业合并以外的其他企业合并。

任务检验

【判断题】企业合并可以是购买企业整体，也可以购买企业的某项资产或资产组合。 (　　)

任务二　同一控制下企业合并的处理

一、同一控制下企业合并的处理原则

对于同一控制下的企业合并，企业合并准则中规定的会计处理方法类似于权益结合法。该方法下，将企业合并看做是两个或多个参与合并企业权益的重新整合，由于最终控制方的存在，从最终控制方的角度，该类企业合并在一定程度上并不会造成构成企业集团整体的经济利益流入和流出，最终控制方在合并前后实际控制的经济资源并没有发生变化，有关交易事项不作为出售或购买处理。

（一）合并方在合并中确认取得的被合并方的资产、负债仅限于被合并方账面上原已确认的资产和负债，合并中不产生新的资产和负债。

同一控制下的企业合并，从最终控制方的角度，其在企业合并发生前后能够控制的净资产价值量并没有发生变化，因此即便是在合并过程中，取得的净资产入账价值与支付的合并对价账面价值之间存在差额，同一控制下的企业合并中一般也不产生新的商誉因素，即不确认新的资产，但被合并方在企业合并前账面上原已确认的商誉应作为合并中取得的资产确认。

（二）合并方在合并中取得的被合并方各项资产、负债应维持其在被合并方的原账面价值不变。

被合并方在企业合并前采用的会计政策与合并方不一致的，应基于重要性原则，首先统一会计政策，即合并方应当按照本企业会计政策对被合并方资产、负债的账面价值进行调整，并以调整后的账面价值作为有关资产、负债的入账价值。进行上述调整的一个基本原因是将该项合并中涉及的合并方及被合并方作为一个整体对待，对于一个完整的会计主体，其对相关交易、事项应当采用相对统一的会计政策，在此基础上反映其财务状况和经营成果。在同一控制下的企业合并中，被合并方同时进行改制并对资产负债进行评估调账的，应以评估调账后的账面价值并入合并方。

（三）合并方在合并中取得的净资产的入账价值与为进行企业合并支付的对价账面价值之间的差额，应当调整所有者权益相关项目，不计入企业合并当期损益。合并方在同一控制下的企业合并，本质上不作为购买处理，而是作为两个或多个会计主体权益的整合。合并方在企业合并中取得的价值量相对于所放弃价值量之间存在差额的，应当调整所有者权益。在根据合并差额调整合并方的所有者权益时，应首先调整资本公积（资本溢价或股本溢价），资本公积（资本溢价或股本溢价）的余额不足冲减的，应冲减留存收益。

（四）对于同一控制下的控股合并，应视同合并后形成的报告主体自最终控制方开始实施控制时一直是一体化存续下来的，体现在其合并财务报表上，即由合并后形成的母子公司构成的报告主体，无论是其资产规模还是其经营成果都应持续计算。

编制合并财务报表时，无论该项合并发生在报告期的任一时点，合并利润表、合并现金流量表均反映的是由母子公司构成的报告主体自合并当期期初至合并日实现的损益及现金流量情况，相应地，合并资产负债表的留存收益项目，应当反映母子公司一直作为一个整体运行至合并日应实现的盈余公积和未分配利润的情况。

对于同一控制下的控股合并，在合并当期编制合并财务报表时，应当对合并资产负债表的期初数进行调整，同时应当对比较报表的相关项目进行调整，视同合并后的报告主体在以前期间一直存在。

二、同一控制下企业合并的会计处理

（一）同一控制下的控股合并

同一控制下的控股合并中，合并方在合并日涉及两个方面的问题：一是对于因该项企业合并形成的对被合并方的长期股权投资的确认和计量；二是合并日合并财务报表的编制。

1. 长期股权投资的确认和计量

按照《企业会计准则第 2 号——长期股权投资》的规定，同一控制下企业合并形成的长期股权投资，合并方应以合并日应享有被合并方账面所有者权益的份额作为形成长期股权投资的初始投资成本。

2. 合并日合并财务报表的编制

同一控制下的企业合并形成母子公司关系的，合并方一般应在合并日编制合并财务报表。编制合并日的合并财务报表时，一般包括合并资产负债表、合并利润表及合并现金流量表。本项目只介绍合并资产负债表的编制。

被合并方的有关资产、负债应以其账面价值并入合并财务报表。合并方与被合并方在合并日及以前期间发生的交易，应作为内部交易，按照“合并财务报表”有关原则进行抵消。

在合并资产负债表中，对于被合并方在企业合并前实现的留存收益（盈余公积和未分配利润之和）中归属于合并方的部分，应按以下原则，自合并方的资本公积转入留存收益和未分配利润：

（1）确认企业合并形成的长期股权投资后，合并方账面资本公积（资本溢价或股本溢价）贷方余额大于被合并方在合并前实现的留存收益中归属于合并方的部分，在合并资产负债表中，应将被合并方在合并前实现的留存收益中归属于合并方的部分自“资本公积”转入“盈余公积”和“未分配利润”。在合并工作底稿中，借记“资本公积”项目，贷记“盈余公积”和“未分配利润”项目。

（2）确认企业合并形成的长期股权投资后，合并方账面资本公积（资本溢价或股本溢价）贷方余额小于被合并方在合并前实现的留存收益中归属于合并方的部分的，在合并资产负债表中，应以合并方资本公积（资本溢价或股本溢价）的贷方余额为限，将被合并方在企业合并前实现的留存收益中归属于合并方的部分自“资本公积”转入“盈余公积”和“未分配利润”。在合并工作底稿中，借记“资本公积”项目，贷记“盈余公积”和“未分配利润”项目。

因合并方的资本公积（资本溢价或股本溢价）余额不足，被合并方在合并前实现的留存收益中归属于合并方的部分在合并资产负债表中未予全额恢复的，合并方应当在会计报表附注中对这一情况进行说明。

【例 6-1】 甲、乙公司分别为 P 公司控制下的两家子公司；甲公司于 2010 年 3 月 10 日自母公司 P 公司处取得乙公司 100%的股权，合并后乙公司仍维持其独立法人资格继续经营。为进行该项企业合并，甲公司发行了 600 万股普通股（每股面值 1 元）作为对价。假定甲、乙两公司采用的会计政策相同。合并日，甲公司和乙公司的所有者权益构成情况见表 6-1：

表 6-1　　甲公司和乙公司所有者权益构成情况　　单位：元

甲公司		乙公司	
项　目	金　额	项　目	金　额
股本	36 000 000	股本	6 000 000
资本公积	10 000 000	资本公积	2 000 000
盈余公积	8 000 000	盈余公积	4 000 000
未分配利润	20 000 000	未分配利润	8 000 000
合计	74 000 000	合计	20 000 000

甲公司在合并日应进行的账务处理为：

借：长期股权投资　　20 000 000
　贷：股本　　6 000 000
　　资本公积——股本溢价　　14 000 000

进行上述处理后，甲公司在合并日编制合并资产负债表时，对于企业合并前乙公司实现的留存收益中归属于合并方的部分（1 200 万元）应自资本公积——股本溢价转入留存收益。本例中甲公司在确认对乙公司的长期股权投资以后，其资本公积的账面余额为 2 400万元（1 000＋1 400），假定其中股本溢价的金额为 1 800 万元。在合并工作底稿中，应编制以下调整分录：

借：资本公积——股本溢价　　12 000 000
　贷：盈余公积　　4 000 000
　　未分配利润　　8 000 000

【例 6-2】 A 公司以一项账面价值为 280 万元的固定资产（原价 400 万元，累计折旧 120 万元）和一项账面价值为 320 万元的无形资产（原价 500 万元，累计摊销 180 万元）为对价取得同一集团内另一家全资企业 B 公司 100%的股权。合并日，A 公司和 B 公司所有者权益构成如表 6-2 所示：

表 6-2　　A 公司和 B 公司所有者权益构成情况　　单位：元

A 公司		B 公司	
项　目	金　额	项　目	金　额
股本	36 000 000	股本	2 000 000
资本公积	1 000 000	资本公积	2 000 000
盈余公积	8 000 000	盈余公积	3 000 000
未分配利润	20 000 000	未分配利润	3 000 000
合　计	65 000 000	合计	10 000 000

A 公司在合并日应确认对 B 公司的长期股权投资，进行以下账务处理：

借:固定资产清理 2 800 000
　　累计折旧 1 200 000
　贷:固定资产 4 000 000
借:长期股权投资 10 000 000
　　累计摊销 1 800 000
　贷:固定资产清理 2 800 000
　　　无形资产 5 000 000
　　　资本公积——股本溢价 4 000 000

进行上述处理后,A 公司资本公积账面余额为 500 万元(100+400),假定全部属于股本溢价,小于 B 公司在合并前实现的留存收益中归属于 A 公司的部分,A 公司在编制合并财务报表时,应以账面资本公积——股本溢价的余额为限,将 B 公司在合并前实现的留存收益中归属于 A 公司的部分相应转入盈余公积和未分配利润。合并工作底稿中的调整分录为:

借:资本公积——股本溢价 5 000 000
　贷:盈余公积 2 500 000
　　　未分配利润 2 500 000

(二)合并方为进行企业合并发生的有关费用的处理

合并方为进行企业合并发生的有关费用,指合并方为进行企业合并发生的各项直接相关费用,如为进行企业合并支付的审计费用、资产评估费用以及有关的法律咨询费用等增量费用。同一控制下企业合并进行过程中发生的各项直接相关费用,应于发生时费用化计入当期损益。借记"管理费用"等科目,贷记"银行存款"等科目。但以下两种情况除外:

1. 以发行债券方式进行的企业合并,与发行债券相关的佣金、手续费等应按照《企业会计准则第 22 号——金融工具确认和计量》的规定进行会计处理。该部分费用,虽然与筹集用于企业合并的对价直接相关,但其会计处理应遵照金融工具准则,有关的费用应计入负债的初始计量金额。

2. 发行权益性证券作为合并对价的,与所发行权益性证券相关的佣金、手续费等应按照《企业会计准则第 37 号——金融工具列报》的规定处理。即与发行权益性证券相关的费用,不管其是否与企业合并直接相关,均应自所发行权益性证券的发行收入中扣减,在权益性工具发行有溢价的情况下,自溢价收入中扣除,在权益性证券发行无溢价或溢价金额不足以扣减的情况下,应当冲减盈余公积和未分配利润。

企业专设的并购部门发生的日常管理费用,如果该部门的设置并不是与某项企业合并直接相关,而是企业的一个常设部门,其设置目的是为了寻找相关的并购机会等,维持该部门日常运转的有关费用,不属于与企业合并直接相关的费用,应当于发生时费用化计入当期损益。

任务检验

【1. 判断题】 同属国家国有资产监督管理部门管理的国有企业之间的并购均属于同一控制下的企业合并。 ( )

【2. 单项选择题】 同一控制下的企业合并，合并资产负债表中被合并方的资产、负债，应当按(　　)进行计量。

A. 原账面价值　　B. 公允价值　　C. 市场价值　　D. 现值

任务三　非同一控制下企业合并的处理

一、非同一控制下企业合并的处理原则

(一)确定购买方

购买法是指从购买方的角度出发，该项交易中购买方取得了被购买方的净资产或是对净资产的控制权，应确认所取得的资产以及应当承担的债务，包括被购买方原来未予确认的资产和负债。就购买方自身而言，其原持有的资产及负债的计量不受该交易事项的影响。采用购买法核算企业合并的首要前提是确定购买方。购买方是指在企业合并中取得对另一方或多方控制权的一方。非同一控制下的企业合并中，一般应考虑企业合并合同、协议以及其他相关因素来确定购买方。在判断企业合并中的购买方时，应考虑所有相关的事实和情况，特别是企业合并后参与合并各方的相对投票权、合并后主体管理机构及高层管理人员的构成、权益互换的条款等。

1. 合并中一方取得了另一方半数以上有表决权股份时，除非有明确的证据表明不能形成控制，一般认为取得另一方半数以上表决权股份的一方为购买方。

2. 某些情况下，即使一方没有取得另一方半数以上有表决权股份，但存在以下情况时，一般也可认为其获得了对另一方的控制权，如：

(1)通过与其他投资者签订协议，实质上拥有被购买企业半数以上表决权。例如，A公司拥有B公司40%的表决权资本，C公司拥有B公司30%的表决权资本，D公司拥有B公司30%的表决权资本。A公司与C公司达成协议，C公司在B公司的权益由A公司代表。在这种情况下，A公司实质上拥有B公司70%表决权资本的控制权，在B公司的章程等没有特别规定的情况下，表明A公司实质上控制B公司。

(2)按照章程或协议等的规定，具有主导被购买企业财务和经营决策的权力。例如，A公司拥有B公司45%的表决权资本，同时，根据法律或协议规定，A公司可以决定B公司的生产经营等政策，从而可以对B公司的财务和经营政策实施控制。

(3)有权任免被购买企业董事会或类似权力机构多数成员。这种情况是指，虽然投资企业拥有被投资单位50%或50%以下表决权资本，但根据章程、协议等有权任免被投资单位董事会或类似机构的绝大多数成员，以达到实质上控制的目的。

(4)在被购买企业董事会或类似权力机构中具有多数投票权。这种情况是指，虽然投资企业拥有被投资单位50%或50%以下表决权资本，但能够控制被投资单位董事会等类似权力机构的会议，从而能够控制其财务和经营政策，达到对被投资单位的控制。

3.某些情况下可能难以确定企业合并中的购买方，如参与合并的两家或多家企业规模相当，这种情况下，往往可以结合一些迹象表明购买方的存在。在具体判断时，可以考虑下列相关因素：

(1)以支付现金、转让非现金资产或承担负债的方式进行的企业合并，一般支付现金、转让非现金资产或承担负债的一方为购买方。

(2)考虑参与合并各方的股东在合并后主体的相对投票权，其中股东在合并后主体具有相对较高投票比例的一方一般为购买方。

(3)参与合并各方的管理层对合并后主体生产经营决策的主导能力，如果合并导致参与合并一方的管理层能够主导合并后主体生产经营政策的制定，其管理层能够实施主导作用的一方一般为购买方。

(4)参与合并一方的公允价值远远大于另一方的，公允价值较大的一方很可能为购买方。

(5)企业合并是以有表决权的股份换取另一方的现金及其他资产的，则付出现金或其他资产的一方很可能为购买方。

(6)通过权益互换实现的企业合并，发行权益性证券的一方通常为购买方。但如果有证据表明发行权益性证券的一方，其生产经营决策在合并后被参与合并的另一方控制，则其应为被购买方，参与合并的另一方为购买方。该类合并通常称为反向购买。

(二)确定购买日

购买日是购买方获得对被购买方控制权的日期，即企业合并交易进行过程中，发生控制权转移的日期。根据企业合并方式的不同，购买日的会计处理也有所不同。在控股合并的情况下，购买方应在购买日确认因企业合并形成的对被购买方的长期股权投资，在吸收合并的情况下，购买方应在购买日确认合并中取得的被购买方各项可辨认资产、负债等。

确定购买日的基本原则是控制权转移的时点。企业在实务操作中，应当结合合并合同或协议的约定及其他有关的影响因素，按照实质重于形式的原则进行判断。同时满足以下条件时，一般可认为实现了控制权的转移，可相应地确定购买日。有关的条件包括：

1.企业合并合同或协议已获股东大会等内部权力机构通过。企业合并一般涉及的交易规模较大，无论是合并当期还是合并以后期间，均会对企业的生产经营产生重大影响，在能够对企业合并进行确认，形成实质性的交易前，该交易或事项应经过企业的内部权力机构批准，如对于股份有限公司，其内部权力机构一般指股东大会。

2.按照规定，合并事项需要经过国家有关主管部门审批的，已获得相关部门的批准。按照国家有关规定，企业并购需要经过国家有关部门批准的，取得相关批准文件是对企业合并交易或事项进行会计处理的前提之一。

3.参与合并各方已办理了必要的财产权交接手续。作为购买方，其通过企业合并无论是取得对被购买方的股权还是取得被购买方的全部净资产，能够形成与取得股权或净资产相关的风险和报酬的转移，一般需办理相关的财产权交接手续，从而从法律上保障有关风险和报酬的转移。

4.购买方已支付了购买价款的大部分(一般应超过50%),并且有能力、有计划支付剩余款项。购买方要取得与被购买方净资产相关的风险和报酬,其前提是必须支付一定的对价,一般在确定购买日之前,购买方应当已经支付了购买价款的大部分,并且从其目前财务状况判断,有能力支付剩余款项。

5.购买方实际上已经控制了被购买方的财务和经营政策,享有相应的收益并承担相应的风险。

企业合并涉及一次以上交易的,例如通过分阶段取得股份最终实现合并,企业应于每一交易日确认对被投资企业的各单项投资。"交易日"是指合并方或购买方在自身的账簿和报表中确认对被投资单位投资的日期。分步实现的企业合并中,购买日是指按照有关标准判断购买方最终取得对被购买企业控制权的日期。

如A企业于2009年10月20日取得B公司30%的股权(假定能够对被投资单位施加重大影响),在与取得股权相关的风险和报酬发生转移的情况下,A企业应确认对B公司的长期股权投资。在已经拥有B公司30%股权的基础上,A企业又于2010年12月8日取得B公司30%的股权,在其持股比例达到60%的情况下,假定于当日开始能够对B公司实施控制,则2010年12月8日为第二次购买股权的交易日,同时因在当日能够对B公司实施控制,可确定该企业合并的购买日。

(三)确定企业合并成本

企业合并成本包括购买方为进行企业合并支付的现金或非现金资产、发行或承担的债务、发行的权益性证券等在购买日的公允价值以及企业合并中发生的各项直接相关费用之和。通过多次交换交易分步实现的企业合并,其企业合并成本为每一单项交换交易的成本之和。

企业合并成本包括购买方在购买日支付的下列项目的合计金额:

1.作为合并对价的现金及非现金资产的公允价值。以非货币性资产作为合并对价的,其合并成本为所支付对价的公允价值,该公允价值与作为合并对价的非货币性资产账面价值的差额,作为资产的处置损益,计入合并当期的利润表。有关资产公允价值的确定参见企业合并准则应用指南中的相关规定。

2.发行的权益性证券的公允价值。确定所发行权益性证券的公允价值时,对于购买日存在公开报价的权益性证券,其公开报价为确定公允价值的依据,除非在非常特殊的情况下,购买方能够证明该权益性证券在购买日的公开报价不能可靠地代表其公允价值,并且用其他的证据和估价方法能够更好地计量公允价值时,可以考虑其他的证据和估价方法。如果购买日权益性证券的公开报价不可靠,或者购买方发行的权益性证券不存在公开报价,则该权益性证券的公允价值可以参照其在购买方公允价值中所占权益份额或者参照在被购买方公允价值中获得的权益份额,按两者中有明确证据支持的一个进行估价。

3.因企业合并发生或承担的债务的公允价值。因企业合并而承担的各项负债,应采用按照适用利率计算的未来现金流量的现值作为其公允价值。因企业合并可能发生的未来损失或其他成本不是购买方为取得对被购买方的控制权而承担的负债,不构成企业合并成本。

4. 当企业合并合同或协议中约定根据未来或有事项的发生而对合并成本进行调整的事项时，符合《企业会计准则第 13 号——或有事项》规定的确认条件的，应确认的支出也应作为企业合并成本的一部分。在某些情况下，合并各方可能在合并合同或协议中约定根据未来一项或多项或有事项的发生而对合并成本进行一定的调整，例如，企业合并合同中规定，如果被购买方在未来特定期间实现的利润达到既定水平，购买方需要在已经支付的企业合并对价基础上支付额外的对价。如果在购买日预计被购买方的盈利水平很可能会达到合同规定的标准，应将按照合同或协议约定需支付的金额计入企业合并成本。

符合下列有关确认条件的，应对企业合并成本进行相应调整：企业在购买日对于可能需要支付的企业合并成本调整金额进行预计并且计入企业合并成本后，未来期间有关涉及调整成本的事项未实际发生或发生后需要对原估计的计入企业合并成本的金额进行调整；或者在购买日因未来事项发生的可能性较小、金额无法可靠计量等原因导致有关调整金额未包括在企业合并成本中，而在未来期间因合并合同或协议中约定的事项很可能发生、金额能够可靠计量的。

5. 合并中发生的各项直接相关费用。非同一控制下企业合并中发生的与企业合并直接相关的费用，包括为进行合并而发生的会计审计费用、法律服务费用、咨询费用等，应当计入企业合并成本。这里所称的合并中发生的各项直接相关费用，不包括与为进行企业合并发行的权益性证券或发行的债务相关的手续费、佣金等，该部分费用应比照本项目关于同一控制下企业合并中类似费用的处理原则处理。

（四）企业合并价差的处理

购买方对于企业合并成本与确认的被购买方可辨认净资产公允价值份额的差额，应视情况分别处理：

1. 企业合并成本大于合并中取得的被购买方可辨认净资产公允价值份额的差额，应确认为商誉。视企业合并方式不同，该差额的处理也不同。在控股合并情况下，该差额是指合并财务报表中应列示的商誉；在吸收合并情况下，该差额是购买方在其账簿及个别财务报表中应确认的商誉。

商誉在确认以后，持有期间不要求摊销，企业应当按照《企业会计准则第 8 号——资产减值》的规定对其进行减值测试，对于可收回金额低于账面价值的部分，计提减值准备。

2. 企业合并成本小于合并中取得的被购买方可辨认净资产公允价值份额的差额，应计入合并当期损益。

企业合并准则中要求在该种情况下，要对合并中取得的资产、负债的公允价值，作为合并对价的非现金资产或发行的权益性证券等的公允价值进行复核，复核结果表明所确定的各项可辨认资产和负债的公允价值是恰当的，应将企业合并成本低于取得的被购买方可辨认净资产公允价值份额之间的差额，计入合并当期的营业外收入，并在会计报表附注中予以说明。

在吸收合并的情况下，上述企业合并成本小于合并中取得的被购买方可辨认净资产公允价值的差额，应计入合并当期购买方的个别利润表；在控股合并的情况下，上述差额应体现在合并当期的合并利润表中。

(五)购买日合并财务报表的编制

非同一控制下的控股合并中,购买方一般应于购买日编制合并资产负债表,反映其从购买日开始能够控制的经济资源情况。在合并资产负债表中,合并中取得的被购买方的各项可辨认资产、负债应以其在购买日的公允价值计量,长期股权投资的成本大于合并中取得的被购买方可辨认净资产公允价值份额的差额,体现为合并财务报表中的商誉;长期股权投资的成本小于合并中取得的被购买方可辨认净资产公允价值份额的差额,根据企业合并准则中规定应计入合并当期损益,因购买日不需要编制合并利润表,该差额体现在合并资产负债表上,应调整合并资产负债表的盈余公积和未分配利润。

需要强调的是,非同一控制下的企业合并中,作为购买方的母公司在进行有关会计处理后,应单独设置备查簿,记录其在购买日取得的被购买方各项可辨认资产、负债的公允价值以及因企业合并成本大于合并中取得的被购买方可辨认净资产公允价值的份额应确认的商誉金额,或因企业合并成本小于合并中取得的被购买方可辨认净资产公允价值的份额而计入当期损益的金额,备查簿的记录情况将作为企业合并当期以及以后期间编制合并财务报表的基础。企业合并当期期末以及合并以后期间,应当纳入到合并财务报表中的被购买方的资产、负债等,是以购买日确定的公允价值为基础持续计算的结果。

二、非同一控制下企业合并的会计处理

(一)长期股权投资初始投资成本的确定

非同一控制下的控股合并中,购买方在购买日应当按照确定的企业合并成本(不包括应自被投资单位收取的现金股利或利润),作为形成的对被购买方长期股权投资的初始投资成本。

购买方为取得对被购买方的控制权,以支付非货币性资产为对价的,有关非货币性资产在购买日的公允价值与其账面价值的差额,应作为资产的处置损益,计入合并当期的利润表。

(二)购买日合并财务报表的编制

【例 6-3】 2010 年 6 月 30 日,P 公司发行 1 000 万股普通股(每股面值 1 元),市场价格为每股 3.5 元,取得了 S 公司 70%的股权。参与合并企业在 2010 年 6 月 30 日企业合并前,有关资产、负债情况如表 6-3 所示。

表 6-3　　资产负债表(简表)

2010 年 6 月 30 日　　单位:元

项　目	P 公司	S 公司	
	账面价值	账面价值	公允价值
资产:			
货币资金	17 250 000	1 800 000	1 800 000
应收账款	12 000 000	8 000 000	8 000 000
存货	24 800 000	1 020 000	1 800 000
长期股权投资	20 000 000	8 600 000	15 200 000

（续表）

项　目	P公司	S公司	
	账面价值	账面价值	公允价值
固定资产	28 000 000	12 000 000	22 000 000
无形资产	18 000 000	2 000 000	6 000 000
商誉			
资产总额	120 050 000	33 420 000	54 800 000
负债和所有者权益：			
短期借款	10 000 000	9 000 000	9 000 000
应付账款	15 000 000	1 200 000	1 200 000
其他负债	1 500 000	1 200 000	1 200 000
负债合计	26 500 000	11 400 000	11 400 000
实收资本	30 000 000	10 000 000	
资本公积	20 000 000	6 000 000	
盈余公积	20 000 000	2 000 000	
未分配利润	23 550 000	4 020 000	
所有者权益合计	93 550 000	22 020 000	43 400 000
负债和所有者权益总额	120 050 000	33 420 000	54 800 000

假定该项合并为非同一控制下的企业合并，编制购买方于购买日的合并资产负债表。

(1)计算确定商誉

假定S公司除已确认资产外，不存在其他需要确认的资产及负债，P公司首先计算合并中应确认的合并商誉：

合并商誉＝企业合并成本－合并中取得的被购买方可辨认净资产公允价值份额

＝3 500－4 340×70%＝462(万元)

(2)编制抵消分录

借：存货　　780 000

长期股权投资　　6 600 000

固定资产　　10 000 000

无形资产　　4 000 000

实收资本　　10 000 000

资本公积　　6 000 000

盈余公积　　2 000 000

未分配利润　　4 020 000

商誉　　4 620 000

贷：长期股权投资　　35 000 000

少数股东权益　　13 020 000

(3)编制购买日合并资产负债表

表 6-4　合并资产负债表(简表)

2010 年 6 月 30 日　单位:元

项　目	P公司	S公司	抵消分录		合并金额
			借方	贷方	
资产:					
货币资金	17 250 000	1 800 000			19 050 000
应收账款	12 000 000	8 000 000			20 000 000
存货	24 800 000	1 020 000	780 000		26 600 000
长期股权投资	55 000 000	8 600 000	6 600 000	35 000 000	35 200 000
固定资产	28 000 000	12 000 000	10 000 000		50 000 000
无形资产	18 000 000	2 000 000	4 000 000		24 000 000
商誉			4 620 000		4 620 000
资产总额	155 050 000	33 420 000			179 470 000
负债和所有者权益:					
短期借款	10 000 000	9 000 000			19 000 000
应付账款	15 000 000	1 200 000			16 200 000
其他负债	1 500 000	1 200 000			2 700 000
负债合计	26 500 000	11 400 000			37 900 000
实收资本	40 000 000	10 000 000	10 000 000		40 000 000
资本公积	45 000 000	6 000 000	6 000 000		45 000 000
盈余公积	20 000 000	2 000 000	2 000 000		20 000 000
未分配利润	23 550 000	4 020 000	4 020 000		23 550 000
少数股东权益				13 020 000	13 020 000
所有者权益合计	128 550 000	22 020 000			141 570 000
负债和所有者权益合计	155 050 000	33 420 000			179 470 000

任务检验

【1. 单项选择题】 A 公司发行 30 000 股股票吸收合并 B 公司,它们不属于关联方关系,A 公司新发行股票的公允价值为每股 48 元,每股面值为 15 元,而 B 公司的净资产账面价值为 546 000 元,净资产公允价值为 1 440 000 元,则此次合并的合并成本为(　　)元。

A. 990 000　　B. 546 000　　C. 450 000　　D. 1 440 000

【2.单项选择题】 A公司发行30 000股股票吸收合并B公司，它们不属于关联方关系，A公司新发行股票的公允价值为每股48元，每股面值为15元，而B公司的账面净资产价值为546 000元，净资产公允价值为1 440 000元，可辨认净资产的公允市价为1 294 821元，则此次合并需要确认的商誉为（　　）。

A. 748 821　　B. 0　　C. 145 179　　D. −748 821

项目综训

一、单项选择题

1. 甲公司发行1 000万股普通股（每股面值1元，市价5元）作为合并对价取得乙公司100%的股权，合并后乙公司维持法人资格继续经营，涉及合并的双方在合并前无关联关系，合并日乙公司的可辨认资产公允价值总额为5 000万元，可辨认负债公允价值总额为2 000万元，甲公司的合并成本为（　　）万元。

A. 1 000　　B. 3 000　　C. 5 000　　D. 2 000

2. 企业合并后仍维持其独立法人资格继续经营的企业合并形式为（　　）。

A. 控股合并　　B. 吸收合并　　C. 新设合并　　D. 换股合并

3. 甲公司以一台固定资产和一项专利权作为对价取得同一集团内乙公司100%的股权。该项固定资产为原价1 000万元、累计折旧400万元的设备；专利权的原价为600万元、累计摊销为150万元。合并日乙公司账面所有者权益总额为1 300万元，甲公司在确认对乙公司的长期股权投资时，确认的资本公积为（　　）。

A. 贷记250万元　　B. 借记250万元

C. 不产生资本公积　　D. 贷记300万元

4. 甲公司于2009年12月29日以2 000万元取得对乙公司80%的股权，能够对乙公司实施控制，形成非同一控制下的企业合并，合并当日乙公司可辨认净资产公允价值总额为1 600万元。2010年12月25日甲公司又出资200万元自乙公司的其他股东处取得乙公司10%的股权，交易日乙公司有关资产、负债以购买日开始持续计算的金额（对母公司的价值）为1 900万元。甲公司、乙公司及乙公司的少数股东在交易前不存在任何关联方关系。不考虑其他因素，则甲公司在编制2010年的合并资产负债表时，因购买少数股权而调整的资本公积金额为（　　）万元。

A. 20　　B. 10　　C. 30　　D. 40

二、多项选择题

1. 对于非同一控制下企业合并成本小于合并中取得的被购买方可辨认净资产公允价值份额的部分，正确的会计处理有（　　）。

A. 在吸收合并的情况下，应计入购买方的合并当期的个别利润表

B. 在控股合并的情况下，应体现在合并当期的合并利润表中

C. 在吸收合并的情况下，应体现在合并当期的合并利润表中

D. 在控股合并的情况下，应计入购买方的合并当期的个别利润表

E. 在吸收合并的情况下，不计入购买方的合并当期的个别利润表

2. 下列关于同一控制下企业合并发生的直接相关费用的说法正确的有(　　)。

A. 一般情况下，同一控制下企业合并进行合并过程中发生的各项直接相关费用，应于发生时费用化，借记“管理费用”等科目，贷记“银行存款”等科目

B. 以发行债券方式进行的企业合并，与发行有关的佣金、手续费等应计入负债的初始计量金额中，如是折价发行，则增加折价金额；如是溢价发行，则减少溢价金额

C. 以权益性证券作为合并对价的，与发行有关的佣金、手续费等，不管其与企业合并是否直接相关，均应从所发行权益性证券的发行溢价收入中扣除

D. 某部门为了寻找相关的并购机会所发生的维持该部门日常运转的有关费用，属于与企业合并直接相关的费用

E. 为进行企业合并支付的审计费用、资产评估费用以及有关的法律咨询费用等增量费用属于为进行企业合并发生的有关费用

3. 确定非同一控制下企业合并的购买日，以下必须同时满足的条件有(　　)。

A. 合并合同或协议已获股东大会等内部权力机构通过

B. 已获得国家有关主管部门审批

C. 已办理了必要的财产权交接手续

D. 购买方已支付了购买价款的大部分(一般应超过 50%)，并且有能力支付剩余款项

E. 购买方实际上已经控制了被购买方的财务和经营政策，并享有相应的收益和风险

4. 同一控制下编制合并日的合并财务报表时，一般包括(　　)。

A. 合并资产负债表　　　　B. 合并利润表

C. 合并现金流量表　　　　D. 所有者权益变动表

E. 合并资产减值准备明细表

三、计算题

1. A 公司于 2009 年 3 月取得 B 公司 20%的股份，成本为 5 000 万元，当日 B 公司可辨认净资产公允价值为 20 000 万元。取得投资后 A 公司派人参与 B 公司的生产经营决策(采用权益法核算)。2009 年确认投资收益 400 万元。在此期间，B 公司未宣告发放现金股利或利润，不考虑相关税费影响。2010 年 2 月，A 公司以 15 000 万元的价格进一步购入 B 公司 40%的股份，购买日 B 公司可辨认净资产的公允价值为 35 000 万元。此时，持股比例为 60%，实现企业合并，采用成本法核算。2010 年度 1 月份 B 公司的净利润为 —550 万元。假定盈余公积计提比例为 10%。

要求：

(1)编制 A 公司 2009 年度的相关处理。

(2)编制 A 公司 2010 年度购买日的账务处理。

(3)确定购买日长期股权投资的成本。

(4)计算达到合并时点应确认的商誉。

(5)对合并日的资产增值部分进行处理。

2. A 公司 2009 年 1 月 1 日以 16 000 万元取得 B 公司 70%的股权，能够对 B 公司实施控制，形成非同一控制下的企业合并。2010 年 1 月 1 日，A 公司又出资 6 000 万元自 B 公司的少数股东处取得 B 公司 20%的股权。假定 A 公司与 B 公司的少数股东在交易前

不存在任何关联方关系。

(1)2009年1月1日,A公司在取得B公司70%股权时,B公司可辨认净资产公允价值总额为20 000万元。

(2)2010年1月1日,B公司有关资产、负债的账面价值、自购买日开始持续计算的金额(对母公司的价值)以及在该日的公允价值情况如表6-5所示:

表6-5 单位:万元

项目	B公司的账面价值	B公司资产、负债自购买日开始持续计算的金额(对母公司的价值)	B公司资产、负债在交易日公允价值(2010年1月1日)
存货	1 000	1 000	1 200
应收账款	5 000	5 000	5 000
固定资产	8 000	9 200	10 000
无形资产	1 600	2 400	2 600
其他资产	4 400	6 400	6 800
应付款项	1 200	1 200	1 200
其他负债	800	800	800
净资产	18 000	22 000	23 600

要求:

(1)计算2010年1月1日长期股权投资的账面余额。

(2)计算合并日合并财务报表中的商誉。

(3)计算因购买少数股权在合并财务报表中应调整的所有者权益项目的金额。

项目七

租 赁

项目目标

学习本项目,应能完成以下两项任务:

任务一:承租人的会计处理

任务二:出租人的会计处理

项目实施

任务一　承租人的会计处理

一、与租赁相关的定义

1. 租赁,是指在约定的期间内,出租人将资产使用权让给承租人,以获取租金的协议。租赁的主要特征是转移资产的使用权,而不是转移资产的所有权,并且这种转移是有偿的,取得使用权以支付租金为代价,从而使租赁有别于资产购置以及不把资产的使用权从合同的一方转移给另一方的服务性合同,如劳务合同、运输合同、保管合同、仓储合同等以及无偿提供使用权的借用合同。

2. 租赁期,是指租赁协议规定的不可撤销的租赁期间。如果承租人有权选择续租该资产,并且在租赁开始日就可以合理确定承租人将会行使这种选择权,这种情况下,不论是否再支付租金,续租期也包括在租赁期之内。

【例 7-1】 假设 2006 年 9 月 1 日,甲公司与乙公司签订了一份租赁合同。合同规定:

(1)租赁期开始日:2007 年 1 月 1 日;

(2)租赁期:2007 年 1 月 1 日～2009 年 12 月 31 日,共 3 年;

(3)租金支付:于每年年末支付 100 000 元;

(4)租赁期届满后承租人可以每年 20 000 元的租金续租 2 年,即续租期为 2010 年 1 月 1 日～2011 年 12 月 31 日,估计租赁期届满时该项租赁资产每年的正常租金为 80 000元。

根据上述资料,分析如下:

(1)合同规定的租赁期为3年；

(2)续租租金/正常租金＝20 000/80 000＝25％，可以合理确定承租人将来会续租。

因此，本例中的租赁期应为5年，即2007年1月1日～2011年12月31日。

3. 租赁开始日，是指租赁协议日与租赁各方就主要条款作出承诺日中的较早者。在租赁开始日，承租人和出租人应当将租赁认定为融资租赁或经营租赁，并确定在租赁期开始日应确认的金额。

4. 租赁期开始日，是指承租人有权行使其使用租赁资产权利的日期，表明租赁行为的开始。在租赁期开始日，承租人应当对租入资产、最低租赁付款额和未确认融资费用进行初始确认；出租人应当对应收融资租赁款、未担保余值和未实现融资收益进行初始确认。

5. 担保余值，就承租人而言，是指由承租人或与其有关的第三方担保的资产余值；就出租人而言，是指就承租人而言的担保余值加上与承租人和出租人均无关、但在财务上有能力担保的第三方担保的资产余值。其中，资产余值是指在租赁开始日估计的租赁期届满时租赁资产的公允价值。为了促使承租人谨慎地使用租赁资产，尽量减少出租人自身的风险和损失，租赁协议有时要求承租人或与其有关的第三方对租赁资产的余值进行担保，此时的担保余值是针对承租人而言的。除此以外，担保人还可能是与承租人和出租人均无关、但在财务上有能力担保的第三方，如担保公司，此时的担保余值是针对出租人而言的。

6. 未担保余值，指租赁资产余值中扣除就出租人而言的担保余值以后的资产余值。

对出租人而言，如果租赁资产余值中包含未担保余值，表明这部分余值的风险和报酬并没有转移，其风险应由出租人承担，因此，未担保余值不能作为应收融资租赁款的一部分。

7. 最低租赁付款额，是指在租赁期内，承租人应支付或可能被要求支付的款项(不包括或有租金和履约成本)，加上由承租人或与其有关的第三方担保的资产余值，但是出租人支付但可退还的税金不包含在内。

承租人有购买租赁资产的选择权，所订立的购买价款预计将远低于行使选择权时租赁资产的公允价值，因而在租赁开始日就可以合理确定承租人将会行使这种选择权的，购买价款应当计入最低租赁付款额。

或有租金，是指金额不固定、以时间长短以外的其他因素(如销售量、使用量、物价指数等)为依据计算的租金。

履约成本，是指租赁期内为租赁资产支付的各种使用费用，如技术咨询和服务费、人员培训费、维修费、保险费等。

8. 最低租赁收款额，是指最低租赁付款额加上独立于承租人和出租人的第三方对出租人担保的资产余值。

二、租赁的分类

承租人和出租人应当在租赁开始日将租赁分为融资租赁和经营租赁。企业对租赁进行分类时，应当全面考虑租赁期届满时租赁资产所有权是否转移给承租人、承租人是否有购买租赁资产的选择权、租赁期占租赁资产使用寿命的比例等各种因素。满足下列标准之一的，应认定为融资租赁。

1. 在租赁期届满时，资产的所有权转移给承租人。也就是说，如果在租赁协议中已经约定，或者根据其他条件在租赁开始日就可以合理地判断，租赁期届满时出租人会将资产的所有权转移给承租人，那么该项租赁应当认定为融资租赁。

2. 承租人有购买租赁资产的选择权，所订立的购价预计远低于行使选择权时租赁资产的公允价值，因而在租赁开始日就可合理地确定承租人将会行使这种选择权。

例如，出租人和承租人签订了一项租赁协议，租赁期限为3年，租赁期届满时承租人有权以10 000元的价格购买租赁资产，在签订租赁协议时估计该租赁资产租赁期届满时的公允价值为40 000元，由于购买价格仅为公允价值的25%（远低于公允价值40 000元），如果没有特别的情况，承租人在租赁期届满时将会购买该项资产。在这种情况下，在租赁开始日即可判断该项租赁应当认定为融资租赁。

3. 租赁期占租赁资产使用寿命的大部分。这里的"大部分"指租赁期占租赁开始日租赁资产使用寿命的75%以上（含75%，下同）。

需要注意的是，这条标准强调的是租赁期占租赁资产使用寿命的比例，而非租赁期占该项资产全部可使用年限的比例。如果租赁资产是旧资产，在租赁前已使用年限超过资产自全新时起算的可使用年限的75%以上时，则这条判断标准不适用，不能使用这条标准确定租赁的分类。

例如，某项租赁设备全新时可使用年限为10年，已经使用了3年，从第4年开始租出，租赁期为6年，由于租赁开始时该设备使用寿命为7年，租赁期占使用寿命的85.7%（6年/7年），符合第三条标准，因此，该项租赁应当归类为融资租赁。如果从第4年开始，租赁期为三年，租赁期占使用寿命的42.9%，就不符合第三条标准，因此该项租赁不应认定为融资租赁（假定也不符合其他判断标准）。假如该项设备已经使用了8年，从第9年开始租赁，租赁期为2年，此时，该设备使用寿命为2年，虽然租赁期为使用寿命的100%（2年/2年），但由于在租赁前该设备的已使用年限超过了可使用年限（10年）的75%（8年/10年＝80%＞75%），因此，也不能采用这条标准来判断租赁的分类。

4. 就承租人而言，租赁开始日最低租赁付款额的现值几乎相当于租赁开始日租赁资产的公允价值；就出租人而言，租赁开始日最低租赁收款额的现值几乎相当于租赁开始日租赁资产的公允价值。这里的"几乎相当于"指在90%（含90%）以上。

5. 租赁资产性质特殊，如果不作较大修整，只有承租人才能使用。这条标准是指租赁资产是出租人根据承租人对资产型号、规格等方面的特殊要求专门购买或建造的，具有专购、专用性质。这些租赁资产如果不作较大的重新改制，其他企业通常难以使用。这种情况下，该项租赁也应当认定为融资租赁。

三、承租人对经营租赁的会计处理

（一）租金的会计处理

在经营租赁下，与租赁资产所有权有关的风险和报酬并没有实质上转移给承租人，承租人不承担租赁资产的主要风险，承租人对经营租赁的会计处理比较简单，承租人不必将所取得的租入资产的使用权资本化，相应地也不必将所承担的付款义务列作负债。其主要问题是解决应支付的租金与计入当期费用的关系。承租人在经营租赁下发生的租金应当在租赁期内的各个期间按直线法确认为费用；如果其他方法更合理，也可以采用其他方法。

某些情况下，出租人可能对经营租赁提供激励措施，如免租期、承担承租人某些费用等。在出租人提供了免租期的情况下，应将租金总额在整个租赁期内，而不是在租赁期扣除免租期后的期间内按直线法或其他合理的方法进行分摊，免租期内应确认租金费用；在出租人承担了承租人的某些费用的情况下，应将该费用从租金总额中扣除，并将租金余额在租赁期内进行分摊。其会计处理为：确认各期租金费用时，借记"长期待摊费用"等科目，贷记"其他应付款"等科目。实际支付租金时，借记"其他应付款"等科目，贷记"银行存款"、"库存现金"等科目。

此外，为了保证租赁资产的安全和有效使用，承租人应设置"经营租赁资产"备查簿作备查登记，以反映和监督租赁资产的使用、归还和结存情况。承租人还应在财务报告中披露与经营租赁有关的下列事项：

1. 资产负债表日后连续三个会计年度每年将支付的不可撤销经营租赁的最低租赁付款额；

2. 以后年度将支付的不可撤销经营租赁最低租赁付款额总额。

【例 7-2】 2009 年 1 月 1 日，A 公司从 B 公司租入办公设备一台，租期为 3 年。设备价值为 1 000 000 元，预计使用年限为 10 年。租赁合同规定，租赁开始日（2009 年 1 月 1 日）A 公司向 B 公司一次性预付租金 150 000 元，第一年年末支付租金 150 000 元，第二年年末支付租金 200 000 元，第三年年末支付租金 250 000 元。租赁期届满后 B 公司收回设备，三年的租金总额为 750 000 元。（假定 A 公司和 B 公司均在年末确认租金费用和租金收入，并且不存在租金逾期支付的情况。）

分析：此项租赁没有满足融资租赁的任何一条标准，应作为经营租赁处理。确认租金费用时，不能依据各期实际支付的租金的金额确定，而应采用直线法分摊确认各期的租金费用。此项租赁租金费用总额为 750 000 元，按直线法计算，每年应分摊的租金费用为 250 000 元。账务处理如下：

2009 年 1 月 1 日：

借：长期待摊费用	150 000	
贷：银行存款		150 000

2009 年 12 月 31 日：

借：管理费用	250 000	
贷：长期待摊费用		100 000
银行存款		150 000

2010 年 12 月 31 日：

借：管理费用	250 000	
贷：长期待摊费用		50 000
银行存款		200 000

2011年12月31日：

借：管理费用　　250 000

　贷：银行存款　　250 000

(二)初始直接费用的会计处理

对于承租人在经营租赁中发生的初始直接费用，应当计入当期损益。其账务处理为：借记"管理费用"等科目，贷记"银行存款"等科目。

(三)或有租金的会计处理

或有租金是指金额不固定，以时间长短以外的其他因素(如销售量、使用量、物价指数等)为依据计算的租金。由于或有租金的金额不固定，无法采用系统合理的方法对其进行分摊，因此应在或有租金实际发生时，计入当期损益。

(四)相关信息的披露

承租人对于重大的经营租赁，应当在附注中披露下列信息：

1. 资产负债表日后连续三个会计年度每年将支付的不可撤销经营租赁的最低租赁付款额。

2. 以后年度将支付的不可撤销经营租赁的最低租赁付款额总额。

四、承租人对融资租赁的会计处理

(一)租赁期开始日的会计处理

在租赁期开始日，承租人应当将租赁开始日租赁资产公允价值与最低租赁付款额现值两者中较低者作为租入资产的入账价值，将最低租赁付款额作为长期应付款的入账价值，其差额作为未确认融资费用。

承租人在计算最低租赁付款额的现值时，如果知悉出租人的租赁内含利率，应当采用出租人的租赁内含利率作为折现率；否则，应当采用租赁协议规定的利率作为折现率。如果出租人的租赁内含利率和租赁协议规定的利率均无法知悉，应当采用同期银行贷款利率作为折现率。其中，租赁内含利率，是指在租赁开始日，使最低租赁收款额的现值与未担保余值的现值之和等于租赁资产公允价值与出租人的初始直接费用之和的折现率。

(二)未确认融资费用的分摊

在融资租赁下，承租人向出租人支付的租金中，包含了本金和利息两部分。承租人支付租金时，一方面应减少长期应付款，另一方面应同时将未确认的融资费用按一定的方法确认为当期融资费用。在先付租金(即每期期初等额支付租金)的情况下，租赁期第一期支付的租金不含利息，只需减少长期应付款，不必确认当期融资费用。

在分摊未确认的融资费用时，按照租赁准则的规定，承租人应当采用实际利率法。在采用实际利率法的情况下，根据租赁开始日租赁资产和负债的入账价值基础不同，未确认融资费用分摊率的选择也不同。未确认融资费用的分摊率的确定具体分为下列几种情况：

1. 以出租人的租赁内含利率为折现率将最低租赁付款额折现，且以该现值作为租赁资产入账价值的，应当将租赁内含利率作为未确认融资费用的分摊率。

2. 以合同规定利率为折现率将最低租赁付款额折现，且以该现值作为租赁资产入账价值的，应当将合同规定利率作为未确认融资费用的分摊率。

3. 以银行同期贷款利率为折现率将最低租赁付款额折现，且以该现值作为租赁资产入账价值的，应当将银行同期贷款利率作为未确认融资费用的分摊率。

4. 以租赁资产公允价值为入账价值，应当重新计算分摊率。该分摊率是使最低租赁付款额的现值等于租赁资产公允价值的折现率。

存在优惠购买选择权时，在租赁期届满时，未确认融资费用应全部摊销完毕，并且租赁负债也应当减少为优惠购买金额。在承租人或与其有关的第三方对租赁资产提供了担保或由于在租赁期届满时没有续租而支付违约金的情况下，在租赁期届满时，未确认融资费用应当全部摊销完毕，租赁负债应减少至担保余值或该日应支付的违约金。

（三）租赁资产折旧的计提

承租人应对融资租入的固定资产计提折旧，主要涉及两个问题：一是折旧政策；二是折旧期间。

1. 折旧政策

对于融资租入资产，在计提租赁资产折旧时，承租人应采用与自有应折旧资产相一致的折旧政策。同自有应折旧资产一样，租赁资产的折旧方法一般有年限平均法、工作量法、双倍余额递减法、年数总和法等。如果承租人或与其有关的第三方对租赁资产余值提供了担保，则应计折旧总额为租赁开始日固定资产的入账价值扣除担保余值后的余额；如果承租人或与其有关的第三方未对租赁资产余值提供担保，则应计折旧总额为租赁开始日固定资产的入账价值。

2. 折旧期间

确定租赁资产的折旧期间时，应视租赁协议的规定而论。如果能够合理确定租赁期届满时承租人将会取得租赁资产所有权，即可认为承租人拥有该项资产的全部使用寿命，因此应以租赁开始日租赁资产的寿命作为折旧期间；如果无法合理确定租赁期届满后承租人是否能够取得租赁资产的所有权，则应以租赁期与租赁资产寿命两者中较短者作为折旧期间。

（四）履约成本的会计处理

履约成本是指租赁期内为租赁资产支付的各种使用费用，如技术咨询和服务费、人员培训费、维修费、保险费等。承租人发生的履约成本通常应计入当期损益。

（五）或有租金的会计处理

在融资租赁下，承租人对或有租金的处理与经营租赁下相同，即在实际发生时计入当期损益。其账务处理为：借记“财务费用”等科目，贷记“银行存款”等科目。

（六）出租人提供激励措施的处理

出租人提供免租期的，承租人应将租金总额在不扣除免租期的整个租赁期内，按直线法或其他合理的方法进行分摊，免租期内应当确认租金费用及相应的负债。出租人承担了承租人某些费用的，承租人应将该费用从租金费用总额中扣除，按扣除后的租金费用余额在租赁期内进行分摊。

(七)租赁期届满时的会计处理

租赁期届满时,承租人通常对租赁资产的处理有三种情况:返还、优惠续租和留购。

1. 返还租赁资产

租赁期届满,承租人向出租人返还租赁资产时,通常借记"长期应付款——应付融资租赁款"、"累计折旧"科目,贷记"固定资产——融资租入固定资产"科目。

2. 优惠续租租赁资产

如果承租人行使优惠续租选择权,则应视同该项租赁一直存在而作出相应的账务处理。

如果租赁期届满时没有续租,根据租赁协议规定需向出租人支付违约金时,借记"营业外支出"科目,贷记"银行存款"等科目。

3. 留购租赁资产

在承租人享有优惠购买选择权的情况下,支付购买价款时,借记"长期应付款——应付融资租赁款"科目,贷记"银行存款"等科目;同时,将固定资产从"融资租入固定资产"明细科目转入有关明细科目。

(八)相关会计信息的列报与披露

承租人应当在资产负债表中,将与融资租赁相关的长期应付款减去未确认融资费用的差额,分为长期负债和一年内到期的长期负债列示。

承租人应当在附注中披露与融资租赁有关的下列信息:

1. 各类租入固定资产的期初和期末原价、累计折旧额。

2. 资产负债表日后连续三个会计年度每年将支付的最低租赁付款额以及以后年度将支付的最低租赁付款额总额。

3. 未确认融资费用的余额以及分摊未确认融资费用所采用的方法。

【例 7-3】 2008 年 12 月 28 日,A 公司与 B 公司签订了一份租赁合同。合同主要条款如下:

(1)租赁标的物:程控生产线。

(2)租赁期开始日;租赁物运抵 A 公司生产车间之日(2009 年 1 月 1 日)。

(3)租赁期:从租赁期开始日算起 36 个月(2009 年 1 月 1 日至 2011 年 12 月 31 日)。

(4)租金支付方式:自租赁期开始日起每年年末支付租金 1 000 000 元。

(5)该生产线在 2009 年 1 月 1 日 B 公司的公允价值为 2 600 000 元。

(6)租赁合同规定的利率为 8%(年利率)。

(7)该生产线为全新设备,估计使用年限为 5 年。

(8)2010 年和 2011 年两年,A 公司每年按该生产线所生产的产品——微波炉的年销售收入的 1%向 B 公司支付经营分享收入。

此外,A 公司采用实际利率法确认本期应分摊的未确认融资费用;采用年限平均法计提固定资产折旧。2010 年、2011 年 A 公司分别实现微波炉销售收入 10 000 000 元和 15 000 000 元。

2011 年 12 月 31 日，A 公司将该生产线退还 B 公司。A 公司在租赁谈判和签订租赁合同过程中发生可归属于租赁项目的手续费、差旅费为 10 000 元。

A 公司的会计处理如下：

(1)租赁开始日的账务处理

①判断租赁类型。

本例中租赁期(3 年)占租赁资产尚可使用年限(5 年)的 60%(小于 75%)，没有满足融资租赁的第 3 条标准；另外最低租赁付款额的现值为 2 577 100 元(计算过程见后)大于租赁资产原账面价值的 90%，即(2 600 000×90%)2 340 000 元，满足融资租赁的第 4 条标准，因此，A 公司应当将该项租赁认定为融资租赁。

②计算租赁开始日最低租赁付款额的现值，确定租赁资产的入账价值。

本例中 A 公司不知道出租人的租赁内含利率，因此应选择租赁合同规定的利率 8% 作为最低租赁付款额的折现率。

最低租赁付款额＝各期租金之和＋承租人担保的资产余值

＝1 000 000×3＋0＝3 000 000(元)

计算现值的过程如下：

查表得知：(P/A,3,8%)＝2.577 1

每期租金的现值之和＝1 000 000×2.577 1＝2 577 100(元)

每期租金现值之和小于租赁资产公允价值 2 600 000 元。

根据孰低原则，租赁资产的入账价值应为其折现值 2 577 100 元。

③计算未确认融资费用。

未确认融资费用＝最低租赁付款额－最低租赁付款额现值

＝3 000 000－2 577 100＝422 900(元)

④将初始直接费用计入资产价值。

初始直接费用是指在租赁谈判和签订租赁协议的过程中发生的可直接归属于租赁项目的费用。承租人发生的初始直接费用，通常有印花税、佣金、律师费、差旅费、谈判费等。承租人发生的初始直接费用，应当计入租入资产价值。

账务处理为：

2009 年 1 月 1 日，租入程控生产线：

借：固定资产——融资租入固定资产	2 587 100	
未确认融资费用	422 900	
贷：长期应付款——应付融资租赁款		3 000 000
银行存款		10 000

(2)分摊未确认融资费用的会计处理

①确定融资费用分摊率。

由于租赁资产的入账价值为其最低租赁付款额的折现值，因此该折现率就是其融资费用分摊率，即 8%。

②在租赁期内采用实际利率法分摊未确认融资费用(表 7-1)。

表 7-1 未确认融资费用分摊表(实际利率法)

2009 年 12 月 31 日 单位:元

日 期	租 金	确认的融资费用	应付本金减少额	应付本金余额
①	②	③=期初⑤×8%	④=②-③	期末⑤=期初⑤-④
(1)2009.01.01				2 577 100.00
(2)2009.12.31	1 000 000	206 168.00	793 832.00	1 783 268.00
(3)2010.12.31	1 000 000	142 661.44	857 338.56	925 929.44
(4)2011.06.30	1 000 000	74 070.56*	925 929.44*	0.00
合 计	3 000 000	422 900.00	2 577 100.00	

* 作尾数调整:74 070.56=1 000 000-925 929.44

925 929.44=925 929.44-0

③账务处理。

2009 年 12 月 31 日,支付第一期租金:

借:长期应付款——应付融资租赁款 1 000 000

贷:银行存款 1 000 000

2009 年 1~12 月,每月分摊未确认融资费用:

每月财务费用=206 168÷12=17 180.67(元)

借:财务费用 17 180.67

贷:未确认融资费用 17 180.67

2010 年 12 月 31 日,支付第二期租金:

借:长期应付款——应付融资租赁款 1 000 000

贷:银行存款 1 000 000

2010 年 1~12 月,每月分摊未确认融资费用:

每月财务费用=142 661.44÷12=11 888.45(元)

借:财务费用 11 888.45

贷:未确认融资费用 11 888.45

2011 年 12 月 31 日,支付第三期租金:

借:长期应付款——应付融资租赁款 1 000 000

贷:银行存款 1 000 000

2011 年 1~12 月,每月分摊未确认融资费用:

每月财务费用=74 070.56÷12=6 172.55(元)

借:财务费用 6 172.55

贷:未确认融资费用 6 172.55

(3)计提租赁资产折旧的会计处理

①融资租入固定资产折旧的计算(见表 7-2)。

②账务处理。

2009 年 2 月 28 日,计提本月折旧=812 866.82÷11=73 896.98(元)

借:制造费用——折旧费　　73 896.98

　贷:累计折旧　　73 896.98

2009 年 3 月至 2011 年 12 月的会计分录,同上。

表 7-2　　融资租入固定资产折旧计算表(年限平均法)

2009 年 1 月 1 日　　金额单位:元

日　期	固定资产原价	估计余值	折旧率	当年折旧费	累计折旧	固定资产净值
(1)2009.01.01	2 587 100	0				2 587 100.00
(2)2009.12.31			31.42%	812 866.82	812 866.82	1 774 233.18
(3)2010.12.31			34.29%	887 116.59	1 699 983.41	887 116.59
(4)2011.12.31			34.29%	887 116.59	2 587 100.00	0.00
合　计	2 587 100	0	100.00%	2 587 100.00		

根据合同规定,由于 A 公司无法合理确定在租赁期届满时能够取得租赁资产的所有权,因此,应当在租赁期与租赁资产尚可使用年限两者中的较短的期间内计提折旧。本例中租赁期为 3 年,短于租赁资产尚可使用年限 5 年,因此应按 3 年计提折旧。同时,根据“当月增加的固定资产,当月不提折旧,从下月起计提折旧”这一规定,本租赁合同应按 35 个月计提折旧,即 2009 年应按 11 个月计提折旧,其他 2 年分别按 12 个月计提折旧。

(4)或有租金的会计处理

2010 年 12 月 31 日,根据合同规定应向 B 公司支付经营分享收入 100 000 元:

借:销售费用　　100 000

　贷:其他应付款—— B 公司　　100 000

2011 年 12 月 31 日,根据合同规定应向 B 公司支付经营分享收入 150 000 元:

借:销售费用　　150 000

　贷:其他应付款——B 公司　　150 000

(5)租赁期届满时的会计处理

2011 年 12 月 31 日,将该生产线退还 B 公司:

借:累计折旧　　2 587 100

　贷:固定资产——融资租入固定资产　　2 587 100

任务检验

【1. 单项选择题】　担保余值,就承租人而言,是指(　　)。

A. 由承租人或与其有关的第三方担保的资产余值

B. 在租赁开始日估计的租赁期届满时租赁资产的公允价值

C. 就出租人而言的担保余值加上独立于承租人和出租人、但在财务上有能力担保的第三方担保的资产余值

D. 承租人担保的资产余值加上独立于承租人和出租人、但在财务上有能力担保的第三方担保的资产余值

【2. 单项选择题】　某项融资租赁合同,租赁期为 8 年,每年年末支付租金 100 万元,承租人担保的资产余值为 50 万元,与承租人有关的第三方担保余值为 20 万元,租赁期

间，履约成本共 50 万元，或有租金 20 万元。就承租人而言，最低租赁付款额为（　　）万元。

A. 870　　B. 940　　C. 850　　D. 920

任务二　出租人的会计处理

一、出租人对经营租赁的会计处理

在经营租赁下，与租赁资产所有权有关的风险和报酬并没有实质上转移给承租人，出租人对经营租赁的会计处理也比较简单，主要问题是将应收的租金合理确认为当期收入、经营租赁资产折旧的计提。在经营租赁下，租赁资产的所有权始终归出租人所有，因此出租人仍应按自有资产的处理方法，将租赁资产反映在资产负债表上。如果经营租赁资产属于固定资产，应当采用出租人对类似应计提折旧资产通常所采用的折旧政策计提折旧；否则，应当采用合理的方法进行摊销。

出租人在经营租赁下收取的租金应当在租赁期内的各个期间按直线法确认为收入，如果其他方法更合理，也可以采用其他方法。

某些情况下，出租人可能对经营租赁提供激励措施，如免租期、承担承租人某些费用等。在出租人提供了免租期的情况下，应将租金总额在整个租赁期内，而不是在租赁期扣除免租期后的期间内按直线法或其他合理的方法进行分配，免租期内也应确认租赁收入；在出租人承担了承租人的某些费用的情况下，应将该费用从租金总额中扣除，并将租金余额在租赁期内进行分配。

相应会计处理为：确认各期租金收入时，借记“应收账款”或“其他应收款”等科目，贷记“租赁收入”科目。实际收到租金时，借记“银行存款”等科目，贷记“应收账款”或“其他应收款”等科目。

此外，出租人还应在财务报告中披露每类租出资产在资产负债表日的账面价值。

【例 7-4】　沿用【例 7-2】的相关资料，作出出租人 B 公司的相应会计处理。

分析：此项租赁没有满足融资租赁的任何一条标准，出租人应作为经营租赁处理。确认租金收入时，不能依据各期实际收到的租金金额确定，而应采用直线法分配各期的租赁收入。此项租赁租金收入总额为 750 000 元，按直线法计算，每年应分配的租金收入为 250 000 元。

B 公司相应的账务处理为：

2009 年 1 月 1 日：

借：银行存款	150 000	
贷：应收账款		150 000

2009 年 12 月 31 日：

借：银行存款	150 000	
应收账款	100 000	
贷：租赁收入		250 000

2010 年 12 月 31 日：

借：银行存款　　200 000

　应收账款　　50 000

　贷：租赁收入　　250 000

2011 年 12 月 31 日：

借：银行存款　　250 000

　贷：租赁收入　　250 000

二、出租人对融资租赁的会计处理

(一)租赁债权的确认

在融资租赁下，由于出租人将与租赁资产所有权有关的风险和报酬实质上转移给承租人，将租赁资产的使用权长期转让给承租人，并以此获取租金，因此，出租人的租赁资产在租赁开始日实际上就变成了收取租金的债权。出租人应在租赁期开始日，将租赁开始日最低租赁收款额与初始直接费用之和作为应收融资租赁款的入账价值，并同时记录未担保余值，将应收融资租赁额、未担保余值之和与其现值之和的差额记录为未实现融资收益。

其会计处理为：在租赁期开始日，出租人应按最低租赁收款额与初始直接费用之和，借记"长期应收款——应收融资租赁款"科目，按未担保余值，借记"未担保余值"科目，按租赁资产的公允价值（最低租赁收款额的现值与未担保余值的现值之和），贷记"融资租赁资产"科目，租赁资产公允价值与其账面价值的差额，借记"营业外支出"或贷记"营业外收入"科目，按发生的初始直接费用，贷记"银行存款"科目，借方与贷方的差额贷记"未实现融资收益"科目。

(二)未实现融资收益分配的会计处理

在分配未实现融资收益时，出租人应当采用实际利率法计算当期应确认的融资收入。

由于在计算内含报酬率时已考虑了初始直接费用的因素，为了避免高估未实现融资收益，在初始确认时应对未实现融资收益进行调整。其会计处理为：出租人每期收到租金时，按收到的租金，借记"银行存款"科目，贷记"长期应收款——应收融资租赁款"科目。在未确认融资收益初始确认时对其进行调整，借记"未实现融资收益"科目，贷记"长期应收款——应收融资租赁款"科目。每期采用合理方法分配未实现融资收益时，按当期应确认的融资收入金额，借记"未实现融资收益"科目，贷记"租赁收入"科目。

(三)应收融资租赁款坏账准备的计提

为了更加真实、客观地反映出租人在融资租赁中的债权，出租人应当定期根据承租人的财务及经营管理情况，以及租金的逾期期限等因素，分析应收融资租赁款的风险程度和回收的可能性，对应收融资租赁款合理计提坏账准备。出租人应对应收融资租赁款减去未实现融资收益的差额部分（在金额上等于本金的部分）合理计提坏账准备，而不是对应收融资租赁款全额计提坏账准备。计提坏账准备的方法由出租人根据有关规定自行确定。坏账准备的计提方法一经确定，不得随意变更。其会计处理为：

1. 根据有关规定合理计提坏账准备时，借记“资产减值损失”科目，贷记“坏账准备”科目。

2. 对于确实无法收回的应收融资租赁款，经批准作为坏账损失，冲销计提的坏账准备，借记“坏账准备”科目，贷记“长期应收款——应收融资租赁款”科目。

3. 已确认并转销的坏账损失，如果以后又收回，按实际收回的金额，借记“长期应收款——应收融资租赁款”科目，贷记“坏账准备”科目；同时，借记“银行存款”科目，贷记“长期应收款——应收融资租赁款”科目。

（四）未担保余值发生变动的会计处理

出租人应定期对未担保余值进行检查，至少于每年年末检查一次。如果有证据表明未担保余值已经发生减少，应重新计算租赁内含利率，并将由此而引起的租赁投资净额（最低租赁收款额及未担保余值之和与未实现融资收益之间的差额）的减少确认为当期损失，以后各期根据修正后的租赁投资净额和重新计算的租赁内含利率计算应确认的租赁收入。如已确认损失的未担保余值得以恢复，应在原先已确认的损失金额内转回，并重新计算租赁内含利率，以后各期根据修正后的租赁投资净额和重新计算的租赁内含利率确定应确认的融资收入。未担保余值增加时，则不作任何调整。

在未担保余值发生减少时，对前期已确认的融资收入不作追溯调整，只对未担保余值发生减少的当期和以后各期，根据修正后的租赁投资净额和重新计算的租赁内含利率计算应确认的融资收入。其会计处理为：

1. 期末，出租人的未担保余值的预计可收回金额低于其账面价值的差额，借记“资产减值损失”科目，贷记“未担保余值减值准备”科目。同时，将上述减值金额与由此所产生的租赁投资净额的减少额之间的差额，借记“未实现融资收益”科目，贷记“资产减值损失”科目。

2. 如果已确认损失的未担保余值得以恢复，应按未担保余值恢复的金额，借记“未担保余值减值准备”科目，贷记“资产减值损失”科目。同时，按原减值额与由此所产生的租赁投资净额的增加额之间的差额，借记“资产减值损失”科目，贷记“未实现融资收益”科目。

（五）或有租金的会计处理

出租人在融资租赁下收到的或有租金，应在实际发生时确认为当期收入。其会计处理为：借记“应收账款”等科目，贷记“租赁收入”科目。

（六）租赁期届满时的会计处理

租赁期届满时，出租人应按以下情况进行会计处理：

1. 收回租赁资产

（1）存在担保余值，不存在未担保余值。出租人收到承租人返还的租赁资产时，借记“融资租赁资产”科目，贷记“长期应收款——应收融资租赁款”科目。

如果收回租赁资产的价值低于担保余值，则应向承租人收取价值损失补偿金，借记“其他应收款”科目，贷记“营业外收入”科目。

(2)存在担保余值,同时存在未担保余值。出租人收到承租人返还的租赁资产时,借记"融资租赁资产"科目,贷记"长期应收款——应收融资租赁款"、"未担保余值"等科目。

如果收回租赁资产的价值扣除未担保余值后的余额低于担保余值,则应向承租人收取价值损失补偿金,借记"其他应收款"科目,贷记"营业外收入"科目。

(3)存在未担保余值,不存在担保余值。出租人收到承租人返还的租赁资产时,借记"融资租赁资产"科目,贷记"未担保余值"科目。

(4)担保余值和未担保余值均不存在。此时,出租人无需作会计处理,只需作相应的备查登记。

2. 优惠续租租赁资产

(1)如果承租人行使优惠续租选择权,则出租人应视同该项租赁一直存在而作出相应的会计处理。比如,可能继续分配未实现融资收益等。

(2)如果租赁期届满时承租人没有续租,承租人向出租人返还租赁资产时,其会计处理同上述收回租赁资产的会计处理。

3. 留购租赁资产

租赁期届满时,承租人行使了优惠购买选择权。出租人按收到的承租人支付的购买资产的价款,借记"银行存款"等科目,贷记"长期应收款——应收融资租赁款"科目。如果还存在未担保余值,还应借记"营业外支出——处置固定资产净损失"科目,贷记"未担保余值"科目。

(七)相关会计信息的披露

出租人应在财务报告中披露与融资租赁有关的下列事项:

1. 资产负债表日后连续三个会计年度每年将收到的最低租赁收款额及以后年度将收到的最低租赁收款额总额。

2. 未实现融资收益的余额。

3. 分配未实现融资收益所采用的方法。

【例 7-5】 沿用【例 7-3】的有关资料。B公司的有关资料如下:

(1)该程控生产线账面价值为 2 600 000 元。

(2)发生初始直接费用 100 000 元。

(3)采用实际利率法确认本期应分配的未实现融资收益。

(4)2010 年、2011 年 A 公司分别实现微波炉销售收入 10 000 000 元和 15 000 000 元,根据合同规定,这两年应从 A 公司取得的经营分享收入分别为 100 000 元和 150 000元。

(5)2011 年 12 月 31 日,从 A 公司收回该生产线。

B公司的账务处理如下:

(1)租赁开始日的账务处理。

①计算租赁内含利率。

根据租赁内含利率的定义,租赁内含利率是指在租赁开始日,使最低租赁收款额的现值与未担保余值的现值之和等于租赁资产公允价值与出租人的初始直接费用之和的折现率。

由于本例中不存在与承租人和出租人均无关、但在财务上有能力担保的第三方对出租人担保的资产余值，因此最低租赁收款额等于最低租赁付款额，即：

租金×期数＋承租人担保余值＝1 000 000×3＋0＝3 000 000(元)

因此有 1 000 000×($P/A,R$,3)＝2 600 000＋100 000＝2 700 000(租赁资产的公允价值＋初始直接费用)。

经查表，可知：

年金系数	利率
2.723 2	5%
2.700 0	R
2.673 0	6%

$$\frac{2.7232-2.7000}{2.7232-2.6730}=\frac{5\%-R}{5\%-6\%}$$

$$R=5.46\%$$

租赁内含利率为 5.46%。

②计算租赁开始日最低租赁收款额及其现值和未实现融资收益。

最低租赁收款额＋未担保余值
＝(最低租赁付款额＋第三方担保的余值)＋未担保余值
＝[(各期租金之和＋承租人担保余值)＋第三方担保余值]＋未担保余值
＝[(1 000 000×3＋0)＋0]＋0＝3 000 000(元)

最低租赁收款额＝1 000 000×3＝3 000 000(元)

最低租赁收款额的现值＝1 000 000×(P/A,5.46%,3)＝2 700 000(元)

未实现融资收益＝(最低租赁收款额＋未担保余值)－(最低租赁收款额的现值＋未担保余值的现值)
＝3 000 000－2 700 000＝300 000(元)

③判断租赁类型。

本例中租赁期(3 年)占租赁资产尚未可使用年限(5 年)的 60%，没有满足融资租赁的第 3 条标准；另外，最低租赁收款额的现值为 2 600 000 元，大于租赁资产原账面价值的 90%，即 2 340 000 元(2 600 000×90%)，满足融资租赁的第 4 条标准，因此，B 公司应当将该项租赁认定为融资租赁。

④账务处理。

2009 年 1 月 1 日，租出程控生产线，发生初始直接费用：

借：长期应收款	3 000 000	
贷：融资租赁资产		2 600 000
银行存款		100 000
未实现融资收益		300 000

(2)未实现融资收益分配的账务处理。

①计算租赁期内各租金收取期应分配的未实现融资收益(见表 7-3)。

表 7-3　　未实现融资收益分配表

2009 年 1 月 1 日　　单位:元

日　期	租　金	确认的融资收入	租赁投资净额减少额	租赁投资净额余额
①	②	③=期初⑤×5.46%	④=②-③	期末⑤=期初⑤-④
(1)2009.01 01				2 700 000.00
(2)2009.12 31	1 000 000	147 420.00	852 580.00	1 847 420.00
(3)2010.12.31	1 000 000	100 869.13	899 130.87	948 289.13
(4)2011.12 31	1 000 000	51 710.87*	948 289.13	0.00
合　计	3 000 000	300 000.00	2 700 000.00	

*作尾数调整:51 710.87=1 000 000-948 289.13

948 289.13=948 289.13-0

②账务处理。

2009 年 12 月 31 日,收到第一期租金:

借:银行存款　　1 000 000

　贷:长期应收款——应收融资租赁款　　1 000 000

2009 年 1～12 月,每月确认融资收入时:

借:未实现融资收益 (147 420÷12)　　12 285

　贷:租赁收入　　12 285

2010 年 12 月 31 日,收到第二期租金:

借:银行存款　　1 000 000

　贷:长期应收款——应收融资租赁款　　1 000 000

2010 年 1～12 月,每月确认融资收入时:

借:未实现融资收益 (100 869.13÷12)　　8 405.76

　贷:租赁收入　　8 405.76

2011 年 12 月 31 日,收到第三期租金:

借:银行存款　　1 000 000

　贷:长期应收款——应收融资租赁款　　1 000 000

2011 年 1～12 月,每月确认融资收入时:

借:未实现融资收益 (51 710.87÷12)　　4 309.24

　贷:租赁收入　　4 309.24

(3)或有租金的账务处理。

2010 年 12 月 31 日,根据合同规定应向 A 公司收取经营分享收入 100 000 元:

借:应收账款——A 公司　　100 000

　贷:租赁收入　　100 000

2011 年 12 月 31 日,根据合同规定应向 A 公司收取经营分享收入 150 000 元:

借:应收账款——A 公司　　150 000

　贷:租赁收入　　150 000

(4)租赁期届满时的账务处理。

2011 年 12 月 31 日,将该生产线从 A 公司收回,作备查登记。

(5)财务报告中的列示与披露(略)。

任务检验

【1. 单项选择题】 M 租赁公司将一台大型设备以融资租赁方式租赁给 N 企业。双方签订合同,该设备租赁期 4 年,租赁期届满 N 企业归还给 M 公司设备。每 6 个月月末支付租金 525 万元,N 企业担保的资产余值为 300 万元,N 企业的母公司担保的资产余值为 450 万元,另外担保公司担保金额为 450 万元,未担保余值为 150 万元,初始直接费用为 10 万元。则最低租赁收款额为(　　)万元。

A. 5 410　　B. 4 960　　C. 4 210　　D. 5 560

【2. 单项选择题】 甲公司于 2010 年 1 月 1 日采用经营租赁方式从乙公司租入机器设备一台,租期为 4 年,设备价值为 200 万元,预计使用年限为 12 年。租赁合同规定:第 1 年免租金,第 2 年至第 4 年的租金分别为 36 万元、34 万元、26 万元;第 2 年至第 4 年的租金于每年年初支付。2010 年甲公司应就此项租赁确认的租金费用为(　　)万元。

A. 0　　B. 24　　C. 32　　D. 50

项目综训

一、单项选择题

1. 2010 年 1 月 1 日,某公司以融资租赁方式租入固定资产,租赁期为 3 年,租金总额为 8 300 万元,其中 2010 年年末应付租金 3 000 万元,2011 年年末应付租金 3 000 万元,2012 年年末应付租金 2 300 万元。假定在租赁期开始日(2010 年 1 月 1 日)最低租赁付款额的现值与租赁资产公允价值均为 6 934. 64 万元,租赁内含利率为 10%。2010 年 12 月 31 日,该公司在资产负债表中因该项租赁而确认的长期应付款项目金额为(　　)万元。

A. 2 090. 91　　B. 4 628. 10　　C. 2 300　　D. 5 300

2. L 公司于 2009 年 12 月 28 日与丙公司签订一份设备租赁合同,租入甲设备一台,租赁期为 2010 年 1 月 1 日至 2014 年 12 月 31 日,共计 5 年,每期期末支付租金 300 万元,L 公司估计期满后甲设备的余值为 100 万元,L 公司可以按 5 万元购买该设备。L 公司在签订合同的过程为发生印花税 0. 08 万元,谈判费用 0. 46 万元,差旅费 2 万元。L 公司预计该设备使用年限为 6 年,预计净残值为 70 万元,采用年限平均法计提折旧,税法规定该设备的使用年限为 10 年。该设备租赁开始日的公允价值为 1 350 万元,假设租赁内含利率为 6%。该设备如果租赁到期其他公司不经修整可以直接使用。

$(P/A,6\%,5)=4.2124$,$(P/S,6\%,5)=0.747\ 3$。

根据上述资料，回答下列(1)～(5)的问题：

(1)下列各项不能判断出L公司的该租赁符合融资租赁条件的是(　　)。

A. 租赁期占租赁资产使用寿命的83.33%

B. L公司有购买租赁资产的选择权，所订立的购价5万元远低于行使选择权时租赁资产的公允价值100万元

C. 该设备在租赁开始日最低租赁付款额的现值几乎相当于租赁开始日租赁资产的公允价值

D. 该设备如果租赁到期其他公司不经修整可以直接使用

(2)该资产的入账价值为(　　)万元。

A. 1 267.46　　B. 1 270　　C. 1 350　　D. 1 352.54

(3)该资产计提折旧的期限为(　　)年。

A. 10　　B. 6　　C. 5　　D. 5.5

(4)该资产2011年的折旧额为(　　)万元。

A. 213.33　　B. 120　　C. 240　　D. 200

(5)2012年应分摊的未确认融资费用为(　　)万元。

A. 0　　B. 62.61　　C. 48.37　　D. 48.54

3. 下列承租人应当披露、列示与融资租赁有关的信息中错误的是(　　)。

A. 将与融资租赁相关的长期应付款减去未确认融资费用的差额，分别按长期负债和一年内到期的长期负债列示在资产负债表中

B. 在附注中披露各类租入资产的期初和期末原价、累计折旧额

C. 在附注中披露未确认融资费用的余额，以及分摊未确认融资费用所采用的方法

D. 在附注中披露出租人的基本信息

4. A企业于12月31日将一台公允价值为280万元的大型专用设备以融资租赁方式租赁给B企业。双方签订合同，从第二年1月1日起B企业租赁该设备36个月，每12个月月末支付租金80万元，B企业的母公司担保的资产余值为50万元，另外担保公司担保金额为30万元，租赁合同规定的租赁年利率为7%，租赁开始日估计资产余值为90万元，假定不存在初始直接费用，$(P/A,7\%,3)=2.624\ 3$；$(P/F,7\%,3)=0.816\ 3$ 则B企业在租赁开始日应记入"未确认融资费用"的金额为(　　)万元。

A. 39.24　　B. 30.05　　C. 40.81　　D. 0

二、多项选择题

1. 下列项目中，可能影响融资租入固定资产入账价值的有(　　)。

A. 融资租入固定资产的预计使用年限

B. 融资租入固定资产支付的租赁合同印花税

C. 租赁合同规定的利率

D. 或有租金

E. 融资租入固定资产的预计净残值

2. 计算最低租赁付款额现值时应考虑的因素有(   )。

A. 折现率

B. 各期租金

C. 承租人担保余额

D. 承租人使用优惠购买权支付的价款

E. 为融资租入资产而发生的运费

3. 下列关于出租人对融资租赁会计处理的表述中，正确的有(   )。

A. 实际收到的或有租金，应计入当期收入

B. 企业可以在分析应收租赁款的风险程度和回收的可能性后，以应收融资租赁款金额为基础对应收融资租赁款计提坏账准备

C. 采用实际利率法按期计算确定的租赁收入，借记“未实现融资收益”科目，贷记“租赁收入”科目

D. 资产负债表日，确定未担保余值发生减值的，按应减记的金额，借记“资产减值损失”科目，贷记“未担保余值减值准备”科目。未担保余值价值以后又得以恢复的，应在原已计提的未担保余值减值准备金额内，按恢复增加的金额，借记“未担保余值减值准备”科目，贷记“资产减值损失”科目

E. 当有确凿证据表明未担保余值已经减少时，应重新计算租赁内含利率，并将由此而引起的租赁投资净额的减少确认为当期损失

4. 承租人在计算最低租赁付款额的现值时，可以选用的折现率有(   )。

A. 出租人的租赁内含利率

B. 租赁合同规定的利率

C. 同期银行贷款利率

D. 同期银行存款利率

E. 国库券的利率

三、计算分析题

A公司于2009年12月10日与B租赁公司签订了一份设备租赁合同。合同主要条款如下：

(1)租赁标的物：甲生产设备。

(2)租赁开始日：2009年12月31日。

(3)租赁期：2009年12月31日至2011年12月31日。

(4)租金支付方式：2010年和2011年每年年末支付租金1 000万元。

(5)租赁期满时，甲生产设备的估计余值为100万元，其中A公司担保的余值为100万元。

(6)甲生产设备为全新设备，2009年12月31日的公允价值为1 922.40万元，预计使用年限为3年。

(7)租赁年内含利率为6%。

(8)2011年12月31日，A公司将甲生产设备归还给B租赁公司。

甲生产设备于2009年12月31日运抵A公司，当日投入使用。其固定资产均采用

年限平均法计提折旧，与租赁有关的未确认融资费用均采用实际利率法摊销，并假定未确认融资费用在相关资产的折旧期限内摊销。

要求：

(1)判断该租赁的类型，并说明理由。

(2)编制A公司在租赁期开始日的有关会计分录。

(3)编制A公司在2010年年末和2011年年末与租金支付以及其他与租赁事项有关的会计分录(假定相关事项均在年末进行账务处理)。

项目八

所得税

项目目标

学习本项目，应能完成以下三项任务：

任务一：计税基础及暂时性差异的确定

任务二：递延所得税负债和递延所得税资产的确认

任务三：所得税费用的确认和计量

项目实施

任务一　计税基础及暂时性差异的确定

一、所得税会计概述

所得税会计是对会计与税收规定之间的差异，在所得税会计核算中的具体体现。《企业会计准则第 18 号——所得税》采用了资产负债表债务法核算所得税。

资产负债表债务法是从资产负债表出发，通过比较资产负债表上列示的资产、负债按照会计准则规定确定的账面价值与按照税法规定确定的计税基础，对于两者之间的差异分别按应纳税暂时性差异与可抵扣暂时性差异，确认相关的递延所得税负债与递延所得税资产。从本质上来看，该方法中涉及两张资产负债表：一个是按照会计准则规定编制的资产负债表，有关资产、负债在该表上以其账面价值体现；另外一个是假定按照税法规定进行核算编制的资产负债表，其中资产、负债列示的价值量为其计税基础，即从税法的角度来看，企业持有的有关资产、负债的金额。

采用资产负债表债务法核算所得税的情况下，企业一般应于每一资产负债表日进行所得税核算。发生特殊交易或事项时，如企业合并，在确认因交易或事项产生的资产、负债时即应确认相关的所得税影响。企业进行所得税核算时一般应遵循以下程序：

1. 按照会计准则规定确定资产负债表中除递延所得税资产和递延所得税负债以外的其他资产和负债项目的账面价值。

2. 按照会计准则中对于资产和负债计税基础的确定方法，以适用的税收法规为基础，确定资产负债表中有关资产、负债项目的计税基础。

3. 比较资产、负债的账面价值与其计税基础，对于两者之间存在差异的，分析其性质，除会计准则中规定的特殊情况外，分别按应纳税暂时性差异与可抵扣暂时性差异，确定该资产负债表日递延所得税负债和递延所得税资产的应有金额，并与期初递延所得税资产和递延所得税负债的余额相比，确定当期应予进一步确认的递延所得税资产和递延所得税负债金额或应予转销的金额，作为构成利润表中所得税费用的递延所得税费用（或收益）。

4. 按照适用的税法规定计算确定当期应纳税所得额，将应纳税所得额与适用的所得税税率计算的结果确认为当期应交所得税，作为利润表中应予确认的所得税费用中的当期所得税部分。

5. 确定利润表中的所得税费用。利润表中的所得税费用包括当期所得税和递延所得税两个组成部分。企业在计算确定当期所得税和递延所得税后，两者之和（或之差），即为利润表中的所得税费用。

所得税会计的关键在于确定资产、负债的计税基础。资产、负债的计税基础，虽然是会计准则中的概念，但实质上与税收法规的规定密切关联。企业应当严格遵循税收法规中对于资产的税务处理及可税前扣除的费用等规定确定有关资产、负债的计税基础。

二、资产的计税基础

资产的计税基础，是指企业收回资产账面价值过程中，计算应纳税所得额时按照税法规定可以自应税经济利益中抵扣的金额，即某一项资产在未来期间计税时可以税前扣除的金额。从税收的角度考虑，资产的计税基础是假定企业按照税法规定进行核算所提供的资产负债表中资产的应有金额。

资产在初始确认时，其计税基础一般为取得成本。从所得税角度考虑，某一单项资产产生的所得是指该项资产产生的未来经济利益流入扣除其取得成本之后的金额。一般情况下，税法认定的资产取得成本为购入时实际支付的金额。在资产持续持有的过程中，可在未来期间税前扣除的金额是指资产的取得成本减去以前期间按照税法规定已经税前扣除的金额后的余额。如固定资产、无形资产等长期资产，在某一资产负债表日的计税基础是指其成本扣除按照税法规定已在以前期间税前扣除的累计折旧额或累计摊销额后的金额。

企业应当按照适用的税收法规规定计算确定资产的计税基础。如固定资产、无形资产等的计税基础可确定如下：

（一）固定资产

以各种方式取得的固定资产，初始确认时入账价值基本上是被税法认可的，即固定资产取得时的账面价值一般等于计税基础。

固定资产在持有期间进行后续计量时，会计上的基本计量模式是“成本一累计折旧一固定资产减值准备”，税收上的基本计量模式是“成本一按照税法规定计算确定的累计折旧”。会计与税收处理的差异主要来自于折旧方法、折旧年限的不同以及固定资产减值准备的计提。

1.折旧方法、折旧年限产生的差异。会计准则规定,企业可以根据固定资产经济利益的预期实现方式合理选择折旧方法,如可以按年限平均法计提折旧,也可以按照双倍余额递减法、年数总和法等计提折旧,前提是有关的方法能够反映固定资产为企业带来经济利益的实现情况。税法一般会规定固定资产的折旧方法,除某些按照规定可以加速折旧的情况外,基本上可以税前扣除的是按照年限平均法计提的折旧。

另外,税法一般规定每一类固定资产的折旧年限,而会计处理时按照会计准则规定,折旧年限是由企业按照固定资产能够为企业带来经济利益的期限估计确定的。因为折旧年限的不同,也会产生固定资产账面价值与计税基础之间的差异。

2.因计提固定资产减值准备产生的差异。持有固定资产的期间内,在对固定资产计提了减值准备以后,因所计提的减值准备在计提当期不允许税前扣除,也会造成固定资产的账面价值与计税基础的差异。

【例 8-1】 A 企业于 2009 年年末以 600 万元购入一项生产用固定资产,按照该项固定资产的预计使用情况,A 企业估计其使用寿命为 20 年,按照直线法计提折旧,预计净残值为 0。假定税法规定的折旧年限、折旧方法及净残值与会计规定相同。2011 年 12 月 31 日,A 企业估计该项固定资产的可收回金额为 500 万元。

分析:

2011 年 12 月 31 日,该项固定资产的账面余额=600－600÷20×2=540(万元),该账面余额大于其可收回金额 500 万元,两者之间的差额 40 万元应计提固定资产减值准备。

该项固定资产在 2011 年 12 月 31 日的账面价值=600－600÷20×2－40
=500(万元)

该项固定资产在 2011 年 12 月 31 日的计税基础=600－600÷20×2=540(万元)

该项固定资产的账面价值 500 万元与其计税基础 540 万元之间产生的 40 万元差额,在未来期间会减少企业的应纳税所得额和应交所得税。

【例 8-2】 A 企业于 2009 年 12 月 20 日取得的某项固定资产,原价为 750 万元,使用年限为 10 年,会计上采用年限平均法计提折旧,净残值为 0。税法规定该类(由于技术进步、产品更新换代较快的)固定资产采用加速折旧法计提的折旧可予税前扣除,该企业在计税时采用双倍余额递减法计提折旧,净残值为 0。2011 年 12 月 31 日,企业估计该项固定资产的可收回金额为 550 万元。

分析:

2011 年 12 月 31 日,该项固定资产的账面余额=750 －750÷10×2=600(万元),该账面余额大于其可收回金额 550 万元,两者之间的差额 50 万元应计提固定资产减值准备。

2011 年 12 月 31 日,该项固定资产的账面价值=750 － 75×2－ 50=550(万元)

其计税基础= 750 － 750×20% － 600×20%=480(万元)

该项固定资产的账面价值 550 万元与其计税基础 480 万元之间的 70 万元差额,将于未来期间计入企业的应纳税所得额。

(二)无形资产

除内部研究开发形成的无形资产以外，以其他方式取得的无形资产，初始确认时其入账价值与税法规定的成本之间一般不存在差异。

1. 对于内部研究开发形成的无形资产，会计准则规定有关研究开发支出区分两个阶段，研究阶段的支出应当费用化计入当期损益，而开发阶段符合资本化条件的支出应当计入所形成无形资产的成本；税法规定，自行开发的无形资产，以开发过程中该资产符合资本化条件后至达到预定用途前发生的支出为计税基础。对于研究开发费用的加计扣除，税法中规定企业为开发新技术、新产品、新工艺发生的研究开发费用，未形成无形资产计入当期损益的，在按照规定据实扣除的基础上，按照研究开发费用的50%加计扣除；形成无形资产的，按照无形资产成本的150%摊销。

对于内部研究开发形成的无形资产，一般情况下初始确认时按照会计准则规定确定的成本与其计税基础应当是相同的。对于享受税收优惠的研究开发支出，在形成无形资产时，按照会计准则规定确定的成本为研究开发过程中符合资本化条件后至达到预定用途前发生的支出，而税法规定按照无形资产成本的150%摊销，则其计税基础应在会计上入账价值的基础上加计50%，因而产生账面价值与计税基础在初始确认时的差异，但如果该无形资产的确认不是产生于企业合并交易、同时在确认时既不影响会计利润也不影响应纳税所得额，按照所得税会计准则的规定，不确认该暂时性差异的所得税影响。

2. 无形资产在后续计量时，会计与税收的差异主要产生于对无形资产是否需要摊销及无形资产减值准备的计提。

会计准则规定应根据无形资产使用寿命情况，区分为使用寿命有限的无形资产和使用寿命不确定的无形资产。对于使用寿命不确定的无形资产，不要求摊销，在会计期末应进行减值测试。税法规定，企业取得无形资产的成本，应在一定期限内摊销，有关摊销额允许税前扣除。

在对无形资产计提减值准备的情况下，因所计提的减值准备不允许税前扣除，也会造成其账面价值与计税基础的差异。

【例 8-3】 甲公司当期发生研究开发支出共计 10 000 000 元，其中研究阶段支出为2 000 000元，开发阶段符合资本化条件前发生的支出为 2 000 000 元，符合资本化条件后发生的支出为 6 000 000 元。假定开发形成的无形资产在当期期末已达到预定用途。

分析：

甲公司当年发生的研究开发支出中，按照会计规定应予费用化的金额为 4 000 000 元，形成无形资产的成本为 6 000 000 元，即期末所形成无形资产的账面价值为 6 000 000 元。

甲公司于当期发生的 10 000 000 元研究开发支出，可在税前扣除的金额为 6 000 000 元。对于按照会计准则规定形成无形资产的部分，税法规定按照无形资产成本的 150%作为计算未来期间摊销额的基础，即该项无形资产的计税基础为 9 000 000 元(6 000 000×150%)。

该项无形资产的账面价值 6 000 000 元与其计税基础 9 000 000 元之间的差额3 000 000元将于未来期间税前扣除，产生可抵扣暂时性差异。

【例 8-4】 甲公司于 2011 年 1 月 1 日取得某项无形资产，成本为 6 000 000 元。企业根据各方面情况判断，无法合理预计其带来经济利益的期限，作为使用寿命不确定的无形资产。2011 年 12 月 31 日，对该项无形资产进行减值测试表明未发生减值。企业在计税时，对该项无形资产按照 10 年的期间摊销，有关摊销额允许税前扣除。

分析：

会计上将该项无形资产作为使用寿命不确定的无形资产，在未发生减值的情况下，其账面价值为取得成本 6 000 000 元。

该项无形资产在 2011 年 12 月 31 日的计税基础为 5 400 000 元(6 000 000－600 000)。

该项无形资产的账面价值 6 000 000 元与其计税基础5 400 000元之间的差额600 000元将计入未来期间的应纳税所得额，产生未来期间企业所得税款流出的增加，为应纳税暂时性差异。

(三)以公允价值计量且其变动计入当期损益的金融资产

按照《企业会计准则第 22 号——金融工具确认和计量》的规定，对于以公允价值计量且其变动计入当期损益的金融资产，其于某一会计期末的账面价值为公允价值，如果税法规定按照会计准则确认的公允价值变动损益在计税时不予考虑，即有关金融资产在某一会计期末的计税基础为其取得成本，会造成该类金融资产账面价值与计税基础之间的差异。

【例 8-5】 甲公司 2010 年 7 月以 520 000 元取得乙公司股票 50 000 股作为交易性金融资产核算，2010 年 12 月 31 日，甲公司尚未出售所持有的乙公司股票，乙公司股票公允价值为每股 12.4 元。税法规定，资产在持有期间公允价值的变动不计入当期应纳税所得额，待处置时一并计算应计入应纳税所得额的金额。

分析：

作为交易性金融资产的乙公司股票在 2010 年 12 月 31 日的账面价值为 620 000 元(12.4×50 000)，其计税基础为原取得成本不变，即 520 000 元，两者之间产生 100 000 元的应纳税暂时性差异。

三、负债的计税基础

负债的计税基础，是指负债的账面价值减去未来期间计算应纳税所得额时按照税法规定可予抵扣的金额。即假定企业按照税法规定进行核算，在其按照税法规定确定的资产负债表上有关负债的应有金额。

负债的确认与偿还一般不会影响企业未来期间的损益，也不会影响其未来期间的应纳税所得额，因此未来期间计算应纳税所得额时按照税法规定可予抵扣的金额一般为 0，计税基础即为账面价值。例如企业的短期借款、应付账款等。但是，某些情况下，负债的确认可能会影响企业的损益，进而影响不同期间的应纳税所得额，使其计税基础与账面价值之间产生差额，如按照会计规定确认的某些预计负债。

(一)预计负债

按照《企业会计准则第 13 号——或有事项》规定，企业应将预计提供售后服务发生的支出在销售当期确认为费用，同时确认预计负债。如果税法规定，与销售产品相关的支出应于发生时税前扣除。该类事项产生的预计负债在期末的计税基础为其账面价值与未来期间可税前扣除的金额之间的差额，因有关的支出实际发生时可全额税前扣除，所以其计税基础为 0。

因其他事项确认的预计负债，应按照税法规定的计税原则确定其计税基础。某些情况下，某些事项确认的预计负债，税法规定其支出无论是否实际发生均不允许税前扣除，即未来期间按照税法规定可予抵扣的金额为 0，则其账面价值与计税基础相同。

【例 8-6】 甲企业 2011 年因销售产品承诺提供 3 年的保修服务，在当年度利润表中确认了 400 万元的销售费用，同时确认为预计负债，当年度未发生任何保修支出。

假定按照税法规定，与产品售后服务相关的费用在实际发生时允许税前扣除。该项预计负债在甲企业 2011 年 12 月 31 日资产负债表中的账面价值为 400 万元。因税法规定与产品保修相关的支出在未来期间实际发生时允许税前扣除，则该项负债的计税基础＝账面价值－未来期间计算应纳税所得额时按照税法规定可予抵扣的金额，未来期间计算应纳税所得额时按照税法规定可予抵扣的金额为 400 万元，所以该项负债的计税基础＝400－400＝0。

（二）预收账款

企业在收到客户预付的款项时，因不符合收入确认条件，会计上将其确认为负债。税法对于收入的确认原则一般与会计规定相同，即会计上未确认收入时，计税时一般亦不计入应纳税所得额，该部分经济利益在未来期间计税时可予税前扣除的金额为 0，计税基础等于账面价值。

如果不符合会计准则规定的收入确认条件，但按照税法规定应计入当期应纳税所得额时，有关预收账款的计税基础为 0，即因其产生时已经计入应纳税所得额，未来期间可全额税前扣除，计税基础为账面价值减去在未来期间可全额税前扣除的金额，即其计税基础为 0。

（三）应付职工薪酬

会计准则规定，企业为获得职工提供的服务给予的各种形式的报酬以及其他相关支出均应作为企业的成本、费用，在未支付之前确认为负债。税法对于合理的职工薪酬基本允许税前扣除，相关应付职工薪酬负债的账面价值等于计税基础。

（四）其他负债

企业的其他负债项目，如应交的罚款和滞纳金等，在尚未支付之前按照会计规定确认为费用，同时作为负债反映。税法规定，罚款和滞纳金不允许税前扣除，其计税基础为账面价值减去未来期间计税时可予税前扣除的金额 0 之间的差额，即计税基础等于账面价值。

【例 8-7】 甲公司因未按照税法规定缴纳税金，按规定需在 2011 年缴纳滞纳金 1 000 000元，至 2011 年 12 月 31 日，该款项尚未支付，形成其他应付款 1 000 000 元。税法规定，企业因违反国家法律、法规规定缴纳的罚款、滞纳金不允许税前扣除。

分析：

因应缴滞纳金形成的其他应付款账面价值为 1 000 000 元，因税法规定该支出不允许税前扣除，其计税基础＝1 000 000－0＝1 000 000(元)。

对于罚款和滞纳金支出，会计与税收规定存在差异，但该差异仅影响发生当期，对未来期间计税不产生影响，因而不产生暂时性差异。

四、特殊交易或事项中产生资产、负债计税基础的确定

除企业在正常生产经营活动过程中取得的资产和负债以外，对于某些特殊交易中产生的资产、负债，其计税基础的确定也应遵从税法的规定，如企业合并过程中取得资产、负债计税基础的确定。

《企业会计准则第20号——企业合并》中视参与合并各方在合并前及合并后是否为同一方或相同的多方最终控制，将企业合并分为同一控制下的企业合并与非同一控制下的企业合并两种类型。

对于企业合并交易的所得税处理，通常情况下，将被合并企业视为按公允价值转让、处置全部资产，计算资产的转让所得，依法缴纳所得税。合并企业接受被合并企业的有关资产，计税时可以按经评估确认或税法认可的转让价值确定计税成本。税法对于企业的合并、改组等交易，考虑合并中涉及的非股权支付额的比例、取得被合并方股权比例等条件，将其区分为应税合并与免税合并。

由于会计准则与税法对企业合并的划分标准不同、处理原则不同，某些情况下，会造成企业合并中取得的有关资产、负债的入账价值与计税基础的差异。

五、暂时性差异

(一)基本界定

暂时性差异是指资产、负债的账面价值与其计税基础不同产生的差额。其中，账面价值是指按照会计准则规定确定的有关资产、负债在资产负债表中应列示的金额。由于资产、负债的账面价值与其计税基础不同，产生了在未来收回资产或清偿负债的期间内，应纳税所得额增加或减少并导致未来期间应交所得税增加或减少的情况，在这些暂时性差异发生的当期，一般应当确认相应的递延所得税负债或递延所得税资产。

(二)暂时性差异的分类

1. 应纳税暂时性差异。该差异在未来期间转回时，会增加转回期间的应纳税所得额，即在未来期间不考虑该事项影响的应纳税所得额的基础上，由于该暂时性差异的转回，会进一步增加转回期间的应纳税所得额和应交所得税金额。在应纳税暂时性差异产生当期，应当确认相应的递延所得税负债。

应纳税暂时性差异通常产生于以下情况：

(1)资产的账面价值大于其计税基础。一项资产的账面价值代表的是企业在持续使用或最终出售该项资产时会取得的经济利益的总额，而计税基础代表的是一项资产在未来期间可予税前扣除的总金额。资产的账面价值大于其计税基础，该项资产未来期间产生的经济利益不能全部税前抵扣，两者之间的差额需要缴纳所得税，产生应纳税暂时性差异。

(2)负债的账面价值小于其计税基础。一项负债的账面价值为企业预计在未来期间清偿该项负债时的经济利益流出，而其计税基础代表的是账面价值在扣除税法规定未来期间允许税前扣除的金额之后的差额。因负债的账面价值与其计税基础不同产生的暂时性差异，实质上是税法规定就该项负债在未来期间可以税前扣除的金额为负数，即应在未

来期间应纳税所得额的基础上调增,增加应纳税所得额和应交所得税金额,产生应纳税暂时性差异,应确认相应的递延所得税负债。

2. 可抵扣暂时性差异。该差异在未来期间转回时会减少转回期间的应纳税所得额,减少未来期间的应交所得税。在可抵扣暂时性差异产生当期,符合确认条件的情况下,应当确认相关的递延所得税资产。

可抵扣暂时性差异一般产生于以下情况:

(1)资产的账面价值小于其计税基础。从经济含义来看,资产在未来期间产生的经济利益少,按照税法规定允许税前扣除的金额多,则企业在未来期间可以减少应纳税所得额并减少应交所得税。

(2)负债的账面价值大于其计税基础。负债产生的暂时性差异实质上是税法规定就该项负债可以在未来期间税前扣除的金额。一项负债的账面价值大于其计税基础,意味着未来期间按照税法规定构成负债的全部或部分金额可以自未来应税经济利益中扣除,减少未来期间的应纳税所得额和应交所得税。

值得关注的是,对于按照税法规定可以结转以后年度的未弥补亏损及税款抵减,虽不是因资产、负债的账面价值与计税基础不同产生的,但本质上可抵扣亏损和税款递减与可抵扣暂时性差异具有同样的作用,均能够减少未来期间的应纳税所得额,进而减少未来期间的应交所得税,在会计处理上,视同可抵扣暂时性差异,符合条件的情况下,应确认相关的递延所得税资产。

(三)特殊项目产生的暂时性差异

某些交易或事项发生后,因为不符合资产、负债的确认条件而未体现为资产负债表中的资产或负债,但按照税法规定能够确定其计税基础的,其账面价值0与计税基础之间的差异也构成暂时性差异。如企业发生的符合条件的广告费和业务宣传费支出,除税法另有规定外,不超过当年销售收入15%的部分准予扣除;超过部分准予在以后纳税年度结转扣除。该类支出在发生时按照会计准则规定即计入当期损益,不形成资产负债表中的资产,但因按税法规定可以确定其计税基础,两者之间的差异也形成暂时性差异。

【例 8-8】 甲公司2011年发生广告费10 000 000元,至年末尚未支付给广告公司。税法规定,企业发生的广告费、业务宣传费不超过当年销售收入15%的部分允许税前扣除,超过部分允许结转以后年度税前扣除。甲公司2011年实现销售收入60 000 000元。

分析:

因广告费支出形成其他应付款的账面价值为10 000 000元,其计税基础=10 000 000-(10 000 000-60 000 000×15%)=9 000 000(元)。

其他应付款的账面价值10 000 000元与其计税基础9 000 000元之间形成1 000 000元可抵扣暂时性差异。

任务检验

【1·多选题】 大海公司2008年12月31日取得的某项机器设备,原价为1 000万元,预计使用年限为10年,会计处理时按照年限平均法计提折旧,税法上允许加速折旧,大海公司在计税时对该项资产按双倍余额递减法计提折旧,预计净残值为0。计提了两

年的折旧后，2010 年 12 月 31 日，大海公司对该项固定资产计提了 80 万元的固定资产减值准备。2010 年 12 月 31 日，该固定资产的计税基础为(　　)万元。

A. 640　　B. 720　　C. 80　　D. 0

【2·多选题】 下列各项负债中，其计税基础为 0 的是(　　)。

A. 因欠税产生的应交税款滞纳金　　B. 因购入存货形成的应付账款

C. 因确认保修费用形成的预计负债　　D. 为职工计提的应付养老保险金

任务二　递延所得税负债和递延所得税资产的确认

一、递延所得税负债的确认和计量

应纳税暂时性差异在转回期间将增加未来期间的应纳税所得额和应交所得税，导致企业经济利益的流出，从其发生当期看，构成企业应支付税金的义务，应作为负债确认。

确认应纳税暂时性差异产生的递延所得税负债时，交易或事项发生时影响到会计利润或应纳税所得额的，相关的所得税影响应作为利润表中所得税费用的组成部分；与直接计入所有者权益的交易或事项相关的，其所得税影响应增加或减少所有者权益；企业合并产生的，相关的递延所得税影响应调整购买日应确认的商誉或是计入当期损益的金额。

(一)递延所得税负债的确认

企业在确认因应纳税暂时性差异产生的递延所得税负债时，应遵循以下原则：

除会计准则中明确规定可不确认递延所得税负债的情况以外，企业对于所有的应纳税暂时性差异均应确认相关的递延所得税负债。除直接计入所有者权益的交易或事项以及企业合并外，在确认递延所得税负债的同时，应增加利润表中的所得税费用。

【例 8-9】 甲公司的某设备于 2010 年 1 月 1 日开始计提折旧，该设备取得成本为 2 000 000元，采用年限平均法计提折旧，使用年限为 10 年，预计净残值为 0。假定计税时允许按双倍余额递减法计提折旧，使用年限及预计净残值与会计规定相同。甲公司适用的所得税税率为 25%。假定该企业不存在其他会计与税收处理的差异。

分析：

2010 年该项固定资产按照会计规定计提的折旧额为 200 000 元，计税时允许扣除的折旧额为 400 000 元，则该固定资产的账面价值 1 800 000 元与其计税基础 1 600 000 元的差额构成应纳税暂时性差异，企业应确认递延所得税负债 50 000 元[(1 800 000－1 600 000)×25%]。

(二)递延所得税负债的计量

递延所得税负债应以应纳税暂时性差异转回期间适用的所得税税率计量。在我国，除享受优惠政策的情况以外，企业适用的所得税税率在不同年度之间一般不会发生变化，企业在确认递延所得税负债时，可以现行适用所得税税率为基础计算确定。对于享受优惠政策的企业，如国家需要重点扶持的高新技术企业，可享受一定时期的税率优惠，则所产生的暂时性差异应以预计其转回期间的适用所得税税率为基础计量。另外，无论应纳税暂时性差异的转回期间如何，递延所得税负债不要求折现。

二、递延所得税资产的确认和计量

(一)递延所得税资产的确认

1. 确认的一般原则

资产、负债的账面价值与其计税基础不同产生可抵扣暂时性差异，在估计未来期间能够取得足够的应纳税所得额用以利用该可抵扣暂时性差异的，应当以很可能取得用来抵扣可抵扣暂时性差异的应纳税所得额为限，确认相应的递延所得税资产。同递延所得税负债的确认相同，有关交易或事项发生时，对会计利润或是应纳税所得额产生影响的，所确认的递延所得税资产应作为利润表中所得税费用的调整；有关的可抵扣暂时性差异产生于直接计入所有者权益的交易或事项，则确认的递延所得税资产也应计入所有者权益；企业合并时产生的可抵扣暂时性差异的所得税影响，应相应调整企业合并中确认的商誉或是应计入当期损益的金额。

确认递延所得税资产时，应关注以下问题：

(1)递延所得税资产的确认应以未来期间可能取得的应纳税所得额为限。在可抵扣暂时性差异转回的未来期间内，企业无法产生足够的应纳税所得额用以抵减可抵扣暂时性差异的影响，使得与递延所得税资产相关的经济利益无法实现的，该部分递延所得税资产不应确认；企业有确凿的证据表明其于可抵扣暂时性差异转回的未来期间能够产生足够的应纳税所得额，进而利用可抵扣暂时性差异的，则应以可能取得的应纳税所得额为限，确认相应的递延所得税资产。

在判断企业于可抵扣暂时性差异转回的未来期间能否产生足够的应纳税所得额时，应考虑以下两个方面的影响：

一是通过正常的生产经营活动能够实现的应纳税所得额，如企业通过销售商品、提供劳务等所实现的收入，扣除相关费用后的金额。

二是以前期间产生的应纳税暂时性差异在未来期间转回时将产生应纳税所得额的增加额。

考虑到受可抵扣暂时性差异转回的期间内可能取得的应纳税所得额的限制，因无法取得足够的应纳税所得额而未确认相应的递延所得税资产，应在财务报表附注中进行披露。

(2)对与联营企业、合营企业的投资相关的可抵扣暂时性差异，同时满足下列条件的，应当确认相应的递延所得税资产：一是暂时性差异在可预见的未来很可能转回；二是未来很可能获得用来抵扣可抵扣暂时性差异的应纳税所得额。

对联营企业和合营企业的投资产生的可抵扣暂时性差异，主要产生于权益法下确认的投资损失以及计提减值准备的情况下。

(3)对于按照税法规定可以结转以后年度的未弥补亏损和税款抵减，应视同可抵扣暂时性差异处理。在预计可利用可弥补亏损或税款递减的未来期间内能够取得足够的应纳税所得额时，应当以很可能取得的应纳税所得额为限，确认相应的递延所得税资产，同时减少确认当期的所得税费用。

与未弥补亏损和税款抵减相关的递延所得税资产，其确认条件与可抵扣暂时性差异产生的递延所得税资产相同，在估计未来期间能否产生足够的应纳税所得额用于利用该部分未弥补亏损或税款抵减时，应考虑以下相关因素的影响：

①在未弥补亏损到期前，企业是否会因以前期间产生的应纳税暂时性差异转回而产生足够的应纳税所得额；

②在未弥补亏损到期前，企业是否可能通过正常的生产经营活动产生足够的应纳税所得额；

③未弥补亏损是否产生于一些在未来期间不可能再发生的特殊原因；

④是否存在其他的证据表明在未弥补亏损到期前能够取得足够的应纳税所得额。

2. 不确认递延所得税资产的特殊情况

某些情况下，如果企业发生的某项交易或事项不是企业合并，并且交易发生时既不影响会计利润也不影响应纳税所得额，且该项交易中产生的资产、负债的初始确认金额与其计税基础不同，产生可抵扣暂时性差异的，会计准则规定在交易或事项发生时不确认相应的递延所得税资产。其原因同该种情况下不确认相应的递延所得税负债相同，如果确认递延所得税资产，则需调整资产、负债的入账价值，对实际成本进行调整将有违历史成本计量原则，影响会计信息的可靠性，该种情况下不确认相应的递延所得税资产。

【例 8-10】 甲公司 2011 年发生资本化研究开发支出 8 000 000 元，至年末研发项目尚未完成。税法规定，按照会计准则规定资本化的开发支出按其 150%作为计算摊销额的基础。

分析：

甲公司按照会计准则规定资本化的开发支出为 8 000 000 元，其计税基础为 12 000 000元(8 000 000×150%)，该开发支出及所形成的无形资产在初始确认时其账面价值与计税基础存在差异，因该差异并非产生于企业合并，同时在产生时既不影响会计利润也不影响应纳税所得额，按照《企业会计准则第 18 号——所得税》规定，不确认与该暂时性差异相关的所得税影响。

(二)递延所得税资产的计量

1. 适用税率的确定。同递延所得税负债的计量相一致，确认递延所得税资产时，应估计相关可抵扣暂时性差异的转回时间，采用转回期间适用的所得税税率为基础计算确定。另外，无论相关的可抵扣暂时性差异转回期间如何，递延所得税资产均不予折现。

2. 递延所得税资产的减值。与其他资产相一致，资产负债表日，企业应当对递延所得税资产的账面价值进行复核。如果未来期间很可能无法取得足够的应纳税所得额用以利用递延所得税资产的利益，应当减记递延所得税资产的账面价值。对于预期无法实现的部分，一般应确认为当期所得税费用，同时减少递延所得税资产的账面价值；对于原确认时计入所有者权益的递延所得税资产，其减记金额亦应计入所有者权益，不影响当期所得税费用。

递延所得税资产的账面价值因上述原因减记以后，继后期间根据新的环境和情况判断能够产生足够的应纳税所得额用以利用可抵扣暂时性差异，使得递延所得税资产包含的经济利益能够实现的，应相应恢复递延所得税资产的账面价值。

任务检验

【1·多选题】 甲公司于2009年1月1日开业，2009年和2010年免征企业所得税，从2009年开始适用的所得税税率为25%。甲公司2009年1月开始计提折旧的一台设备，2009年12月31日其账面价值为6 000万元，计税基础为8 000万元；2010年12月31日账面价值为3 600万元，计税基础为6 000万元。假定资产负债表日，有确凿证据表明未来期间很可能获得足够的应纳税所得额用来抵扣可抵扣暂时性差异。2010年应确认的递延所得税资产发生额为(　　)万元。

A. 0　　B. 100(借方)　　C. 500(借方)　　D. 600(借方)

【2·判断题】 下列企业适用的所得税税率为25%，不考虑其他的纳税所得调整事项，关于递延所得税的会计处理，下列说法中错误的有(　　)。

A. 甲公司2010年经营亏损1亿元，公司预计在未来5年内能够产生足够的应税所得额，为此确认递延所得税资产2 500万元

B. 乙公司2010年年初购入一台设备，公司在会计处理时按照年限平均法计提折旧，该设备符合税法优惠条件，计税时按年数总和法计提折旧，当年比年限平均法多计提1 000万元，为此确认递延所得税资产250万元

C. 丙公司2010年年初以2 000万元购入一项可供出售金融资产，2010年年末该项金融资产的公允价值为3 000万元，为此公司确认递延所得税负债250万元

D. 丁公司2010年年初以4 000万元购入一项投资性房地产，税法规定按20年采用年限平均法计提折旧，丁公司采用公允价值计量模式对其进行后续计量，2010年年末该项投资性房地产的公允价值为3 000万元，为此确认递延所得税资产250万元

任务三　所得税费用的确认和计量

企业核算所得税，主要是为确定当期应交所得税以及利润表中的所得税费用，从而确定各期实现的净利润。确认递延所得税资产和递延所得税负债，最终目的也是解决不同会计期间所得税费用的分配问题。按照资产负债表债务法进行核算的情况下，利润表中的所得税费用由两个部分组成：当期所得税和递延所得税费用(或收益)。

一、当期所得税

当期所得税是指企业按照税法规定计算确定的针对当期发生的交易和事项，应缴纳给税务机关的所得税金额，即应交所得税。当期所得税应当以适用的税收法规为基础计算确定。

企业在确定当期所得税时，对于当期发生的交易或事项，会计处理与税收处理不同的，应在会计利润的基础上，按照适用税收法规的要求进行调整(即纳税调整)，计算出当期应纳税所得额，按照应纳税所得额与适用所得税税率计算确定当期应交所得税。一般情况下，应纳税所得额可在会计利润的基础上，考虑会计与税收规定之间的差异，按照以

下公式计算确定：

应纳税所得额＝会计利润＋按照会计准则规定计入利润表但计税时不允许税前扣除的费用±计入利润表的费用与按照税法规定可予税前抵扣的金额之间的差额±计入利润表的收入与按照税法规定应计入应纳税所得额的收入之间的差额－税法规定的不征税收入±其他需要调整的因素

二、递延所得税费用(或收益)

递延所得税费用(或收益)是指按照会计准则规定应予确认的递延所得税资产和递延所得税负债在会计期末应有的金额相对于原已确认金额之间的差额，即递延所得税资产和递延所得税负债的当期发生额，但不包括计入所有者权益的交易或事项的所得税影响。用公式表示即为：

递延所得税费用(或收益)＝当期递延所得税负债的增加＋当期递延所得税资产的减少－当期递延所得税负债的减少－当期递延所得税资产的增加

值得注意的是，如果某项交易或事项按照会计准则规定应计入所有者权益，由该交易或事项产生的递延所得税资产或递延所得税负债及其变化也应计入所有者权益，不构成利润表中的递延所得税费用(或收益)。

【例 8-11】 丙公司 2010 年 9 月取得的某项可供出售金融资产，成本为 2 000 000 元，2010 年 12 月 31 日，其公允价值为 2 400 000 元。丙公司适用的所得税税率为 25%。

分析：

(1)会计期末在确认 400 000 元(2 400 000－2 000 000)的公允价值变动时

借：可供出售金融资产——公允价值变动　　400 000

　贷：资本公积——其他资本公积　　400 000

(2)确认应纳税暂时性差异的所得税影响时

借：资本公积——其他资本公积(400 000×25%)　　100 000

　贷：递延所得税负债　　100 000

另外，非同一控制下的企业合并中因资产、负债的入账价值与其计税基础不同产生的递延所得税资产或递延所得税负债，其确认结果直接影响购买日确认的商誉或计入利润表的损益金额，不影响购买日的所得税费用。

三、所得税费用

计算确定了当期应交所得税及递延所得税费用(或收益)以后，利润表中应予确认的所得税费用为两者之和，即：

所得税费用＝当期所得税＋递延所得税费用(或收益)

【例 8-12】 丁公司 2010 年度利润表中利润总额为 12 000 000 元，该公司适用的所得税税率为 25%。递延所得税资产及递延所得税负债不存在期初余额。

该公司 2010 年发生的有关交易和事项中，会计处理与税收处理存在差别的有：

(1)2009 年 12 月 31 日取得的一项固定资产，成本为 6 000 000 元，使用年限为10 年，预计净残值为 0，会计处理按双倍余额递减法计提折旧，税收处理按年限平均法计提折旧。假定税法规定的使用年限及预计净残值与会计规定相同。

(2)向关联企业捐赠现金 2 000 000 元。

(3)当年度发生研究开发支出 5 000 000 元,较上年度增长 20%。其中 3 000 000 元予以资本化;截至 2010 年 12 月 31 日,该研发资产仍在开发过程中。税法规定,企业费用化的研究开发支出按 50%税前加计扣除,资本化的研究开发支出按资本化金额的 150%确定应予摊销的金额。

(4)应付违反环保法规定罚款 1 000 000 元。

(5)期末对持有的存货计提了 300 000 元的存货跌价准备。

分析:

(1)2010 年度当期应交所得税

应纳税所得额=12 000 000+600 000+2 000 000−1 000 000+1 000 000+300 000
=14 900 000(元)

应交所得税=14 900 000×25%=3 725 000(元)

(2)2010 年度递延所得税

该公司 2010 年度资产负债表相关项目金额及其计税基础如表 8-1 所示:

表 8-1 单位:元

项　目	账面价值	计税基础	差　异	
			应纳税暂时性差异	可抵扣暂时性差异
存货	8 000 000	8 300 000		300 000
固定资产:				
固定资产原价	30 000 000	30 000 000		
减:累计折旧	4 600 000	4 000 000		
固定资产账面价值	25 400 000	26 000 000		600 000
无形资产	3 000 000	4 500 000		1 500 000
其他应付款	1 000 000	1 000 000		
总　计				2 400 000

递延所得税收益=(300 000+600 000)×25%=225 000(元)

(3)利润表中应确认的所得税费用

所得税费用=3 725 000−225 000=3 500 000(元)

借:所得税费用　　3 500 000

　递延所得税资产　　225 000

　贷:应交税费——应交所得税　　3 725 000

【例 8-13】 沿用【例 8-12】中有关资料,假定丁公司 2011 年当期应交所得税为 4 620 000元。资产负债表中有关资产、负债的账面价值与其计税基础相关资料如表 8-2 所示,除所列项目外,其他资产、负债项目不存在会计与税收规定的差异。

表 8-2 单位:元

项 目	账面价值	计税基础	差 异	
			应纳税暂时性差异	可抵扣暂时性差异
存货	16 000 000	16 800 000		800 000
固定资产:				
固定资产原价	30 000 000	30 000 000		
减:累计折旧	5 560 000	4 600 000		
减:固定资产减值准备	2 000 000	0		
固定资产账面价值	22 440 000	25 400 000		2 960 000
无形资产	2 700 000	4 050 000		1 350 000
其他应付款	1 000 000	0		1 000 000
总 计				6 110 000

分析:

(1)当期应交所得税为 4 620 000 元

(2)当期递延所得税费用(收益)

期末递延所得税资产(6 110 000×25%) 1 527 500

期初递延所得税资产 225 000

递延所得税资产增加 1 302 500

递延所得税收益=1 302 500(元)

(3)所得税费用

所得税费用=4 620 000－1 302 500=3 317 500(元)

借:所得税费用 3 317 500

　递延所得税资产 1 302 500

　贷:应交税费——应交所得税 4 620 000

四、所得税的列报

企业对所得税的核算结果,除利润表中列示的所得税费用以外,在资产负债表中形成的应交税费(应交所得税)以及递延所得税资产和递延所得税负债应当遵循《企业会计准则第 18 号——所得税》和《企业会计准则第 30 号——财务报表列报》规定列报。其中,递延所得税资产和递延所得税负债一般应当分别作为非流动资产和非流动负债在资产负债表中列示,所得税费用应当在利润表中单独列示,同时还应在附注中披露与所得税有关的信息。

(一)同时满足以下条件时,企业应当将当期所得税资产及当期所得税负债以抵消后的净额列示:

1. 企业拥有以净额结算的法定权利;

2. 以净额结算或取得资产、清偿负债同时进行。

对于当期所得税资产与当期所得税负债以净额列示,是指当企业实际缴纳的所得税税款大于按照税法规定计算的应交所得税时,超过部分应当在资产负债表"其他流动资产”项目中列示；当企业实际缴纳的所得税税款小于按照税法规定确定的应交所得税时，差额部分应当在资产负债表的“应交税费”项目中列示。

（二）同时满足以下条件时，企业应当将递延所得税资产与递延所得税负债以抵消后的净额列示：

1. 企业拥有以净额结算当期所得税资产及当期所得税负债的法定权利；

2. 递延所得税资产及递延所得税负债是与同一税收征管部门对同一纳税主体征收的所得税相关或者是对不同的纳税主体相关，但在未来每一具有重要性的递延所得税资产及递延所得税负债转回的期间内，涉及的纳税主体预期会以净额结算当期所得税资产和当期所得税负债或是同时取得资产、清偿负债。

一般情况下，在个别财务报表中，当期所得税资产与当期所得税负债及递延所得税资产与递延所得税负债可以以抵消后的净额列示。在合并财务报表中，纳入合并范围的企业中，一方的当期所得税资产或递延所得税资产与另一方的当期所得税负债或递延所得税负债一般不能予以抵消，除非所涉及的企业具有以净额结算的法定权利并且预计以净额结算。

任务检验

【单选题】 甲公司拥有乙公司80%的有表决权资本，能够对乙公司实施控制。2010年6月，甲公司向乙公司销售一批商品，成本为800万元，售价为1 000万元，2010年12月31日，乙公司将上述商品对外销售60%，甲公司和乙公司适用的所得税税率为25%。2010年12月31日，合并财务报表中应确认的递延所得税资产为（ ）万元。

A. 200　　B. 80　　C. 30　　D. 20

项目综训

一、单项选择题

1. 2010年12月31日，甲公司取得的某项机器设备，原价为900万元，预计使用年限为5年，会计处理时按照年限平均法计提折旧，预计净残值为0。税法规定预计使用年限为3年，其他与会计规定一致。2011年12月31日，甲公司对该项固定资产计提了100万元的固定资产减值准备。2011年12月31日，该固定资产的账面价值与计税基础分别为（ ）万元。

A. 620；500　　B. 620；600　　C. 720；500　　D. 720；600

2. 2011年1月20日，A公司取得一项无形资产，取得成本为500万元，确认为使用寿命不确定的无形资产，税法规定对于该无形资产按10年、采用直线法摊销，预计净残值为0。2011年12月31日，该无形资产的可收回金额为400万元，则该无形资产形成的暂时性差异为（ ）。

A. 0　　B. 应纳税暂时性差异50万元

C. 可抵扣暂时性差异50万元　　D. 应纳税暂时性差异100万元

3. 长江公司当期为研发新技术发生研究开发支出共计500万元，其中，研究阶段支出100万元，开发阶段不符合资本化条件的支出120万元，开发阶段符合资本化条件的支出

280 万元。假定新技术已经达到预定用途，当期摊销 10 万元。税法规定企业为开发新技术、新产品、新工艺发生的研究开发费用，未形成无形资产计入当期损益的，在按照规定据实扣除的基础上，按照研究开发费用的 50%加计扣除；形成无形资产的，按照无形资产成本的 150%摊销。长江公司当期期末无形资产形成的可抵扣暂时性差异为（　　）万元。

A. 0　　B. 135　　C. 270　　D. 405

4. 2011 年 1 月 1 日，甲公司持有一项交易性金融资产，取得成本为 300 万元，2011 年 12 月 31 日其公允价值为 500 万元。假定甲公司适用的所得税税率为 25%，则下列说法中正确的是（　　）。

A. 产生应纳税暂时性差异 200 万元

B. 产生可抵扣暂时性差异 200 万元

C. 应确认递延所得税资产 50 万元

D. 不应确认递延所得税负债

5. 2010 年 1 月 1 日，甲公司自证券市场购入当日发行的一项 3 年期、票面金额1 000 万元，票面年利率 5%、到期还本付息的国债，实际支付价款 1 022.35 万元，不考虑相关费用，实际年利率为 4%，到期日为 2012 年 12 月 31 日。甲公司将该国债作为持有至到期投资核算。税法规定，国债利息收入免交所得税。2010 年 12 月 31 日，该国债产生的暂时性差异为（　　）万元。

A. 40.89　　B. 63.24　　C. 13.24　　D. 0

6. A 公司 2011 年当期确认应支付的职工工资及其他薪金性质支出共计 6 000 万元，尚未支付。按照税法规定的计税工资标准可以于当期扣除的部分为 4 400 万元。2011 年 12 月 31 日应付职工薪酬的产生的暂时性差异为（　　）万元。

A. 6 000　　B. 4 400　　C. 0　　D. 1 600

7. 乙公司 2011 年年末“预计负债——产品质量保证”科目余额为 500 万元，2012 年发生保修费 150 万元，当年实现销售收入 40 000 万元，乙公司按照销售收入的 0.5%预提产品售后保修费用。假设按照税法规定，企业发生的产品质量保证费用应当在该项费用实际发生时计入企业的应纳税所得额。则乙公司该项预计负债 2012 年 12 月 31 日的计税基础为（　　）万元。

A. 550　　B. 0　　C. 350　　D. 200

8. 甲公司本期营业外支出中有因未按照税法规定缴纳税金而需缴纳的滞纳金 200 万元；因违反与乙公司的合同规定需支付的违约金 120 万元；因为丙公司提供担保，现在丙公司无法还款，预计发生的担保支出 300 万元；款项都尚未支付。不考虑其他因素，则甲公司本期负债的计税基础为（　　）万元。

A. 200　　B. 500　　C. 320　　D. 0

9. 某企业 2011 年发生广告费支出 2 000 万元，已支付给广告公司。税法规定，企业发生的广告费、业务宣传费不超过当年销售收入 15%的部分允许税前扣除，超过部分允许结转以后年度税前扣除。该企业 2011 年营业收入为 10 000 万元，适用的所得税税率为 25%。则因该事项企业应当确认的递延所得税资产是（　　）万元。

A. 500　　B. 125　　C. 375　　D. 0

10. 甲公司2011年1月1日的坏账准备余额为200万元。2011年坏账准备借方发生额为40万元，贷方发生额为100万元。甲公司适用的所得税税率为25%，税法规定对于企业计提的减值准备在资产未发生实质性损失前不允许从税前扣除。2011年12月31日因坏账准备确认的递延所得税资产发生额为(　　)万元。

A. 15　　B. 65　　C. 25　　D. 10

11. 长江公司2011年12月20日，收到大海公司预付的货款500万元，商品尚未发出。但按税法规定，该预收款项应计入2011年的应纳税所得额。2011年12月31日，该项预收账款的计税基础为(　　)万元。

A. 1 000　　B. 500　　C. 200　　D. 0

12. 2010年11月25日，B公司董事会批准了一项股份支付协议。协议规定，2011年1月1日，B公司授予100名中层以上管理人员每人1万份现金股票增值权，这些人员从2011年1月1日起必须在该公司连续服务满3年，即可自2013年12月31日起根据股价的增长幅度获得现金，该增值权应在2014年12月31日之前行使完毕。B公司2011年12月31日计算确定的应付职工薪酬的余额为300万元，按税法规定，实际支付时可计入应纳税所得额。2011年12月31日，该应付职工薪酬的计税基础为(　　)万元。

A. 300　　B. 0　　C. 150　　D. −300

13. 甲公司2011年利润总额为1 000万元，适用的所得税税率为25%。2011年发生的交易事项中，会计与税法规定之间存在差异的有：当期计提存货跌价准备100万元；持有的交易性金融资产当期公允价值上升300万元。假定税法规定，资产在持有期间公允价值变动不计入应纳税所得额，出售时一并计算应计入应纳税所得额的金额；当年确认持有至到期国债投资利息收入60万元。假定该公司2011年1月1日不存在暂时性差异，预计未来期间能够产生足够的应纳税所得额利用可抵扣暂时性差异。甲公司2011年应交所得税为(　　)万元。

A. 185　　B. 200　　C. 235　　D. 250

14. 某企业期初递延所得税负债余额为1 360万元，当期期末资产账面价值为36 000万元，计税基础为32 000万元，负债账面价值24 000万元，计税基础为26 000万元，适用的所得税税率为25%，无其他差异，则本期递延所得税负债的发生额为(　　)万元。

A. 40　　B. 150　　C. 140　　D. 860

15. 甲公司是乙公司的母公司。甲公司2010年12月31日个别资产负债表中的因出售商品给乙公司形成的应收账款为500万元，计提的坏账准备为50万元，期初无内部应收账款。2010年12月31日，合并财务报表中对该事项的会计处理中正确的是(　　)。

A. 借记递延所得税资产12.5万元　　B. 贷记递延所得税资产12.5万元

C. 借记递延所得税资产112.5万元　　D. 贷记递延所得税资产112.5万元

16. 某企业2011年年初递延所得税负债余额为1 360万元，2011年当期新发生两项暂时性差异：固定资产账面价值大于计税基础4 000万元；预计负债账面价值小于计税基础2 000万元。已知该企业截至当期期末所得税税率始终为15%，从2012年起该企业不再享受所得税优惠政策，所得税税率将调整为25%，不考虑其他因素，2011年影响利润表的递延所得税为(　　)万元。

A. 2 406.67　　B. 140　　C. 1 500　　D. 3 766.67

二、多项选择题

1. 下列说法正确的有(　　)。

A. 资产账面价值小于计税基础产生可抵扣暂时性差异

B. 资产账面价值大于计税基础产生应纳税暂时性差异

C. 负债账面价值小于计税基础产生应纳税暂时性差异

D. 负债账面价值大于计税基础产生可抵扣暂时性差异

2. 以下可能产生可抵扣暂时性差异的有(　　)。

A. 计提存货跌价准备

B. 交易性金融资产发生公允价值变动

C. 因债务担保确认的负债

D. 研发形成无形资产

3. 递延所得税资产或递延所得税负债可能对应的科目有(　　)。

A. 所得税费用　　B. 商誉

C. 资本公积　　D. 营业外收入

4. 下列说法中，正确的有(　　)。

A. 自行研发的无形资产加计摊销部分不确认递延所得税资产

B. 长期股权投资如果打算长期持有，则一般不确认递延所得税资产或递延所得税负债

C. 预收账款不可能产生暂时性差异

D. 企业合并时不确认递延所得税资产或递延所得税负债

5. 下列项目中，可能产生应纳税暂时性差异的有(　　)。

A. 期末固定资产账面价值大于其计税基础

B. 可供出售金融资产期末公允价值大于取得时成本

C. 持有至到期投资确认国债利息收入

D. 以现金结算的股份支付确认的应付职工薪酬的余额

6. 下列说法中，正确的有(　　)。

A. 资产负债表日，有确凿证据表明未来期间很可能获得足够的应纳税所得额用来抵扣可抵扣暂时性差异的，应当确认以前期间未确认的递延所得税资产

B. 资产负债表日，有确凿证据表明未来期间很可能获得足够的应纳税所得额用来抵扣可抵扣暂时性差异的，应当确认以前期间未确认的递延所得税负债

C. 所有的应纳税暂时性差异都应确认递延所得税负债

D. 产生的应纳税暂时性差异直接计入所有者权益的利得或损失的，相关的所得税影响应增加或减少所有者权益

7. 下列说法中，正确的有（　　）。

A. 资产负债表日，企业应当对递延所得税资产的账面价值进行复核

B. 递延所得税资产不能计提减值准备

C. 企业递延所得税不一定作为所得税费用或收益计入当期损益

D. 满足确认条件的递延所得税资产可以进行折现

8. 下列说法中，正确的有（　　）。

A. 企业应当将当期和以前期间应交未交的所得税确认为负债

B. 如果未来期间很可能无法获得足够的应纳税所得额用以抵扣递延所得税资产的利益，应当减记递延所得税资产的账面价值，但减记的金额不应当转回

C. 存在可抵扣暂时性差异，应当按照所得税准则规定确认递延所得税资产

D. 如果未来期间很可能无法获得足够的应纳税所得额用以抵扣递延所得税资产的利益，应当减记递延所得税资产的账面价值，减记的金额可以转回

9. 下列各项投资收益中，按税法规定在计算应纳税所得额时应予以调整的项目有（　　）。

A. 交易性金融资产转让的净收益

B. 国债的利息收入

C. 长期股权投资持有期间获得收益

D. 持有至到期投资转让的净收益

10. 以下各项中，会造成本期所得税费用大于当期应交所得税的有（　　）。

A. 递延所得税负债贷方发生额

B. 递延所得税资产贷方发生额

C. 递延所得税负债借方发生额

D. 无暂时性差异，但是发生了不得税前扣除的费用

11. 下列说法中，错误的有（　　）。

A. 当某项交易同时具有“不是企业合并”及“交易发生时既不影响会计利润也不影响应纳税所得额（或可抵扣亏损）”特征时，企业不应当确认该项应纳税暂时性差异产生的递延所得税负债

B. 当某项交易同时具有“不是企业合并”及“交易发生时既不影响会计利润也不影响应纳税所得额（或可抵扣亏损）”特征时，企业应当确认该项可抵扣暂时性差异产生的递延所得税资产

C. 因商誉的初始确认产生的应纳税暂时性差异不能确认递延所得税负债

D. 因商誉的初始确认产生的应纳税暂时性差异应当确认为递延所得税负债

12. 下列项目中能够产生可抵扣暂时性差异的有（　　）。

A. 预提产品保修费用

B. 计提投资性房地产减值准备

C. 期末因担保事项确认的预计负债

D. 企业在开始正常生产经营活动前发生的筹建费用

13. 下列说法中，正确的有（　　）。

A. 企业对与联营企业及合营企业投资相关的应纳税暂时性差异，当同时满足“投资企业能够控制暂时性差异转回的时间”和“该暂时性差异在可预见的未来很可能不会转回”两个条件时，不应当确认为递延所得税负债

B. 递延所得税资产和递延所得税负债的计量，应当反映资产负债表日企业预计收回资产或清偿负债方式的纳税影响，即在计量递延所得税资产和递延所得税负债时，应当采用与收回资产或清偿债务的预期方式相一致的税率和计税基础

C. 企业对与联营企业及合营企业投资相关的应纳税暂时性差异，一律应当确认相应的递延所得税负债

D. 企业对与联营企业及合营企业投资相关的应纳税暂时性差异，应当确认相应的递延所得税负债，但特殊情况除外

14. 关于所得税的列报，下列说法中正确的有（　　）。

A. 递延所得税资产和递延所得税负债一般应当分别作为非流动资产和非流动负债在资产负债表中列示

B. 在个别财务报表中，当期所得税资产与当期所得税负债及递延所得税资产与递延所得税负债可以以抵消后的净额列示

C. 应交所得税应当在利润表中单独列示

D. 在合并财务报表中，当期所得税资产与负债及递延所得税资产及递延所得税负债可以以抵消后的净额列示

15. 2011 年 12 月 31 日，长江公司将一幢自用办公楼转为投资性房地产，采用公允价值模式进行计量。2011 年 12 月 31 日，该办公楼的账面原值为 8 000 万元，已计提折旧 1 800万元，已计提减值准备 200 万元，尚可使用 6 年，无残值。转换日该办公楼的公允价值为 7 000 万元。税法计提折旧的方法、年限和残值与会计规定一致。长江公司适用所得税税率为 25%。关于本事项说法正确的有（　　）。

A. 该投资性房地产形成应纳税暂时性差异 1 000 万元

B. 该项转换要冲减递延所得税资产 50 万元

C. 该项转换要确认递延所得税负债 250 万元

D. 应确认资本公积 800 万元

三、判断题

1. 合并财务报表中抵消未实现内部交易涉及所得税的，要确认所得税影响。（　　）

2. 因商誉的初始确认产生的暂时性差异应当确认为递延所得税负债。（　　）

3. 所有的应纳税暂时性差异一定确认为递延所得税负债。（　　）

4. 可抵扣暂时性差异，是指在确定未来收回资产或清偿负债期间的应纳税所得额时，

将导致产生可抵扣金额的暂时性差异。（　　）

5.递延所得税资产的发生不一定会影响所得税费用。（　　）

6.资产负债表日，对于递延所得税资产和递延所得税负债，应当根据税法规定，按照预计收回该资产或清偿该负债期间的适用税率计量。（　　）

7.应交所得税的计量，无论税率是否发生变动，均应按资产负债表日的所得税税率计算确定。（　　）

四、计算分析题

大海公司为增值税一般纳税人，适用的增值税税率为17%，所得税税率为25%。大海公司于2009年12月1日购入一项生产用设备投入使用，支付价款为2 400万元，增值税进项税税额为408万元。该项固定资产，预计使用年限为5年，预计净残值为0，会计上采用双倍余额递减法计提折旧，税法上采用年限平均法，其他规定税法与会计的处理相同。2009年至2014年每年实现的应纳税所得额为4 000万元。假定该公司无其他调整事项，并且该公司2010年年初的递延所得税资产和递延所得税负债的余额为0。

要求：根据上述资料填列下列表格。

表 8-3　　单位：万元

项　目	2010年	2011年	2012年	2013年	2014年
按照会计规定的折旧					
按照税法规定的折旧					

表 8-4　　单位：万元

项　目	2010年	2011年	2012年	2013年	2014年
资产账面价值					
资产计税基础					
应纳税暂时性差异					
可抵扣暂时性差异					
递延所得税负债余额					
递延所得税资产余额					
递延所得税费用发生额					
应交所得税					
所得税费用					

五、综合题

甲股份公司采用资产负债表债务法进行所得税会计的核算，所得税税率25%，假设期初递延所得税资产和递延所得税负债的余额均为0，每年税前会计利润均为6 000万元，2011年至2012年发生以下事项：

(1)每年计入投资收益的国债利息收入180万元；

(2)2011年发生违反法律、行政法规而缴纳的罚款60万元；

(3)2011 年年末交易性金融资产账面价值 1 600 万元,包括成本 1 280 万元和公允价值变动 320 万元,2012 年年末交易性金融资产账面价值 1 800 万元,包括成本 2 000 万元和公允价值变动－200 万元;

(4)2011 年年末可供出售金融资产账面价值 1 000 万元,包括成本 1 160 万元和公允价值变动－160 万元,2012 年年末可供出售金融资产账面价值 1 120 万元,包括成本 1 000万元和公允价值变动 120 万元;

(5)2011 年年初存货跌价准备为 0,2011 年年末存货账面价值 1 800 万元,计提存货跌价准备 200 万元,2012 年年末存货账面价值 1 600 万元,销售商品结转存货跌价准备 160 万元,2012 年年末计提存货跌价准备 280 万元。

要求:

计算甲公司 2011 年和 2012 年的当期应交所得税、递延所得税和所得税费用,并编制相关会计分录。

(答案中的金额单位用万元表示)

项目九

会计政策、会计估计变更和前期差错更正

项目目标

学习本项目，应能完成以下三项任务：

任务一：会计政策变更的会计处理

任务二：会计估计变更的会计处理

任务三：前期差错更正的会计处理

项目实施

任务一　会计政策变更的会计处理

一、会计政策概述

会计政策，是指企业在会计确认、计量和报告中所采用的原则、基础和会计处理方法。其中，原则，是指按照企业会计准则规定的、适合于企业会计核算所采用的具体会计原则；基础，是指为了将会计原则应用于交易或者事项而采用的基础，主要是计量基础（即计量属性），包括历史成本、重置成本、可变现净值、现值和公允价值等；会计处理方法，是指企业在会计核算中按照法律、行政法规或者国家统一的会计制度等规定采用或者选择的、适合于本企业的具体会计处理方法。会计政策具有以下特点：

第一，会计政策的选择性。会计政策是在允许的会计原则、计量基础和会计处理方法中作出指定或具体选择。由于企业经济业务的复杂性和多样化，某些经济业务在符合会计原则和计量基础的要求下，可以有多种会计处理方法，即存在不止一种可供选择的会计政策。例如，确定发出存货的实际成本时可以在先进先出法、加权平均法或者个别计价法中进行选择。

第二，会计政策的强制性。在我国，会计准则和会计制度属于行政法规，会计政策所包括的具体会计原则、计量基础和具体会计处理方法由会计准则或会计制度规定，具有一

定的强制性。企业必须在法规所允许的范围内选择适合本企业实际情况的会计政策。即企业在发生某项经济业务时，必须从允许的会计原则、计量基础和会计处理方法中选择出适合本企业特点的会计政策。

第三，会计政策的层次性。会计政策包括会计原则、计量基础和会计处理方法三个层次。其中，会计原则是指导企业会计核算的具体原则，例如，《企业会计准则第13号——或有事项》规定的以该义务是企业承担的现实义务、履行该义务很可能导致经济利益流出企业、该义务的金额能够可靠地计量作为预计负债的确认条件就是预计负债确认的具体会计原则；会计基础是为将会计原则体现在会计核算中而采用的基础，例如，《企业会计准则第8号——资产减值》中涉及的公允价值就是计量基础；会计处理方法是按照会计原则和计量基础的要求，由企业在会计核算中采用或者选择的、适合于本企业的具体会计处理方法，例如，企业按照《企业会计准则第15号——建造合同》规定采用的完工百分比法就是会计处理方法。会计原则、计量基础和会计处理方法三者之间是一个具有逻辑性的、密不可分的整体，通过这个整体，会计政策才能得以应用和落实。

企业应当披露重要的会计政策，不具有重要性的会计政策可以不予披露。判断会计政策是否重要，应当考虑与会计政策相关项目的性质和金额。企业应当披露的重要会计政策包括：

(1)发出存货成本的计量，是指企业确定发出存货成本所采用的会计处理。例如，企业发出存货成本的计量是采用先进先出法，还是采用其他计量方法。

(2)长期股权投资的后续计量，是指企业取得长期股权投资后的会计处理。例如，企业对被投资单位的长期股权投资是采用成本法，还是采用权益法核算。

(3)投资性房地产的后续计量，是指企业在资产负债表日对投资性房地产进行后续计量所采用的会计处理。例如，企业对投资性房地产的后续计量是采用成本模式，还是公允价值模式。

(4)固定资产的初始计量，是指对取得的固定资产初始成本的计量。例如，企业取得的固定资产初始成本是以购买价款，还是以购买价款的现值为基础进行计量。

(5)生物资产的初始计量，是指对取得的生物资产初始成本的计量。例如，企业为取得生物资产而产生的借款费用，应当予以资本化，还是计入当期损益。

(6)无形资产的确认，是指对无形项目的支出是否应确认为无形资产。例如，企业内部研究开发项目开发阶段的支出是确认为无形资产，还是在发生时计入当期损益。

(7)非货币性资产交换的计量，是指非货币性资产交换事项中对换入资产成本的计量。例如，非货币性资产交换是以换出资产的公允价值作为确定换入资产成本的基础，还是以换出资产的账面价值作为确定换入资产成本的基础。

(8)收入的确认，是指收入确认所采用的会计原则。例如，企业确认收入时要同时满足已将商品所有权上的主要风险和报酬转移给购货方、收入的金额能够可靠地计量、相关经济利益很可能流入企业等条件。

(9)合同收入与费用的确认，是指确认建造合同的收入和费用所采用的会计处理方法。例如，企业确认建造合同的合同收入和合同费用采用完工百分比法。

(10)借款费用的处理，是指借款费用的会计处理方法，即是采用资本化，还是采用费用化。

(11)合并政策,是指编制合并财务报表所采纳的原则。例如,母公司与子公司的会计年度不一致的处理原则;合并范围的确定原则等。

(12)其他重要的会计政策。

二、会计政策变更

会计政策变更,是指企业对相同的交易或者事项由原来采用的会计政策改用另一会计政策的行为。为保证会计信息的可比性使财务报表使用者在比较企业一个以上期间的财务报表时,能够正确判断企业的财务状况、经营成果和现金流量的趋势,一般情况下,企业采用的会计政策,在每一会计期间和前后各期应当保持一致,不得随意变更。否则势必会削弱会计信息的可比性。但是,在下述两种情形下,企业可以变更会计政策:

第一,法律、行政法规或者国家统一的会计制度等要求变更。这种情况是指,按照法律、行政法规以及国家统一的会计制度的规定,要求企业采用新的会计政策,则企业应当按照法律、行政法规以及国家统一的会计制度的规定改变原会计政策,按照新的会计政策执行。例如,《企业会计准则第1号——存货》对发出存货实际成本的计价排除了后进先出法,这就要求执行企业会计准则体系的企业按照新规定,将原来以后进先出法核算发出存货成本改为准则规定可以采用的会计政策。

第二,会计政策变更能够提供更可靠、更相关的会计信息。由于经济环境、客观情况的改变,使企业原采用的会计政策所提供的会计信息,已不能恰当地反映企业的财务状况、经营成果和现金流量等情况。在这种情况下,应改变原有会计政策,按变更后新的会计政策进行会计处理,以便对外提供更可靠、更相关的会计信息。例如,企业一直采用成本模式对投资性房地产进行后续计量,如果企业能够从房地产交易市场上持续地取得同类或类似房地产的市场价格及其他相关信息,从而能够对投资性房地产的公允价值作出合理的估计,此时,企业可以将投资性房地产的后续计量方法由成本模式变更为公允价值计量模式。

对会计政策变更的认定,直接影响会计处理方法的选择。因此,在会计实务中,企业应当正确认定属于会计政策变更的情形。下列两种情况不属于会计政策变更:

第一,本期发生的交易或者事项与以前相比具有本质差别而采用新的会计政策。这是因为,会计政策是针对特定类型的交易或事项,如果发生的交易或事项与其他交易或事项有本质区别,那么,企业实际上是为新的交易或事项选择适当的会计政策,并没有改变原有的会计政策。例如,企业以往租入的设备均为临时需要而租入的,企业按经营租赁会计处理方法核算,但自本年度起租入的设备均采用融资租赁方式,则该企业自本年度起对新租赁的设备采用融资租赁会计处理方法核算。由于该企业原租入的设备均为经营性租赁,本年度起租赁的设备均改为融资租赁,经营租赁和融资租赁有着本质差别,因而改变会计政策不属于会计政策变更。

第二,对初次发生的或不重要的交易或者事项采用新的会计政策。对初次发生的某类交易或事项采用适当的会计政策,并未改变原有的会计政策。例如,企业以前没有建造合同业务,当年签订一项建造合同为另一企业建造三栋厂房,对该项建造合同采用完工百分比法确认收入，不是会计政策变更。至于对不重要的交易或事项采用新的会计政策，不按会计政策变更作出会计处理，并不影响会计信息的可比性，所以也不作为会计政策变更。例如，企业原在生产经营过程中使用少量的低值易耗品，并且价值较低，故企业在领用低值易耗品时一次计入费用；该企业于近期投产新产品，所需低值易耗品比较多，且价值较大，企业对领用的低值易耗品处理方法改为五五摊销法。该企业低值易耗品在企业生产经营中所占的费用比例并不大，改变低值易耗品处理方法后，对损益的影响也不大，属于不重要的事项，会计政策在这种情况下的改变不属于会计政策变更。

三、会计政策变更与会计估计变更的划分

企业应当正确划分会计政策变更与会计估计变更，并按照不同的方法进行相关会计处理。企业应当以变更事项的会计确认、计量基础和列报项目是否发生变更作为判断该变更是会计政策变更，还是会计估计变更的划分基础。

第一，以会计确认是否发生变更作为判断基础。《企业会计准则——基本准则》规定了资产、负债、所有者权益、收入、费用和利润等六项会计要素的确认标准，是会计处理的首要环节。一般地，对会计确认的指定或选择是会计政策，其相应的变更是会计政策变更。会计确认的变更一般会引起列报项目的变更。例如，企业在前期将某项内部研究开发项目开发阶段的支出计入当期损益，而当期按照《企业会计准则第 6 号——无形资产》的规定，该项支出符合无形资产的确认条件，应当确认为无形资产。该事项的会计确认发生变更，即前期将研发费用确认为一项费用，而当期将其确认为一项资产。该事项中会计确认发生了变化，所以该变更是会计政策变更。

第二，以计量基础是否发生变更作为判断基础。《企业会计准则——基本准则》规定了历史成本、重置成本、可变现净值、现值和公允价值等五项会计计量属性，是会计处理的计量基础。一般地，对计量基础的判定或选择是会计政策，其相应的变更是会计政策变更。例如，企业在前期对购入的价款超过正常信用条件延期支付的固定资产初始计量采用历史成本计量基础，而当期按照《企业会计准则第 4 号——固定资产》的规定，该类固定资产的初始成本应以购买价款的现值为基础确定。该事项的计量基础发生了变化，所以该变更是会计政策变更。

第三，以列报项目是否发生变更作为判断基础。《企业会计准则第 30 号——财务报表列报》规定了财务报表项目应采用的列报原则。一般地，对列报项目的指定或选择是会计政策，其相应的变更是会计政策变更。例如，某商业企业在前期将商品采购费用列入营业费用，当期根据《企业会计准则第 1 号——存货》的规定，将采购费用列入存货成本。因为列报项目发生了变化，所以该变更是会计政策变更。

第四，根据会计确认、计量基础和列报项目所选择的、为取得与资产负债表项目有关的金额或数值(如预计使用寿命、净残值等)所采用的处理方法，而不是会计政策，而是会计估计，其相应的变更是会计估计变更。例如，企业需要对某项资产采用公允价值进行计量，而公允价值的确定需要根据市场情况选择不同的处理方法。在不存在销售协议和资产活跃市场的情况下，需要根据同行业类似资产的近期交易价格对该项资产进行估计；在不存在销售协议但存在资产活跃市场的情况下，其公允价值应当按照该项资产的市场价

格为基础进行估计。因为企业所确定的公允价值是与该项资产有关的金额，所以为确定公允价值所采用的处理方法是会计估计，而不是会计政策。相应地，当企业面对的市场情况发生变化时，其采用的确定公允价值的方法变更是会计估计变更，不是会计政策变更。

企业可以采用以下具体方法划分会计政策变更与会计估计变更：分析并判断该事项是否涉及会计确认、计量基础选择或列报项目的变更，当至少涉及上述一项划分基础变更时，该事项是会计政策变更；不涉及上述划分基础变更时，该事项可以判断为会计估计变更。例如，企业在前期将购建固定资产相关的一般借款利息计入当期损益，当期根据会计准则的规定，将其予以资本化，企业因此将对该事项进行变更。该事项的计量基础未发生变更，即都是以历史成本作为计量基础；该事项的会计确认发生变更，即前期将借款费用确认为一项费用，而当期将其确认为一项资产；同时，会计确认的变更导致该事项在资产负债表和利润表相关项目的列报也发生变更。该事项涉及会计确认和列报的变更所以属于会计政策变更。又如，企业原采用双倍余额递减法计提固定资产折旧，根据固定资产使用的实际情况，企业决定改用直线法计提固定资产折旧。该事项前后采用的两种计提折旧方法都是以历史成本作为计量基础，对该事项的会计确认和列报项目也未发生变更，只是固定资产折旧、固定资产净值等相关金额发生了变化。因此，该事项属于会计估计变更。

四、会计政策变更的会计处理

发生会计政策变更时，有两种会计处理方法，即追溯调整法和未来适用法，两种方法适用于不同情形。

(一)追溯调整法

追溯调整法，是指对某项交易或事项变更会计政策，视同该项交易或事项初次发生时即采用变更后的会计政策，并以此对财务报表相关项目进行调整的方法。采用追溯调整法时，对于比较财务报表期间的会计政策变更，应调整各期间净损益各项目和财务报表其他相关项目，视同该政策在比较财务报表期间一直采用。对于比较财务报表可比期间以前的会计政策变更的累积影响数，应调整比较财务报表最早期间的期初留存收益，财务报表其他相关项目的数字也应一并调整。

追溯调整法通常由以下步骤构成：

第一步，计算会计政策变更的累积影响数；

第二步，编制相关项目的调整分录；

第三步，调整列报前期最早期初财务报表相关项目及其金额；

第四步，附注说明。

其中，会计政策变更累积影响数，是指按照变更后的会计政策对以前各期追溯计算的列报前期最早期初留存收益应有金额与现有金额之间的差额。根据上述定义的表述，会计政策变更的累积影响数可以分解为以下两个金额之间的差额：(1)在变更会计政策当期，按变更后的会计政策对以前各期追溯计算，所得到列报前期最早期初留存收益金额；(2)在变更会计政策当期，列报前期最早期初留存收益金额。上述留存收益金额，包括盈余公积和未分配利润等项目，不考虑由于损益的变化而应当补分的利润或股利。例如，由于会计政策变化，增加了以前期间可供分配的利润，该企业通常按净利润的 20%分派股利。但在计算调整会计政策变更当期期初的留存收益时，不应当考虑由于以前期间净利润的变化而需要分派的股利。

在财务报表只提供列报项目上一个可比会计期间比较数据的情况下，上述第(2)项，在变更会计政策当期，列报前期最早期初留存收益金额，即为上期资产负债表所反映的期初留存收益，可以从上年资产负债表项目中获得；需要计算确定的是第(1)项，即按变更后的会计政策对以前各期追溯计算，所得到的上期期初留存收益金额。

累积影响数通常可以通过以下各步计算获得：

第一步，根据新会计政策重新计算受影响的前期交易或事项；

第二步，计算两种会计政策下的差异；

第三步，计算差异的所得税影响金额；

第四步，确定前期中的每一期的税后差异；

第五步，计算会计政策变更的累积影响数。

需要注意的是，对以前年度损益进行追溯调整或追溯重述的，应当重新计算各列报期间的每股收益。

【例 9-1】 甲公司 2009 年、2010 年分别以 4 500 000 元和 1 100 000 元的价格从股票市场购入 A、B 两种以交易为目的的股票(假设不考虑购入股票发生的交易费用)，市价一直高于购入成本。公司采用成本与市价孰低法对购入股票进行计量。公司从 2011 年起对其以交易为目的购入的股票由成本与市价孰低改为按公允价值计量，公司保存的会计资料比较齐备，可以通过会计资料追溯计算。假设所得税税率为 25%，公司按净利润的 10%提取法定盈余公积，按净利润的 5%提取任意盈余公积。公司发行股票份额为 4 500 万股。两种方法计量的交易性金融资产账面价值如表 9-1 所示：

表 9-1　两种方法计量的交易性金融资产账面价值　单位：元

会计政策 / 股票	成本与市价孰低	2009 年年末公允价值	2010 年年末公允价值
A 股票	4 500 000	5 100 000	5 100 000
B 股票	1 100 000	—	1 300 000

根据上述资料，甲公司的会计处理如下：

1. 计算改变交易性金融资产计量方法后的累积影响数，如表 9-2 所示：

表 9-2　改变交易性金融资产计量方法后的累积影响数　单位：元

时　间	公允价值	成本与市价孰低	税前差异	所得税影响	税后差异
2009 年年末	5 100 000	4 500 000	600 000	150 000	450 000
2010 年年末	1 300 000	1 100 000	200 000	50 000	150 000
合　计	6 400 000	5 600 000	800 000	200 000	600 000

甲公司 2011 年 12 月 31 日的比较财务报表列报前期最早期初为 2010 年 1 月 1 日。

甲公司在 2009 年年末按公允价值计量的账面价值为 5 100 000 元，按成本与市价孰低计量的账面价值为 4 500 000 元，两者的所得税影响合计为 150 000 元，两者差异的税后利润净影响额为 450 000 元，即为该公司 2010 年期初由成本与市价孰低法改为公允价值计量法的累积影响数。

甲公司在2010年年末按公允价值计量的账面价值为6 400 000元，按成本与市价孰低计量的账面价值为5 600 000元，两者的所得税影响合计为200 000元，两者差异的税后利润净影响额为600 000元，其中，450 000元是调整2010年累积影响数，150 000元是调整2010年当期金额。

甲公司按照公允价值重新计量2010年年末B股票账面价值，其结果为公允价值变动收益少计了200 000元，所得税费用少计了50 000元，净利润少计了150 000元。

2.编制有关项目的调整分录：

(1)对2009年有关事项的调整分录：

①对2009年有关事项的调整分录：

借：交易性金融资产——公允价值变动 600 000

  贷：利润分配——未分配利润 450 000

    递延所得税负债 150 000

②调整利润分配：

按照净利润的10%提取法定盈余公积，按照净利润的5%提取任意盈余公积，共计提取盈余公积450 000×15%＝67 500(元)。

借：利润分配——未分配利润 67 500

  贷：盈余公积 67 500

(2)对2010年有关事项的调整分录：

①调整交易性金融资产：

借：交易性金融资产——公允价值变动 200 000

  贷：利润分配——未分配利润 150 000

    递延所得税负债 50 000

②调整利润分配：

按照净利润的10%提取法定盈余公积，按照净利润的5%提取任意盈余公积，共计提取盈余公积150 000×15%＝22 500(元)。

借：利润分配——未分配利润 22 500

  贷：盈余公积 22 500

3.财务报表调整和重述(财务报表略)。

甲公司在列报2011年财务报表时，应调整2011年资产负债表有关项目的年初余额、利润表有关项目的上年金额及所有者权益变动表有关项目的上年金额和本年金额也应进行调整。

①资产负债表项目的调整：

调增交易性金融资产年初余额800 000元；调增递延所得税负债年初余额200 000元；调增盈余公积年初余额90 000元；调增未分配利润年初余额510 000元。

②利润表项目的调整：

调增公允价值变动收益上年金额200 000元；调增所得税费用上年金额50 000元；调增净利润上年金额150 000元；调增基本每股收益上年金额0.003 3元。

③所有者权益变动表项目的调整：

调增会计政策变更项目中盈余公积上年金额 67 500 元，未分配利润上年金额 382 500元，所有者权益合计上年金额 450 000 元。

调增会计政策变更项目中盈余公积本年金额 22 500 元，未分配利润本年金额 127 500元，所有者权益合计本年金额 150 000 元。

（二）未来适用法

未来适用法，是指将变更后的会计政策应用于变更日及以后发生的交易或者事项，或者在会计估计变更当期和未来期间确认会计估计变更影响数的方法。

在未来适用法下，不需要计算会计政策变更产生的累积影响数，也无需重编以前年度的财务报表。企业会计账簿记录及财务报表上反映的金额，变更之日仍保留原有的金额，不因会计政策变更而改变以前年度的既定结果，并在现有金额的基础上再按新的会计政策进行核算。

【例 9-2】 乙公司原对发出存货采用后进先出法，由于采用新准则，按其规定，公司从 2007 年 1 月 1 日起改用先进先出法。2007 年 1 月 1 日存货的价值为 2 500 000 元，公司当年购入存货的实际成本为 18 000 000 元，2007 年 12 月 31 日按先进先出法计算确定的存货价值为 4 500 000 元，当年销售额为 25 000 000 元，假设该年度其他费用为 1 200 000元，所得税税率为 25%。2007 年 12 月 31 日按后进先出法计算的存货价值为 2 200 000元。

乙公司由于法律环境变化而改变会计政策，假定对其采用未来适用法进行处理，即对存货采用先进先出法从 2007 年及以后才适用，不需要对 2007 年 1 月 1 日以前按先进先出法计算存货应有的余额，以及对留存收益的影响金额。

计算确定会计政策变更对当期净利润的影响数如表 9-3 所示：

表 9-3 当期净利润的影响数计算表 单位：元

项 目	先进先出法	后进先出法
营业收入	25 000 000	25 000 000
减：营业成本	16 000 000	18 300 000
减：其他费用	1 200 000	1 200 000
利润总额	7 800 000	5 500 000
减：所得税	1 950 000	1 375 000
净利润	5 850 000	4 125 000
差 额	1 725 000	

公司由于会计政策变更使当期净利润增加了 1 725 000 元。其中，采用先进先出法的销售成本为：期初存货＋购入存货实际成本－期末存货＝2 500 000＋18 000 000－4 500 000＝16 000 000(元)；采用后进先出法的销售成本为：期初存货＋购入存货实际成本－期末存货＝2 500 000＋18 000 000－2 200 000＝18 300 000(元)。

（三）会计政策变更会计处理方法的选择

对于会计政策变更，企业应当根据具体情况，分别采用不同的会计处理方法：

1. 法律、行政法规或者国家统一的会计制度等要求变更的情况下，企业应当分别按以下情况进行处理：

(1)国家发布相关的会计处理办法，则按照国家发布的相关会计处理规定进行处理；

(2)国家没有发布相关的会计处理办法，则采用追溯调整法进行会计处理。

2. 会计政策变更能够提供更可靠、更相关的会计信息的情况下，企业应当采用追溯调整法进行会计处理，将会计政策变更累积影响数调整列报前期最早期初留存收益，其他相关项目的期初余额和列报前期披露的其他比较数据也应当一并调整。

3. 确定会计政策变更对列报前期影响数不切实可行的，应当从可追溯调整的最早期间期初开始应用变更后的会计政策；在当期期初确定会计政策变更对以前各期累积影响数不切实可行的，应当采用未来适用法处理。

其中，不切实可行，是指企业在采取所有合理的方法后，仍然不能获得采用某项规定所必需的相关信息，而导致无法采用该项规定，则该项规定在此时是不切实可行的。

对于以下特定前期，对某项会计政策变更应用追溯调整法或进行追溯重述来更正一项前期差错是不切实可行的：

(1)应用追溯调整法或追溯重述法的累积影响数不能确定；

(2)应用追溯调整法或追溯重述法要求对管理层在该期当时的意图做出假定；

(3)应用追溯调整法或追溯重述法要求对有关金额进行重大估计，并且不可能将提供有关交易发生时存在状况的证据(例如，有关金额确认、计量或披露日期存在事实的证据，以及在受变更影响的当期和未来期间确认会计估计变更的影响的证据)和该期间财务报告批准报出时能够取得的信息这两类信息与其他信息客观地加以区分。

在某些情况下，调整一个或者多个前期比较信息以获得与当期会计信息的可比性是不切实可行的。例如，企业因账簿、凭证超过法定保存期限而销毁，或因不可抗力而毁坏、遗失，如火灾、水灾等，或因人为因素，如盗窃、故意毁坏等，可能使当期期初确定会计政策变更对以前各期累积影响数无法计算，即不切实可行，此时，会计政策变更应当采用未来适用法进行处理。

对根据某项交易或者事项确认、披露的财务报表项目应用会计政策时常常需要进行估计。本质上，估计是主观行为，而且可能在资产负债表日后才做出。当追溯调整会计政策变更或者追溯重述前期差错更正时，要做出切实可行的估计更加困难，因为有关交易或者事项已经发生较长一段时间，要获得做出切实可行的估计所需要的相关信息往往比较困难。

当在前期采用一项新会计政策或者更正前期金额时，不论是对管理层在某个前期的意图作出假定，还是估计在前期确认、计量或者披露的金额，都不应当使用“后见之明”。例如，按照《企业会计准则第 22 号——金融工具确认和计量》的规定，企业对原先划归为持有至到期投资的金融资产计量的前期差错，即便管理层随后决定不将这些投资持有至到期，也不能改变它们在前期的计量基础，即该项金融资产应当仍然按照持有至到期投资进行计量。

五、会计政策变更的披露

企业应当在附注中披露与会计政策变更有关的下列信息：

1. 会计政策变更的性质、内容和原因。包括：对会计政策变更的简要阐述、变更的日期、变更前采用的会计政策和变更后所采用的新会计政策及会计政策变更的原因。

2. 当期和各个列报前期财务报表中受影响的项目名称和调整金额。包括：采用追溯调整法时，计算出的会计政策变更的累积影响数；当期和各个列报前期财务报表中需要调整的净损益及其影响金额，以及其他需要调整的项目名称和调整金额。

3. 无法进行追溯调整的，说明该事实和原因以及开始应用变更后的会计政策的时点、具体应用情况。包括：无法进行追溯调整的事实；确定会计政策变更对列报前期影响数不切实可行的原因；在当期期初确定会计政策变更对以前各期累积影响数不切实可行的原因；开始应用新会计政策的时点和具体应用情况。

需要注意的是，在以后期间的财务报表中，不需要重复披露在以前期间的附注中已披露的会计政策变更的信息。

【例 9-3】 沿用【例 9-1】，应在财务报表附注中作如下说明：

本公司 2011 年按照会计准则规定，对交易性金融资产计量由成本与市价孰低改为以公允价值计量。此项会计政策变更采用追溯调整法，2011 年比较财务报表已重新表述。2010 年期初运用新会计政策追溯计算的会计政策变更累积影响数为 450 000 元，调增 2010 年的期初留存收益 450 000 元，其中，调增未分配利润 382 500 元，调增盈余公积 67 500元。会计政策变更对 2011 年度财务报表本年金额的影响为调增未分配利润 127 500元，调增盈余公积 22 500 元，调增净利润 150 000 元。

【例 9-4】 沿用【例 9-2】，应在财务报表附注中作如下说明：

本公司对存货原采用后进先出法计价，由于施行新会计准则改用先进先出法计价。按照《企业会计准则第 38 号——首次执行企业会计准则》的规定，对该项会计政策变更应当采用未来适用法。由于该项会计政策变更，当期净利润增加 1 725 000 元。

任务检验

【1・判断题】 初次发生的交易或事项采用新的会计政策属于会计政策变更，应采用追溯调整法进行处理。（　）

【2・判断题】 下列不属于会计政策变更的情形有（　）。

A. 本期发生的交易或事项与以前相比具有本质差别而采用新的会计政策

B. 第一次签订建造合同，采用完工百分比法确认收入

C. 对价值为 200 元的低值易耗品摊销方法由分次摊销法改为一次摊销法

D. 由于持续通货膨胀，企业将存货发出的计价方法由先进先出法改为加权平均法

任务二　会计估计变更的会计处理

一、会计估计概述

会计估计，是指企业对结果不确定的交易或者事项以最近可利用的信息为基础所作

的判断。会计估计具有如下特点：

第一，会计估计的存在是由于受到经济活动中内在的不确定性因素的影响。在会计核算中，企业总是力求保持会计核算的准确性，但有些经济业务本身具有不确定性。例如，坏账、固定资产折旧年限、固定资产残余价值、无形资产摊销年限等，因而需要根据经验作出估计。可以说，在进行会计核算和相关信息披露的过程中，会计估计是不可避免的。

第二，进行会计估计时，往往以最近可利用的信息或资料为基础。企业在会计核算中，由于经营活动中内在的不确定性，不得不经常进行估计。一些估计的主要目的是为了确定资产或负债的账面价值，例如，坏账准备、担保责任引起的负债；另一些估计的主要目的是确定将在某一期间记录的收益或费用的金额，例如，某一期间的折旧、摊销的金额。企业在进行会计估计时，通常应根据当时的情况和经验，以一定的信息或资料为基础进行。但是，随着时间的推移、环境的变化，进行会计估计的基础可能会发生变化。因此，进行会计估计所依据的信息或者资料不得不经常发生变化。由于最新的信息是最接近目标的信息，以其为基础所作的估计最接近实际，所以进行会计估计时，应以最近可利用的信息或资料为基础。

第三，进行会计估计并不会削弱会计确认和计量的可靠性。企业为了定期、及时地提供有用的会计信息，将延续不断的经营活动人为地划分为一定的期间并在权责发生制的基础上对企业的财务状况和经营成果进行定期确认和计量。例如，在会计分期的情况下，许多企业的交易跨越若干会计年度，以至于需要在一定程度上作出决定：某一年度发生的开支，哪些可以合理地预期能够产生其他年度以收益形式表示的利益，从而全部或部分地向后递延，哪些可以合理地预期在当期能够得到补偿，从而确认为费用。由于会计分期和货币计量的前提，在确认和计量过程中，不得不对许多尚在延续中、其结果尚未确定的交易或事项予以估计入账。

企业应当披露重要的会计估计，不具有重要性的会计估计可以不披露。判断会计估计是否重要，应当考虑与会计估计相关项目的性质和金额。企业应当披露的重要会计估计包括：

(1)存货可变现净值的确定。

(2)采用公允价值模式下的投资性房地产公允价值的确定。

(3)固定资产的预计使用寿命与净残值；固定资产的折旧方法。

(4)生物资产的预计使用寿命与净残值；各类生产性生物资产的折旧方法。

(5)使用寿命有限的无形资产的预计使用寿命与净残值。

(6)可收回金额按照资产组的公允价值减去处置费用后的净额确定的，确定公允价值减去处置费用后的净额的方法；可收回金额按照资产组的预计未来现金流量的现值确定的，预计未来现金流量的确定。

(7)合同完工进度的确定。

(8)权益工具公允价值的确定。

(9)债务人债务重组中转让的非现金资产的公允价值、由债务转成的股份的公允价值和修改其他债务条件后债务的公允价值的确定。

债权人债务重组中受让的非现金资产的公允价值、由债权转成的股份的公允价值和修改其他债务条件后债权的公允价值的确定。

(10)预计负债初始计量的最佳估计数的确定。

(11)金融资产公允价值的确定。

(12)承租人对未确认融资费用的分摊；出租人对未实现融资收益的分配。

(13)探明矿区权益、井及相关设施的折耗方法。与油气开采活动相关的辅助设备及设施的折旧方法。

(14)非同一控制下企业合并成本的公允价值的确定。

(15)其他重要会计估计。

二、会计估计变更

会计估计变更，是指由于资产和负债的当前状况及预期经济利益和义务发生了变化，从而对资产或负债的账面价值或者资产的定期消耗金额进行调整。

由于企业经营活动中内在的不确定因素，许多财务报表项目不能准确地计量，只能加以估计，估计过程涉及以最近可以得到的信息为基础所作的判断。但是，估计毕竟是就现有资料对未来所作的判断，随着时间的推移，如果赖以进行估计的基础发生变化，或者由于取得了新的信息、积累了更多的经验或后来的发展可能不得不对估计进行修订，但会计估计变更的依据应当真实、可靠。会计估计变更的情形包括：

第一，赖以进行估计的基础发生了变化。企业进行会计估计，总是依赖于一定的基础。如果其所依赖的基础发生了变化，则会计估计也应相应发生变化。例如，企业的某项无形资产摊销年限原定为 10 年，以后发生的情况表明，该资产的受益年限已不足 10 年，相应调减摊销年限。

第二，取得了新的信息、积累了更多的经验。企业进行会计估计是就现有资料对未来所作的判断，随着时间的推移，企业有可能取得新的信息、积累更多的经验，在这种情况下，企业可能不得不对会计估计进行修订，即发生会计估计变更。例如，企业原根据当时能够得到的信息，对应收账款每年按其余额的 5%计提坏账准备。现在掌握了新的信息，判定不能收回的应收账款比例已达 15%，企业改按 15%的比例计提坏账准备。

会计估计变更，并不意味着以前期间的会计估计是错误的，只是由于情况发生变化，或者掌握了新的信息，积累了更多的经验，使得变更会计估计能够更好地反映企业的财务状况和经营成果。如果以前期间的会计估计是错误的，则应属于会计差错按会计差错更正的会计处理办法进行处理。

三、会计估计变更的会计处理

企业对会计估计变更应当采用未来适用法处理。即在会计估计变更当期及以后期间采用新的会计估计而不改变以前期间的会计估计，也不调整以前期间的报告结果。

第一，会计估计变更仅影响变更当期的，其影响数应当在变更当期予以确认。例如，企业原按应收账款余额的 5%提取坏账准备，由于企业不能收回应收账款的比例已达 10%则企业改按应收账款余额的 10%提取坏账准备。这类会计估计的变更，只影响变更当期,因此,应于变更当期确认。

第二,既影响变更当期又影响未来期间的,其影响数应当在变更当期和未来期间予以确认。例如,企业的某项可计提折旧的固定资产,其有效使用年限或预计净残值的估计发生的变更,常常影响变更当期及资产以后使用年限内各个期间的折旧费用,这类会计估计的变更,应于变更当期及以后各期确认。

会计估计变更的影响数应计入变更当期与前期相同的项目中。为了保证不同期间的财务报表具有可比性,如果以前期间的会计估计变更的影响数计入企业日常经营活动损益,则以后期间也应计入日常经营活动损益;如果以前期间的会计估计变更的影响数计入特殊项目中,则以后期间也应计入特殊项目。

【例 9-5】 丙公司有一台管理用设备,原始价值为 84 000 元,预计使用寿命为 8 年,净残值为 4 000 元,自 2007 年 1 月 1 日起按年限平均法计提折旧。2011 年 1 月,由于新技术的发展等原因,需要对原预计使用寿命和净残值作出修正,修改后的预计使用寿命为 6 年,净残值为 2 000 元。丙公司适用所得税税率均为 25%。假定税法允许按变更后的折旧额在税前扣除。

1. 分析:

丙公司对上述会计估计变更的处理如下:(1)不调整以前各期折旧,也不计算累积影响数;(2)变更日以后发生的经济业务改按新估计使用寿命提取折旧。

2. 计算:

按原估计,每年折旧额为 10 000 元,已提折旧 4 年,共计 40 000 元,固定资产净值为 44 000 元,则第 5 年相关科目的年初余额如表 9-4 所示:

表 9-4　　相关科目年初余额表　　单位:元

项　目	金　额
固定资产	84 000
减:累计折旧	40 000
固定资产净值	44 000

改变估计使用寿命后,2011 年 1 月 1 日起每年计提的折旧费用为 21 000 元[(44 000－2 000)÷(6－4)]。2011 年不必对以前年度已提折旧进行调整,只需按重新预计的尚可使用寿命和净残值计算确定的年折旧费用。

3. 编制会计分录:

借:管理费用　　21 000

　贷:累计折旧　　21 000

第三,企业应当正确划分会计政策变更和会计估计变更,并按不同的方法进行相关会计处理。企业通过判断会计政策变更和会计估计变更的划分基础仍然难以对某项变更进行区分的,应当将其作为会计估计变更处理。

四、会计估计变更的披露

企业应当在附注中披露与会计估计变更有关的下列信息:

(1)会计估计变更的内容和原因。包括变更的内容、变更日期以及为什么要对会计估计进行变更。

(2)会计估计变更对当期和未来期间的影响数。包括会计估计变更对当期和未来期间损益的影响金额,以及对其他各项目的影响金额。

(3)会计估计变更的影响数不能确定的,披露这一事实和原因。

【例 9-6】 沿用【例 9-5】有关资料,应在财务报表附注中作如下说明:

本公司一台管理用设备,原始价值为 84 000 元,原预计使用寿命为 8 年,预计净残值为 4 000 元,按年限平均法计提折旧。由于新技术的发展,该设备已不能按原预计使用寿命计提折旧,本公司于 2011 年年初变更该设备的使用寿命为 6 年,预计净残值为 2 000 元,以反映该设备的真实使用寿命和净残值。此会计估计变更影响本年度净利润的减少数为8 250[(21 000－10 000)×(1－25%)]元。

任务检验

【1·判断题】 下列各项中,属于会计估计变更的有(　　)。

A. 固定资产折旧年限由 10 年改为 15 年

B. 发出存货计价方法由先进先出法改为加权平均法

C. 因或有事项确认的预计负债根据最新证据进行调整

D. 根据新的证据,将使用寿命不确定的无形资产转为使用寿命有限的无形资产

【2·判断题】 下列各项中,属于会计政策变更的有(　　)。

A. 无形资产摊销方法由生产总量法改为年限平均法

B. 因执行新会计准则将建造合同收入确认方法由完成合同法改为完工百分比法

C. 投资性房地产的后续计量由成本模式改为公允价值模式

D. 因执行新会计准则对子公司的长期股权投资由权益法改为成本法核算

任务三　前期差错更正的会计处理

一、前期差错概述

前期差错,是指由于没有运用或错误运用下列两种信息,而对前期财务报表造成省略或错报:第一,编报前期财务报表时预期能够取得并加以考虑的可靠信息;第二,前期财务报告批准报出时能够取得的可靠信息。前期差错通常包括计算错误、应用会计政策错误、疏忽或曲解事实以及舞弊产生的影响以及存货、固定资产盘盈等。没有运用或错误运用上述两种信息而形成前期差错的情形主要有:

(1)计算以及账户分类错误。例如,企业购入的五年期国债,意图长期持有,但在记账时记入了交易性金融资产,导致账户分类上的错误,并导致在资产负债表上流动资产和非流动资产的分类也有误。

(2)采用法律、行政法规或者国家统一的会计制度等不允许的会计政策。例如,按照《企业会计准则第 17 号——借款费用》的规定,为购建固定资产的专门借款而发生的借款

费用，满足一定条件的，在固定资产达到预定可使用状态前发生的，应予资本化，计入所购建固定资产的成本；在固定资产达到预定可使用状态后发生的，计入当期损益。如果企业固定资产已达到预定可使用状态后发生的借款费用，也计入了该固定资产的成本，予以资本化，则属于采用法律或会计准则等行政法规、规章所不允许的会计政策。

(3)对事实的疏忽或曲解以及舞弊。例如，企业对某项建造合同应按建造合同规定的方法确认营业收入，但该企业却按确认商品销售收入的原则确认收入。

(4)在期末对应计项目与递延项目未予调整。例如，企业应在本期摊销的费用在期末未予摊销。

(5)漏记已完成的交易。例如，企业销售一批商品，商品已经发出，开出增值税专用发票，商品销售收入确认条件均已满足，但企业在期末时未将已实现的销售收入入账。

(6)提前确认尚未实现的收入或不确认已实现的收入。例如，在采用委托代销商品的销售方式下，应以收到代销单位的代销清单时，确认商品销售收入的实现，如企业在发出委托代销商品时即确认为收入，则为提前确认尚未实现的收入。

(7)资本性支出与收益性支出划分差错，等等。例如，企业发生的管理人员的工资一般作为收益性支出，而发生的在建工程人员工资一般作为资本性支出。如果企业将发生的在建工程人员工资计入了当期损益，则属于资本性支出与收益性支出的划分差错。

需要注意的是，就会计估计的性质来说，它是个近似值，随着更多信息的获得，估计可能需要进行修正，但是会计估计变更不属于前期差错更正。

二、前期差错更正的会计处理

如果财务报表项目的遗漏或错误表述可能影响财务报表使用者根据财务报表所作出的经济决策，则该项目的遗漏或错误是重要的。重要的前期差错，是指足以影响财务报表使用者对企业财务状况、经营成果和现金流量作出正确判断的前期差错。不重要的前期差错，是指不足以影响财务报表使用者对企业财务状况、经营成果和现金流量作出正确判断的会计差错。

前期差错的重要性取决于在相关环境下对遗漏或错误表述的规模和性质的判断。前期差错所影响的财务报表项目的金额或性质，是判断该前期差错是否具有重要性的决定性因素。一般来说，前期差错所影响的财务报表项目的金额越大、性质越严重，其重要性水平越高。

企业应当采用追溯重述法更正重要的前期差错，但确定前期差错累积影响数不切实可行的除外。追溯重述法，是指在发现前期差错时，视同该项前期差错从未发生过，从而对财务报表相关项目进行更正的方法。

(一)不重要的前期差错的会计处理

对于不重要的前期差错，企业不需调整财务报表相关项目的期初数，但应调整发现当期与前期相同的相关项目。属于影响损益的，应直接计入本期与上期相同的净损益项目。属于不影响损益的，应调整本期与前期相同的相关项目。

【例 9-7】 A 公司在 2011 年 12 月 31 日发现，一台价值 9 600 元应计入固定资产，并于 2010 年 2 月 1 日开始计提折旧的管理用设备，在 2010 年计入了当期费用。该公司固定资产折旧采用年限平均法，该资产估计使用年限为 4 年，假设不考虑净残值因素。则在 2011 年 12 月 31 日更正此差错的会计分录为：

借：固定资产　　9 600

　贷：管理费用　　5 000

　　累计折旧　　4 600

假设该项差错直到 2014 年 2 月后才发现，则不需要做任何会计分录，因为该项差错已经抵消了。

（二）重要的前期差错的会计处理

对于重要的前期差错，企业应当在其发现当期的财务报表中，调整前期比较数据。具体地说，企业应当在重要的前期差错发现当期的财务报表中，通过下述处理对其进行追溯更正：

（1）追溯重述差错发生期间列报的前期比较金额；

（2）如果前期差错发生在列报的最早前期之前，则追溯重述列报的最早前期的资产、负债和所有者权益相关项目的期初余额。

对于发生的重要的前期差错，如影响损益，应将其对损益的影响数调整发现当期的期初留存收益，财务报表其他相关项目的期初数也应一并调整；如不影响损益，应调整财务报表相关项目的期初数。

在编制比较财务报表时，对于比较财务报表期间的重要的前期差错，应调整各期间的净损益和其他相关项目，视同该差错在产生的当期已经更正；对于比较财务报表期间以前的重要的前期差错，应调整比较财务报表最早期间的期初留存收益，财务报表其他相关项目的数字也应一并调整。

确定前期差错影响数不切实可行的，可以从可追溯重述的最早期间开始调整留存收益的期初余额，财务报表其他相关项目的期初余额也应当一并调整，也可以采用未来适用法。当企业确定前期差错对列报的一个或者多个前期比较信息特定期间的累积影响数不切实可行时，应当追溯重述切实可行的最早期间的资产、负债和所有者权益相关项目的期初余额（可能是当期）；当企业在当期期初确定前期差错对所有前期的累积影响数不切实可行时，应当从确定前期差错影响数切实可行的最早日期开始采用未来适用法追溯重述比较信息。

需要注意的是，为了保证经营活动的正常进行，企业应当建立健全内部稽核制度，保证会计资料的真实、完整。对于年度资产负债表日至财务报告批准报出日之间发现的报告年度的会计差错及报告年度前不重要的前期差错，应按照《企业会计准则第 29 号——资产负债表日后事项》的规定进行处理。

【例 9-8】 B 公司在 2011 年发现，2010 年公司漏记一项生产用固定资产的折旧费用 150 000 元，所得税申报表中未扣除该项费用。假设 2010 年适用所得税税率为 25%，无其他纳税调整事项。该公司分别按净利润的 10%、5%提取法定盈余公积和任意盈余公积。公司发行股票份额为 1 800 000 股。假定税法允许调整应交所得税。

1. 分析前期差错的影响数

2010 年少计折旧费用 150 000 元；多计所得税费用 37 500（150 000×25%）元；多计

净利润 112 500 元；多计应交税费 37 500(150 000×25%)元；多提法定盈余公积和任意盈余公积分别为 11 250(112 500×10%)元和 5 625(112 500×5%)元。

2. 编制有关项目的调整分录

(1)补提折旧：

借：以前年度损益调整　　150 000

　贷：累计折旧　　150 000

(2)调整应交所得税：

借：应交税费——应交所得税　　37 500

　贷：以前年度损益调整　　37 500

(3)将"以前年度损益调整"科目余额转入利润分配：

借：利润分配——未分配利润　　112 500

　贷：以前年度损益调整　　112 500

(4)调整利润分配有关数字：

借：盈余公积　　16 875

　贷：利润分配——未分配利润　　16 875

3. 财务报表调整和重述(财务报表略)

B公司在列报 2011 年财务报表时，应调整 2011 年资产负债表有关项目的年初余额、利润表有关项目，所有者权益变动表的上年金额也应进行调整。

(1)资产负债表项目的调整：

调增累计折旧 150 000 元；调减应交税费 37 500 元；调减盈余公积 16 875 元；调减未分配利润 95 625 元。

(2)利润表项目的调整：

调增营业成本上年金额 150 000 元；调减所得税费用上年金额 37 500 元；调减净利润上年金额 112 500 元；调减基本每股收益上年金额 0.062 5 元。

(3)所有者权益变动表项目的调整：

调减前期差错更正项目中盈余公积上年金额 16 875 元，未分配利润上年金额 95 625 元，所有者权益合计上年金额 112 500 元。

三、前期差错更正的披露

企业应当在附注中披露与前期差错更正有关的下列信息：

1. 前期差错的性质。

2. 各个列报前期财务报表中受影响的项目名称和更正金额。

3. 无法进行追溯重述的，说明该事实和原因以及对前期差错开始进行更正的时点、具体更正情况。

在以后期间的财务报表中，不需要重复披露在以前期间的附注中已披露的前期差错更正的信息。

【例 9-9】 沿用【例 9-8】有关资料，应在财务报表附注中作如下说明：

本年度发现 2010 年漏记固定资产折旧 150 000 元，在编制 2010 年与 2011 年比较财务报表时，已对该项差错进行了更正。更正后，调减 2010 年净利润及留存收益112 500 元，调增累计折旧 150 000 元。

任务检验

【计算分析题】 甲公司经董事会和股东大会批准，于 2010 年 1 月 1 日开始对有关会计政策和会计估计作如下变更：

(1)对子公司(丙公司)投资的后续计量由权益法改为成本法。对丙公司的投资 2010 年年初账面余额为 4 500 万元，其中，成本为 4 000 万元，损益调整为 500 万元，未发生减值。变更日该投资的计税基础为其成本 4 000 万元。

(2)对某栋以经营租赁方式租出办公楼的后续计量由成本模式改为公允价值模式。该办公楼 2010 年年初账面余额为 6 800 万元，未发生减值，变更日的公允价值为 8 800 万元。该办公楼在变更日的计税基础与其原账面余额相同。

(3)将全部短期投资重分类为交易性金融资产，其后续计量由成本与市价孰低法改为按公允价值计量。该短期投资 2010 年年初账面价值为 560 万元，公允价值为 580 万元。变更日该交易性金融资产的计税基础为 560 万元。

(4)某管理用固定资产的预计使用年限由 10 年改为 8 年，折旧方法由年限平均法改为双倍余额递减法。甲公司该管理用固定资产原每年折旧额为 230 万元(与税法规定相同)，按 8 年及双倍余额递减法计提折旧，2010 年计提的折旧额为 350 万元。变更日该管理用固定资产的计税基础与其账面价值相同。

(5)发出存货成本的计量由后进先出法改为移动加权平均法。甲公司存货 2010 年年初账面余额为 2 000 万元，未发生跌价损失。

(6)用于生产产品的无形资产的摊销方法由直线法改为产量法。甲公司生产用无形资产 2010 年年初账面余额为 7 000 万元，原每年摊销 700 万元(与税法规定相同)，累计摊销额为 2 100 万元，未发生减值；按产量法摊销，每年摊销 800 万元。变更日该无形资产的计税基础与其账面价值相同。

(7)开发费用的处理由直接计入当期损益改为有条件地进行资本化。2010 年发生符合资本化条件的开发费用 1 200 万元。税法规定，资本化的开发费用计税基础为其资本化金额的 150%。

(8)所得税的会计处理由应付税款法改为资产负债表债务法。甲公司适用的所得税税率为 25%，预计在未来期间不会发生变化。

(9)在合并财务报表中对合营企业的投资由比例合并改为权益法核算。

上述涉及会计政策变更的均采用追溯调整法，不存在追溯调整不切实可行的情况；甲公司预计未来期间有足够的应纳税所得额用以抵减可抵扣暂时性差异，适用的所得税税率为 25%。

要求：

(1)上述事项中，哪些属于会计政策变更，哪些属于会计估计变更？标明序号即可。

(2)计算某栋以经营租赁方式租出办公楼的后续计量由成本模式改为公允价值模式，2010 年年初调整的递延所得税负债金额。

(3)计算管理用固定资产会计变更对2010年净利润的影响数。

(4)计算无形资产变更在2010年应确认的递延所得税资产的发生额。

(5)开发费用是否应确认递延所得税资产,若确认递延所得税资产,计算其发生额。

(6)根据事项(3),将全部短期投资重分类为交易性金融资产,其后续计量由成本与市价孰低法改为按公允价值计量,计算此项变更对2010年年初留存收益的调整数。

项目综训

一、单项选择题

1. 下列情形中属于会计政策变更的是( )。

A. 本期发生的交易或事项与以前相比具有本质差别而采用新的会计政策

B. 投资性房地产由公允价值模式变更为成本模式计量

C. 低值易耗品摊销方法由分次摊销法改为五五摊销法

D. 由于经济环境发生变化,企业将存货发出的计价方法由先进先出法改为加权平均法

2. 甲公司2008年12月1日新增设备一台,其原值为220万元,预计使用年限为10年,预计净残值为10万元,采用双倍余额递减法计提折旧。从2010年起,该公司将该固定资产的折旧方法改为年限平均法,设备的预计使用年限由10年改为7年,设备的预计净残值由10万元改为6万元。该设备2010年的折旧额为( )万元。

A. 25.14　　B. 24.29　　C. 28.33　　D. 35.2

3. 甲公司2010年实现净利润1 500万元。该公司2010年发生和发现的下列交易或事项中(企业重要性水平为3万元),会影响其年初未分配利润的是( )。

A. 发现2009年多计管理费用500万元

B. 发现2009年少提折旧费用0.20万元

C. 为2009年售出的商品提供售后保修服务发生支出200万元

D. 由于新商品的出现,固定资产将其折旧年限由10年减少至7年

4. 下列项目中不属于会计政策的是( )。

A. 发出存货计价方法

B. 固定资产的初始计量方法

C. 投资性房地产的后续计量

D. 固定资产预计使用年限

5. 甲公司于2006年12月1日购入并投入使用一台生产用设备。该设备入账价值为840万元,预计使用年限为10年,预计净残值40万元,按年限平均法计提折旧。2010年年初由于出现了替代该设备的新产品的出现,将原预计使用年限改为7年,预计净残值改为20万元,折旧方法不变,所得税税率为25%。则该会计估计变更对2010年利润总额的影响金额是( )万元。

A. −65　　B. −48.75　　C. 65　　D. 48.75

6. 下列项目中,属于会计估计变更的是( )。

A. 为增加企业当期利润,将所有设备的折旧年限延长5年

B. 发出存货计价方法由先进先出法改为加权平均法

C. 因执行新企业会计准则将建造合同收入确认方法由完成合同法转为完工百分比法

D. 无形资产的摊销方法由直线法改为工作量法

7. 关于会计估计变更，下列说法中正确的是(　　)。

A. 会计估计变更应采用追溯调整法进行会计处理

B. 会计估计的变更会削弱会计核算的可靠性

C. 如果会计估计的变更既影响变更当期又影响未来期间，当影响金额较大时应进行追溯调整

D. 会计估计变更应采用未来适用法进行会计处理

8. 下列各项中，不属于会计政策变更的是(　　)。

A. 无形资产摊销年限由15年改为9年

B. 将内部研发项目开发阶段的支出由计入当期损益改为对符合规定条件的确认为无形资产

C. 建造合同的收入确认由完成合同法改为完工百分比法

D. 投资性房地产后续计量由成本计量模式改为公允价值计量模式

9. 对本期发现的属于本期的会计差错，应该采取的会计处理方法是(　　)。

A. 不作任何调整　　B. 直接计入当期净损益项目

C. 调整本期相关项目　　D. 调整前期相同的相关项目

10. 如果一项会计估计的变更既影响当期，又影响未来期间，那么正确的会计处理方法是(　　)。

A. 追溯调整法，计算对当期的影响额并作披露

B. 追溯调整法，计算对当期和前期的影响额并作披露

C. 未来适用法，只计算对当期的影响额并作披露

D. 未来适用法，计算会计估计变更的影响额，在当期和以后各期确认

11. 在采用追溯调整法时，下列不应考虑的因素是(　　)。

A. 会计政策变更后的资产、负债的变化

B. 会计政策变更后的盈余公积

C. 会计政策变更导致损益变化而带来的所得税变动

D. 会计政策变更导致损益变化而应补分的股利

12. 对以下交易或事项进行会计处理时，应调整年初未分配利润的是(　　)。

A. 对以前年度的销售业务确认差错进行更正

B. 对不重要的交易或事项采用新的会计政策

C. 发出存货的计价方法由先进先出法改为个别计价法

D. 对当期发生的与以前相比具有本质差别的交易或事项采用新的会计政策

13. 以下关于前期差错的处理中，正确的是(　　)。

A. 对于所有的前期差错均应该采用追溯重述法进行调整

B. 对于不重要的前期差错应该采用追溯重述法进行处理

C. 对于重要的前期差错，应该采用追溯重述法进行更正（确定前期差错累积影响数不切实可行的除外）

D. 资产负债表日后期间发现的重要的前期差错，应该调整发现当期的报表相关数据

14. 2011 年 12 月 31 日，C 公司发现 2010 年漏记了一项管理用固定资产的折旧费用 20 万元，所得税申报表中也未扣除该项费用。假定 2010 年公司适用的所得税税率为 25%，无其他纳税调整事项。该公司按照净利润的 10%提取盈余公积。则该项差错影响 2010 年期末未分配利润的金额为（　　）万元。

A. 20　　B. 15　　C. 13.5　　D. 5

15. 某公司对以下业务的处理中，不符合相关国家会计法规和会计准则要求的是（　　）。

A. 为增加报告年度的利润，企业将其固定资产的折旧年限延长 5 年

B. 因增加对被投资单位持股比例达到控制而改变长期股权投资的核算方法

C. 由于客户财务状况改善，将坏账准备的计提比例降低

D. 发出存货的计价方法发生改变采用未来适用法进行处理

二、多项选择题

1. 下列各事项中，属于会计政策变更的有（　　）。

A. 固定资产的初始成本由以购买价款为基础确定改为以购买价款的现值为基础确定

B. 无形资产的预计净残值由 0 改为 20 万元

C. 投资性房地产的后续计量由成本模式改为公允价值模式

D. 所得税的核算方法由应付税款法改为资产负债表债务法

2. 下列有关会计政策变更的说法中，不正确的有（　　）。

A. 本期发生的交易或事项与以前相比具有本质差别而采用新的会计政策属于会计政策变更

B. 低值易耗品的摊销方法由五五摊销法改为领用时一次摊销法属于会计政策变更

C. 某企业第一次签订一项建造合同采用完工百分比法确认收入属于会计政策变更

D. 固定资产的折旧方法由年限平均法改为工作量法属于会计政策变更

3. 下列各项中，不属于会计估计变更的事项有（　　）。

A. 变更固定资产的折旧年限

B. 发出存货的计价方法由加权平均法改为先进先出法

C. 因固定资产扩建而重新确定其预计可使用年限

D. 企业预计本年会发生经营亏损，降低了坏账准备的计提比例

4. 下列有关会计估计变更的表述中，正确的有（　　）。

A. 会计估计变更应该采用未来适用法处理

B. 进行会计估计会削弱会计核算的可靠性

C. 企业难以对某项变更区分为会计政策变更或者会计估计变更的，应当将其作为会计估计变更处理

D. 采用新的会计估计，不改变以前期间的会计估计对应处理，也不调整以前期间的报告结果

5. 某上市公司的下列会计处理中，不符合国家会计法规规定的有（ ）。

A. 由于被投资企业发生严重亏损改变长期股权投资的核算方法

B. 由于银行提高了借款利率，当期发生的财务费用过高，故该公司将超出财务计划的利息暂作资本化处理

C. 由于产品销路不畅，产品销售收入减少，固定费用相对过高，该公司将固定资产折旧方法由原双倍余额递减法改为年限平均法

D. 由于客户财务状况改善，该公司将坏账准备的计提比率由原来的5%降为3%

6. 以下表述中正确的有（ ）。

A. 法律或会计准则等行政法规、规章要求变更会计政策时可以改变会计政策

B. 改变会计政策以后能够提供更可靠、更相关的会计信息时允许改变会计政策

C. 对某项变更难以区分为会计政策变更还是会计估计变更的，应当视为会计估计变更进行处理

D. 会计估计应当以最近可利用的信息或资料为基础

7. 企业进行会计估计变更的原因有（ ）。

A. 赖以进行会计估计的基础发生了变化　　B. 取得了新的信息

C. 积累了更多的经验　　D. 为了调节利润

8. 下列各项中，不需要采用追溯调整法进行会计处理的有（ ）。

A. 无形资产预计使用年限发生变化而改变摊销年限

B. 由于执行新的会计准则将弃置费用计入相关固定资产的成本

C. 固定资产经济利益实现方式发生变化而改变折旧方法

D. 投资性房地产后续计量由成本模式改为公允价值模式

9. 下列各项中，属于会计估计变更的有（ ）。

A. 固定资产的折旧方法由年限平均法改为年数总和法

B. 分期付款取得的固定资产由按购买价款改为按购买价款现值计价

C. 商品流通企业采购费用由计入营业费用改为计入取得存货的成本

D. 根据新的证据，使将用寿命不确定的无形资产转为使用寿命有限的无形资产

10. 下列各项中，属于会计政策变更的有（ ）。

A. 固定资产的净残值由250万元变为100万元

B. 因追加投资能够对被投资单位实施控制，核算方式由权益法转为成本法

C. 所得税核算方式由应付税款法改为资产负债表债务法

D. 将建造合同收入确认方法由完成合同法改为完工百分比法

11. 以下事项中属于前期差错的有（ ）。

A. 舞弊产生的影响　　B. 应用会计政策错误

C. 疏忽或曲解事实　　D. 固定资产盘盈

12. 以下说法中，不正确的有（ ）。

A. 会计政策变更采用追溯调整法进行核算时，涉及损益的事项应该先通过“以前年度损益调整”科目核算

B. 首次执行新的会计准则不需要进行追溯调整

C. 会计估计变更的影响只需要在变更当期进行确认即可

D. 对于所有的前期差错均应采用追溯重述法进行调整

13. 下列会计政策变更的处理步骤中，正确的有（　　）。

A. 计算会计政策变更的累积影响数

B. 进行相关的账务处理

C. 调整财务报表的相关项目

D. 财务报表附注说明

三、判断题

1. 交易性金融资产重分类为可供出售金融资产，属于会计政策变更。（　　）

2. 企业将已采用公允价值模式计量的投资性房地产改为成本模式计量，属于会计政策变更。（　　）

3. 计算会计政策变更累积影响数时应考虑因政策变更导致损益变化而应补分的利润或股利。（　　）

4. 对于不重要的前期差错，企业不需要调整财务报表项目的期初数。（　　）

5. 资产负债表日后事项期间发现的不重要的会计差错属于资产负债表日后调整事项。（　　）

6. 企业对某项固定资产由经营租赁会计处理方式改为融资租赁会计处理方式，属于会计政策变更。（　　）

7. 如果变更会计政策能够提供更相关、更可靠的财务状况、经营成果和现金流量的信息时，企业应变更会计政策。（　　）

8. 为使企业在不同会计期间提供的会计信息具有可比性，企业在任何情况下均不允许变更会计政策。（　　）

9. 前期差错的重要程度应根据差错的性质和金额加以具体判断。（　　）

10. 企业会计政策变更，意味着以前期间企业采用的会计政策是错误的。（　　）

四、计算分析题

东方股份有限公司（以下简称东方公司）为增值税一般纳税人，适用的增值税税率为17%。所得税采用资产负债表债务法核算，适用的所得税税率为25%，按净利润的10%提取法定盈余公积。2011年1月1日，东方公司将对外出租的一幢厂房由成本计量模式改为公允价值计量模式。

该厂房于2007年12月31日对外出租，出租时厂房的原价为15 000万元，已提折旧为6 000万元，预计尚可使用年限为20年，采用年限平均法计提折旧，假定东方公司计提折旧的方法及预计使用年限符合税法规定。

从2007年1月1日起，东方公司所在地有活跃的房地产交易市场，公允价值能够持续可靠取得，东方公司对外出租的厂房2007年12月31日、2008年12月31日、2009年12月31日和2010年12月31日的公允价值分别为9 000万元、10 000万元、10 200万元、10 700万元。假定按年确认公允价值变动损益。

要求：

（1）编制2007年12月31日将自用房地产转换为投资性房地产的会计分录。

(2)计算2008年、2009年和2010年该投资性房地产每年计提的折旧额。

(3)填列2011年1月1日会计政策变更累积影响数计算表。

表9-5　　会计政策变更累积影响数计算表　　单位：万元

年　度	原政策影响当期损益	新政策影响当期损益	税前差异	所得税影响	税后差异
2008年					
2009年					
小计					
2010年					
合计					

(4)分别编制2010年年初和2010年的调整分录。

五、综合题

凌云股份有限公司(以下简称凌云公司)为上市公司，主要经营远程监控设备的生产与销售，为增值税一般纳税企业，适用的增值税税率为17%。凌云公司所得税采用债务法核算，适用的所得税税率为25%。凌云公司按净利润的10%提取法定盈余公积。凌云公司在2010年12月进行内部审计过程中，发现公司会计处理中存在以下问题，并要求公司财务部门处理：

(1)2010年6月30日，凌云公司将公允价值为3 000万元的办公用房一套，按照2 700万元的价格售给甲公司，并签订了一份租赁合同，从甲公司以经营租赁的方式租回该办公用房，租期为2年。办公用房原账面价值为2 800万元。租赁合同规定，在租期的每期期末支付租金150万元，如果在市场上租用同等的办公用房需每期期末支付租金200万元。租赁期满后，甲公司收回办公用房的使用权。

凌云公司对上述交易或事项的会计处理为：

借：固定资产清理　　28 000 000

　贷：固定资产　　28 000 000

借：银行存款　　27 000 000

　　营业外支出　　3 000 000

　贷：固定资产清理　　30 000 000

借：管理费用　　750 000

　贷：其他应付款　　750 000

(2)2010年9月12日，凌云公司与乙公司就凌云公司所欠乙公司货款800万元签订债务清偿协议。协议规定，凌云公司以其生产的2台监控设备和60万元现金，一次性清偿乙公司该货款。凌云公司该监控设备的账面价值为每台150万元，市场价格和计税价格均为每台250万元，凌云公司向乙公司开具该批监控设备的增值税专用发票。

凌云公司进行会计处理时，按监控设备的账面价值、应负担增值税以及支付现金与所清偿债务金额之间的差额确认为营业外收入。其会计分录为：

借：应付账款　　8 000 000

　贷：库存商品　　3 000 000

　　　应交税费——应交增值税(销项税额)　　850 000

银行存款 600 000

营业外收入 3 550 000

(3)2010 年 11 月 12 日，凌云公司与丙公司签订大型监控设备销售合同，合同规定凌云公司向丙公司销售 2 台大型监控设备，销售价格为每台 800 万元，成本为每台 460 万元。同时凌云公司又与丙公司签订补充合同，约定凌云公司在 2011 年 6 月 1 日以每台 830 万元的价格购回该设备。凌云公司于 2010 年 12 月 1 日收到丙公司货款 1 600 万元并存入银行。凌云公司尚未发出商品，也没有开具增值税专用发票。

凌云公司进行会计处理时，确认销售收入并结转相应成本。其会计分录为：

借:银行存款 16 000 000

贷:主营业务收入 16 000 000

借:主营业务成本 9 200 000

贷:库存商品 9 200 000

(4)2010 年 12 月 6 日，凌云公司与丁公司签订资产交换协议。凌云公司以其生产的 5 台监控设备换取丁公司生产的 6 辆小轿车。凌云公司该监控设备的账面价值为每台 74 万元，公允价值(计税价格)为每台 90 万元。丁公司生产的小轿车的账面价值为每辆 40 万元，公允价值为每辆 75 万元。双方均按公允价值向对方开具增值税专用发票。假定商品交换具有商业实质其公允价值能够可靠计量。

凌云公司取得的小轿车作为公司高级管理人员用车，作为固定资产进行管理，凌云公司预计该小轿车的使用年限为 8 年，预计每辆净残值为 4 万元，采用年限平均法计提折旧。

凌云公司进行会计处理时，对用于交换的 5 台监控设备，其会计分录为：

借:固定资产 3 700 000

应交税费——应交增值税(进项税额) 765 000

贷:库存商品 3 700 000

应交税费——应交增值税(销项税额) 765 000

假定上述差错不考虑所得税的调整。

要求:对上述资料中内部审计所发现的差错进行更正处理。

项目十

资产负债表日后事项

项目目标

学习本项目,应能完成以下三项任务:

任务一:资产负债表日后事项的确定

任务二:资产负债表日后调整事项的会计处理

任务三:资产负债表日后非调整事项的会计处理

项目实施

任务一　资产负债表日后事项的确定

一、资产负债表日后事项的概念

资产负债表日后事项,是指资产负债表日至财务报告批准报出日之间发生的有利或不利事项。

(一)资产负债表日

资产负债表日是指会计年度末和会计中期期末。中期是指短于一个完整的会计年度的报告期间,包括半年度、季度和月度等。按照《中华人民共和国会计法》(简称《会计法》)规定,我国会计年度采用公历年度,即1月1日至12月31日。因此,年度资产负债表日是指每年的12月31日,中期资产负债表日是指各会计中期期末。

(二)财务报告批准报出日

财务报告批准报出日是指董事会或类似机构批准财务报告报出的日期,通常是指对财务报告的内容负有法律责任的单位或个人批准财务报告对外公布的日期。

《中华人民共和国公司法》(简称《公司法》)规定,公司制企业的董事会有权批准对外公布财务报告,因此,公司制企业的财务报告批准报出日是指董事会批准财务报告报出的日期,而不是股东大会审议批准的日期,也不是注册会计师出具审计报告的日期。对于非公司制企业,财务报告批准报出日是指经理(厂长)会议或类似机构批准财务报告报出的日期。

(三)资产负债表日后事项包括有利事项和不利事项

资产负债表日后事项包括有利事项和不利事项,即对于资产负债表日后有利或不利事项的处理原则相同。资产负债表日后事项，如果属于调整事项，对有利和不利的调整事项均应进行处理，并调整报告年度或报告中期的财务报表；如果属于非调整事项，对有利和不利的非调整事项均应在报告年度或报告中期的附注中进行披露。

(四)资产负债表日后事项不是在这个特定期间内发生的全部事项

资产负债表日后事项不是在这个特定期间内发生的全部事项，而是与资产负债表日存在状况有关的事项，或虽然与资产负债表日存在状况无关，但对企业财务状况具有重大影响的事项。

二、资产负债表日后事项涵盖的期间

资产负债表日后事项涵盖的期间是自资产负债表日起至财务报告批准报出日止的一段时间。具体而言，资产负债表日后事项涵盖的期间包括：

1. 报告年度次年的 1 月 1 日或报告期间下一期的第一天至董事会或类似机构批准财务报告对外公布的日期，即以董事会或类似权力机构批准财务报告对外公布的日期为截止日期。

2. 董事会或类似机构批准财务报告对外公布的日期，与实际对外公布日之间发生的与资产负债表日后事项有关的事项，由此影响财务报告对外公布日期的，应以董事会或类似机构再次批准财务报告对外公布的日期为截止日期。

如果公司管理层由此修改了财务报表，注册会计师应当根据具体情况实施必要的审计程序，并针对修改后的财务报表重新出具审计报告。新的审计报告日期不应早于董事会或类似机构批准修改后的财务报表对外公布的日期。

【例 10-1】 甲上市公司 2010 年的年度财务报告于 2011 年 3 月 20 日编制完成，注册会计师完成年度财务报表审计工作并签署审计报告的日期为 2011 年 4 月 15 日，董事会批准财务报告对外公布的日期为 2011 年 4 月 17 日，财务报告实际对外公布的日期为 2011 年 4 月 21 日，股东大会召开日期为 2011 年 5 月 12 日。

根据资产负债表日后事项涵盖期间的规定。甲上市公司 2010 年度财务报告资产负债表日后事项涵盖的期间为 2011 年 1 月 1 日至 4 月 17 日(财务报告批准报出日)。如果在 2011 年 4 月 17 日至 4 月 21 日之间发生了重大事项，需要调整财务报表相关项目的数字或需要在财务报表附注中披露，假设经调整或说明后的财务报告再经董事会批准报出的日期为 2011 年 4 月 26 日，实际报出的日期为 2011 年 4 月 29 日，则资产负债表日后事项涵盖的期间为 2011 年 1 月 1 日至 4 月 26 日。

三、资产负债表日后事项的内容

资产负债表日后事项包括资产负债表日后调整事项(以下简称调整事项)和资产负债表日后非调整事项(以下简称非调整事项)。

(一)调整事项

资产负债表日后调整事项，是指对资产负债表日已经存在的情况提供了新的或进一步证据的事项。

如果资产负债表日及所属会计期间已经存在某种情况，但当时并不知道其存在或者不能知道确切结果，资产负债表日后发生的事项能够证实该情况的存在或者确切结果，则该事项属于资产负债表日后调整事项。即资产负债表日后事项对资产负债表日的情况提供了进一步的证据，证据表明的情况与原来的估计和判断不完全一致，则需要对原来的会计处理进行调整。

调整事项的特点是：在资产负债表日已经存在，资产负债表日后得以证实的事项；对按资产负债表日存在状况编制的财务报表产生重大影响的事项。

企业发生的资产负债表日后调整事项，通常包括下列各项：(1)资产负债表日后诉讼案件结案，法院判决证实了企业在资产负债表日已经存在现时义务，需要调整原先确认的与诉讼案件相关的预计负债，或确认一项新负债；(2)资产负债表日后取得确凿证据，表明某项资产在资产负债表日发生了减值或者需要调整该项资产原先确认的减值金额；(3)资产负债表日后进一步确定了资产负债表日前购入资产的成本或售出资产的收入；(4)资产负债表日后发现了财务报表舞弊或差错。

【例 10-2】 甲公司因产品质量问题被客户起诉。2010 年 12 月 31 日人民法院尚未判决，考虑到客户胜诉要求甲公司赔偿的可能性较大，甲公司为此确认了 3 000 000 元的预计负债。2011 年 2 月 25 日，在甲公司 2010 年度财务报告对外报出之前，人民法院判决客户胜诉，要求甲公司支付赔偿款 6 000 000 元。

本例中，甲公司在 2010 年 12 月 31 日结账时已经知道客户胜诉的可能性较大，但不知道人民法院判决的确切结果，因此确认了 3 000 000 元的预计负债。2011 年 2 月 25 日人民法院判决结果为甲公司预计负债的存在提供了进一步的证据。此时，按照 2010 年 12 月 31 日存在状况编制的财务报表所提供的信息已不能真实反映甲公司的实际情况，应据此对财务报表相关项目的数字进行调整。

(二)非调整事项

资产负债表日后非调整事项，是指表明资产负债表日后发生的情况的事项。资产负债表日后非调整事项虽然不影响资产负债表日的存在情况，但不加以说明将会影响财务报告使用者作出正确估计和决策。

企业发生的资产负债表日后非调整事项，通常包括下列各项：(1)资产负债表日后发生重大诉讼、仲裁、承诺；(2)资产负债表日后资产价格、税收政策、外汇汇率发生重大变化；(3)资产负债表日后因自然灾害导致资产发生重大损失；(4)资产负债表日后发行股票和债券以及其他巨额举债；(5)资产负债表日后资本公积转增资本；(6)资产负债表日后发生巨额亏损；(7)资产负债表日后发生企业合并或处置子公司；(8)资产负债表日后，企业利润分配方案中拟分配的以及经审议批准宣告发放的股利或利润。

(三)调整事项与非调整事项的区别

资产负债表日后发生的某一事项究竟是调整事项还是非调整事项，取决于该事项表明的情况在资产负债表日或资产负债表日以前是否已经存在。如该情况在资产负债表日或之前已经存在，则属于调整事项；反之，则属于非调整事项。

【例 10-3】 甲公司 2010 年 11 月向乙公司出售原材料 30 000 000 元，根据销售合同，乙公司应在收到原材料后 3 个月内付款。至 2010 年 12 月 31 日，乙公司尚未付款。假定甲公司在编制 2010 年度财务报告时有两种情况：(1)2010 年 12 月 31 日，甲公司根据掌握的资料判断，乙公司有可能破产清算，估计该应收账款将有 30%无法收回，故按 30%的比例计提坏账准备；2011 年 1 月 10 日，甲公司收到通知，乙公司已宣告破产清算，甲公司估计有 70%的应收账款无法收回。(2)2010 年 12 月 31 日，乙公司的财务状况良好，甲公司预计应收账款可按时收回；2011 年 1 月 10 日，乙公司遭受重大雪灾，导致甲公司 60%的应收账款无法收回。

2011 年 3 月 10 日，甲公司的财务报告经批准对外公布。

本例中：(1)导致甲公司应收账款无法收回的事实是乙公司财务状况恶化，该事实在资产负债表日已经存在，乙公司被宣告破产清算只是证实了资产负债表日乙公司财务状况恶化的情况，因此，乙公司被宣告破产清算导致甲公司应收账款无法收回的事项属于调整事项。(2)导致甲公司应收账款损失的因素是雪灾，不可预计，应收账款发生损失这一事实在资产负债表日以后才发生，因此乙公司遭受雪灾导致甲公司应收账款发生坏账的事项属于非调整事项。

任务检验

【1·判断题】 下列发生于报告年度资产负债表日至财务报告批准报出日之间的各事项中，应调整报告年度财务报表相关项目金额的有(　　)。

A. 董事会通过报告年度利润分配预案

B. 发现报告年度财务报告存在重大会计差错

C. 资产负债表日未决诉讼结案，实际判决金额与已确认预计负债不同

D. 新证据表明存货在报告年度资产负债表日的可变现净值与原估计不同

【2·多选题】 资产负债表日至财务会计报告批准报出日之间发生的下列事项，属于资产负债表日后调整事项的是(　　)。

A. 为子公司的银行借款提供担保

B. 对资产负债表日存在的债务签订债务重组协议

C. 法院判决赔偿的金额与资产负债表日预计的相关负债的金额不一致

D. 债务单位遭受自然灾害导致资产负债表日存在的应收款项无法收回

任务二　资产负债表日后调整事项的会计处理

一、资产负债表日后调整事项的处理原则

企业发生的资产负债表日后调整事项，应当调整资产负债表日的财务报表。对于年度财务报告而言，由于资产负债表日后事项发生在报告年度的次年，报告年度的有关账目已经结转，特别是损益类科目在结账后已无余额。因此，资产负债表日后发生的调整事项，应分别按以下情况进行处理：

1. 涉及损益的事项，通过“以前年度损益调整”科目核算。调整增加以前年度利润或调整减少以前年度亏损的事项，记入“以前年度损益调整”科目的贷方；调整减少以前年度

利润或调整增加以前年度亏损的事项，记入“以前年度损益调整”科目的借方。

涉及损益的调整事项，如果发生在资产负债表日所属年度（即报告年度）所得税汇算清缴前的，应调整报告年度应纳税所得额、应纳所得税税额；由于以前年度损益调整增加的所得税费用，记入“以前年度损益调整”科目的借方，同时贷记“应交税费——应交所得税”等科目；由于以前年度损益调整减少的所得税费用，记入“以前年度损益调整”科目的贷方，同时借记“应交税费——应交所得税”等科目。调整完成后，将“以前年度损益调整”科目的贷方或借方余额，转入“利润分配——未分配利润”科目。

涉及损益的调整事项，发生在报告年度所得税汇算清缴后的，应调整本年度（即报告年度的次年）应纳所得税税额。

2.涉及利润分配调整的事项，直接在“利润分配——未分配利润”科目核算。

3.不涉及损益及利润分配的事项，调整相关科目。

4.通过上述账务处理后，还应同时调整财务报表相关项目的数字，包括：

(1)资产负债表日编制的财务报表相关项目的期末数或本年发生数；

(2)当期编制的财务报表相关项目的期初数或上年数；

(3)上述调整如果涉及报表附注内容的，还应当作出相应调整。

二、资产负债表日后调整事项的具体会计处理方法

为简化处理，如无特别说明，本项目所有的例子均假定如下：财务报告批准报出日是次年3月31日，所得税税率为25%，按净利润的10%提取法定盈余公积，提取法定盈余公积后不再作其他分配；调整事项按税法规定均可调整应缴纳的所得税；涉及递延所得税资产的，均假定未来期间很可能取得用来抵扣暂时性差异的应纳税所得额；不考虑报表附注中有关现金流量表项目的数字。

1.资产负债表日后诉讼案件结案，人民法院判决证实了企业在资产负债表日已经存在现时义务，需要调整原先确认的与该诉讼案件相关的预计负债，或确认一项新负债。

这一事项是指导致诉讼的事项在资产负债表日已经发生，但尚不具备确认负债的条件而未确认，资产负债表日后至财务报告批准报出日之间获得了新的或进一步的证据（人民法院判决结果），表明符合负债的确认条件，因此应在财务报告中确认为一项新负债；或者在资产负债表日已确认某项负债，但在资产负债表日至财务报告批准报出日之间获得新的或进一步的证据，表明需要对已经确认的金额进行调整。

【例10-4】 甲公司与乙公司签订一项销售合同，约定甲公司应在2010年8月向乙公司交付A产品3 000件。但甲公司未按照合同发货，并致使乙公司遭受重大经济损失。2010年11月，乙公司将甲公司告上法庭，要求甲公司赔偿9 000 000元。2010年12月31日人民法院尚未判决，甲公司对该诉讼事项确认预计负债6 000 000元，乙公司未确认应收赔偿款。2011年2月8日，经人民法院判决甲公司应赔偿乙公司8 000 000元，甲、乙双方均服从判决。判决当日，甲公司向乙公司支付赔偿款8 000 000元。甲、乙两公司2010年所得税汇算清缴均在2011年3月10日完成（假定该项预计负债产生的损失不允许在预计时税前抵扣，只有在损失实际发生时，才允许税前抵扣）。

本例中，人民法院2011年2月8日的判决证实了甲、乙两公司在资产负债表日（即

2010 年 12 月 31 日)分别存在现实赔偿义务和获赔权利,因此两公司都应将“人民法院判决”这一事项作为调整事项进行处理。甲公司和乙公司 2010 年所得税汇算清缴均在 2011 年 3 月 10 日完成,因此,应根据法院判决结果调整报告年度应纳税所得额和应纳所得税税额。

1. 甲公司的账务处理如下:

(1)记录支付的赔偿款

借:以前年度损益调整——营业外支出　　2 000 000

　贷:其他应付款——乙公司　　2 000 000

借:预计负债——未决诉讼　　6 000 000

　贷:其他应付款——乙公司　　6 000 000

借:其他应付款——乙公司　　8 000 000

　贷:银行存款　　8 000 000

注:资产负债表日后事项如涉及现金收支项目,均不调整报告年度资产负债表的货币资金项目和现金流量表各项目数字。本例中,虽然已经支付了赔偿款,但在调整会计报表相关数字时,只需调整上述第一笔和第二笔分录,第三笔分录作为 2011 年的会计事项处理。

(2)调整递延所得税资产

借:以前年度损益调整——所得税费用(6 000 000×25%)　　1 500 000

　贷:递延所得税资产　　1 500 000

2010 年年末因确认预计负债 6 000 000 元时已确认相应的递延所得税资产,资产负债表日后事项发生后递延所得税资产不复存在,应予转回。

(3)调整应交所得税

借:应交税费——应交所得税(8 000 000×25%)　　2 000 000

　贷:以前年度损益调整——所得税费用　　2 000 000

(4)将“以前年度损益调整”科目余额转入未分配利润

借:利润分配——未分配利润　　1 500 000

　贷:以前年度损益调整——本年利润　　1 500 000

(5)因净利润减少,调减盈余公积

借:盈余公积——法定盈余公积(1 500 000×10%)　　150 000

　贷:利润分配——未分配利润　　150 000

(6)调整报告年度财务报表相关项目的数字(财务报表略)

①资产负债表项目的调整:

调减递延所得税资产 1 500 000 元;调增其他应付款 8 000 000 元,调减应交税费 2 000 000元,调减预计负债 6 000 000 元;调减盈余公积 150 000 元,调减未分配利润 1 350 000元。

②利润表项目的调整:

调增营业外支出 2 000 000 元,调减所得税费用 500 000 元,调减净利润1 500 000元。

③所有者权益变动表项目的调整:

调减净利润 1 500 000 元;提取盈余公积项目中盈余公积一栏调减 150 000 元,未分配利润一栏调增 150 000 元。

(7)调整 2011 年 2 月份资产负债表相关项目的年初数(资产负债表略)

甲公司在编制 2011 年 1 月份的资产负债表时，按照调整前 2010 年 12 月 31 日的资产负债表的数字作为资产负债表的年初数，由于发生了资产负债表日后调整事项，甲公司除了调整 2010 年度资产负债表相关项目的数字外，还应当调整 2011 年 2 月份资产负债表相关项目的年初数，其年初数按照 2010 年 12 月 31 日调整后的数字填列。

2. 乙公司的账务处理如下：

(1)记录收到的赔款

借：其他应收款——甲公司　　8 000 000

　贷：以前年度损益调整——营业外收入　　8 000 000

借：银行存款　　8 000 000

　贷：其他应收款——甲公司　　8 000 000

注：资产负债表日后事项如涉及现金收支项目，均不调整报告年度资产负债表的货币资金项目和现金流量表各项目数字。本例中，虽然已经收到了赔偿款，但在调整会计报表相关数字时，只需调整上述第一笔分录，第二笔分录作为 2011 年的会计事项处理。

(2)调整应交所得税

借：以前年度损益调整——所得税费用(8 000 000×25%)　　2 000 000

　贷：应交税费——应交所得税　　2 000 000

(3)将“以前年度损益调整”科目余额转入未分配利润

借：以前年度损益调整——本年利润　　6 000 000

　贷：利润分配——未分配利润　　6 000 000

(4)因净利润增加，补提盈余公积

借：利润分配——未分配利润　　600 000

　贷：盈余公积(6 000 000×10%)　　600 000

(5)调整报告年度财务报表相关项目的数字(财务报表略)

①资产负债表项目的调整：

调增其他应收款 8 000 000 元；调增应交税费 2 000 000 元；调增盈余公积 600 000 元，调增未分配利润 5 400 000 元。

②利润表项目的调整：

调增营业外收入 8 000 000 元，调增所得税费用 2 000 000 元，调增净利润 6 000 000 元。

③所有者权益变动表项目的调整：

调增净利润 6 000 000 元；提取盈余公积项目中盈余公积一栏调增 600 000 元，未分配利润一栏调减 600 000 元。

(6)调整 2011 年 2 月份资产负债表相关项目的年初数(资产负债表略)

乙公司在编制 2011 年 1 月份的资产负债表时，按照调整前 2010 年 12 月 31 日的资产负债表的数字作为资产负债表的年初数，由于发生了资产负债表日后调整事项，乙公司除了调整 2010 年度资产负债表相关项目的数字外，还应当调整 2011 年 2 月份资产负债表相关项目的年初数，其年初数按照 2010 年 12 月 31 日调整后的数字填列。

2.资产负债表日后取得确凿证据，表明某项资产在资产负债表日发生了减值或者需要调整该项资产原先确认的减值金额。

这一事项是指在资产负债表日，根据当时的资料判断某项资产可能发生了损失或减值，但没有最后确定是否会发生，因而按照当时的最佳估计金额反映在财务报表中；但在资产负债表日至财务报告批准报出日之间，所取得的确凿证据能证明该事实成立，即某项资产已经发生了损失或减值，则应对资产负债表日所作的估计予以修正。

【例 10-5】 甲公司 2010 年 6 月销售给乙公司一批物资，货款为 2 000 000 元(含增值税)。乙公司于 7 月份收到所购物资并验收入库。按合同规定，乙公司应于收到所购物资后 3 个月内付款。由于乙公司财务状况不佳，到 2010 年 12 月 31 日仍未付款。甲公司于 2010 年 12 月 31 日已为该项应收账款计提坏账准备 100 000 元。2010 年 12 月 31 日资产负债表上“应收账款”项目的金额为 4 000 000 元，其中 1 900 000 元为该项应收账款。甲公司于 2011 年 2 月 3 日(所得税汇算清缴前)收到人民法院通知，乙公司已宣告破产清算，无力偿还所欠部分货款。甲公司预计可收回应收账款的 60%。

本例中，甲公司在收到人民法院通知后，首先可判断该事项属于资产负债表日后调整事项。甲公司原对应收乙公司账款计提了 100 000 元的坏账准备，按照新的证据应计提的坏账准备为 800 000 元(2 000 000×40%)，差额 700 000 元应当调整 2010 年度财务报表相关项目的数字。

甲公司的账务处理如下：

(1)补提坏账准备

应补提的坏账准备＝2 000 000×40%－100 000＝700 000(元)

借：以前年度损益调整——资产减值损失　　700 000

　贷：坏账准备　　700 000

(2)调整递延所得税资产

借：递延所得税资产　　175 000

　贷：以前年度损益调整——所得税费用(700 000×25%)　　175 000

(3)将“以前年度损益调整”科目的余额转入未分配利润

借：利润分配——未分配利润　　525 000

　贷：以前年度损益调整——本年利润　　525 000

(4)因净利润减少，调减盈余公积

借：盈余公积——法定盈余公积　　52 500

　贷：利润分配——未分配利润(525 000×10%)　　52 500

(5)调整报告年度财务报表相关项目的数字(财务报表略)

①资产负债表项目的调整：

调减应收账款 700 000 元，调增递延所得税资产 175 000 元；调减盈余公积 52 500 元，调减未分配利润 472 500 元。

②利润表项目的调整：

调增资产减值损失 700 000 元，调减所得税费用 175 000 元，调减净利润 525 000 元。

③所有者权益变动表项目的调整：

调减净利润 525 000 元；提取盈余公积项目中盈余公积一栏调减 52 500 元，未分配利润一栏调增 52 500 元。

(6)调整 2011 年 2 月份资产负债表相关项目的年初数(资产负债表略)

甲公司在编制 2011 年 1 月份的资产负债表时，按照调整前 2010 年 12 月 31 日的资产负债表的数字作为资产负债表的年初数，由于发生了资产负债表日后调整事项，甲公司除了调整 2010 年度资产负债表相关项目的数字外，还应当调整 2011 年 2 月份资产负债表相关项目的年初数，其年初数按照 2010 年 12 月 31 日调整后的数字填列。

3. 资产负债表日后进一步确定了资产负债表日前购入资产的成本或售出资产的收入。

这类调整事项包括两方面的内容：(1)若资产负债表日前购入的资产已经按暂估金额等入账，资产负债表日后获得证据，可以进一步确定该资产的成本，则应该对已入账的资产成本进行调整。例如，购建固定资产已经达到预定可使用状态，但尚未办理竣工决算，企业已办理暂估入账；资产负债表日后办理决算时应根据竣工决算的金额调整暂估入账的固定资产成本等。(2)企业符合收入确认条件确认资产销售收入，但资产负债表日后获得关于资产收入的进一步证据，如发生销售退回、销售折让等，此时也应调整财务报表相关项目的金额。需要说明的是，资产负债表日后发生的销售退回，既包括报告年度或报告中期销售的商品在资产负债表日后发生的销售退回，也包括以前期间销售的商品在资产负债表日后发生的销售退回。

资产负债表所属期间或以前期间所售商品在资产负债表日后退回的，应作为资产负债表日后调整事项处理。发生于资产负债表日后至财务报告批准报出日之间的销售退回事项，可能发生于年度所得税汇算清缴之前，也可能发生于年度所得税汇算清缴之后，其会计处理分别为：

(1)资产负债表日后事项中涉及报告年度所属期间的销售退回发生于报告年度所得税汇算清缴之前，应调整报告年度利润表的收入、费用等，并相应调整报告年度的应纳税所得额以及报告年度应纳所得税额等。

(2)资产负债表日后事项中涉及报告年度所属期间的销售退回发生于报告年度所得税汇算清缴之后，应调整报告年度利润表的收入、费用等，但按照税法规定在此期间的销售退回所涉及的应交所得税，应作为本年度的纳税调整事项。

【例 10-6】 甲公司 2010 年 10 月 25 日销售一批 A 商品给乙公司，取得收入 2 400 000 元(不含增值税)，并结转成本 2 000 000 元。2010 年 12 月 31 日，该笔货款尚未收到，甲公司未对该应收账款计提坏账准备。2011 年 2 月 8 日，由于产品质量问题，本批货物被全部退回。甲公司于 2011 年 2 月 20 日完成 2010 年的所得税汇算清缴。甲公司适用的增值税税率为 17%。

本例中，销售退回业务发生在资产负债表日后事项涵盖期间内，属于资产负债表日后调整事项。由于销售退回发生在甲公司报告年度所得税汇算清缴之前，因此在所得税汇算清缴时，应扣除该部分销售退回所实现的应纳税所得额。

甲公司的账务处理如下：

(1)调整销售收入

借:以前年度损益调整——主营业务收入 2 400 000

应交税费——应交增值税(销项税额) 408 000

贷:应收账款——乙公司 2 808 000

(2)调整销售成本

借:库存商品——A 商品 2 000 000

贷:以前年度损益调整——主营业务成本 2 000 000

(3)调整应缴纳的所得税

借:应交税费——应交所得税[(2 400 000－2 000 000)×25%] 100 000

贷:以前年度损益调整——所得税费用 100 000

(4)将"以前年度损益调整"科目的余额转入未分配利润

借:利润分配——未分配利润 300 000

贷:以前年度损益调整——本年利润 300 000

(5)因净利润减少,调减盈余公积

借:盈余公积——法定盈余公积(300 000×10%) 30 000

贷:利润分配——未分配利润 30 000

(6)调整报告年度相关财务报表(财务报表略)

①资产负债表项目的调整:

调减应收账款 2 808 000 元,调增库存商品 2 000 000 元;调减应交税费 508 000 元;调减盈余公积 30 000 元,调减未分配利润 270 000 元。

②利润表项目的调整:

调减营业收入 2 400 000 元,调减营业成本 2 000 000 元,调减所得税费用 100 000 元,调减净利润 300 000 元。

③所有者权益变动表项目的调整:

调减净利润 300 000 元;提取盈余公积项目中盈余公积一栏调减 30 000 元,未分配利润一栏调增 30 000 元。

(7)调整 2011 年 2 月份资产负债表相关项目的年初数(资产负债表略)

甲公司在编制 2011 年 1 月份的资产负债表时,按照调整前 2010 年 12 月 31 日的资产负债表的数字作为资产负债表的年初数,由于发生了资产负债表日后调整事项,甲公司除了调整 2010 年度资产负债表相关项目的数字外,还应当调整 2011 年 2 月份资产负债表相关项目的年初数,其年初数按照 2010 年 12 月 31 日调整后的数字填列。

【例 10-7】 沿用【例 10-6】的相关资料,假定销售退回的时间为 2011 年 3 月 5 日。

甲公司的账务处理如下:

(1)调整销售收入

借:以前年度损益调整——主营业务收入 2 400 000

应交税费——应交增值税(销项税额) 408 000

贷:应收账款——乙公司 2 808 000

(2)调整销售成本

借:库存商品——A 商品 2 000 000

贷:以前年度损益调整——主营业务成本 2 000 000

(3)确认递延所得税资产

借:递延所得税资产(400 000×25%)　　100 000

　贷:以前年度损益调整——所得税费用　　100 000

(4)将“以前年度损益调整”科目的余额转入未分配利润

借:利润分配——未分配利润　　300 000

　贷:以前年度损益调整——本年利润　　300 000

(5)因净利润减少,调减盈余公积

借:盈余公积——法定盈余公积(300 000×10%)　　30 000

　贷:利润分配——未分配利润　　30 000

(6)调整报告年度相关财务报表(财务报表略)

①资产负债表项目的调整:

调减应收账款 2 808 000 元,调增库存商品 2 000 000 元,调增递延所得税资产 100 000元;调减应交税费 408 000 元;调减盈余公积 30 000 元,调减未分配利润270 000 元。

②利润表项目的调整:

调减营业收入 2 400 000 元,调减营业成本 2 000 000 元,调减所得税费用 100 000 元,调减净利润 300 000 元。

③所有者权益变动表项目的调整:

调减净利润 300 000 元;提取盈余公积项目中盈余公积一栏调减 30 000 元,未分配利润一栏调增 30 000 元。

(7)调整 2011 年 3 月份资产负债表相关项目的年初数(资产负债表略)

甲公司在编制 2011 年 1 月份和 2 月份的资产负债表时,按照调整前 2010 年 12 月 31 日的资产负债表的数字作为资产负债表的年初数,由于发生了资产负债表日后调整事项,甲公司除了调整 2010 年度资产负债表相关项目的数字外,还应当调整 2011 年 3 月份资产负债表相关项目的年初数,其年初数按照 2010 年 12 月 31 日调整后的数字填列。

4. 资产负债表日后发现了财务报表舞弊或差错。

这一事项是指资产负债表日至财务报告批准报出日之间发生的属于资产负债表期间或以前期间存在的财务报表舞弊或差错。这种舞弊或差错应当作为资产负债表日后调整事项,调整报告年度的年度财务报告或中期财务报告相关项目的数字。

任务检验

【单选题】 甲公司 2011 年 3 月在上年度财务会计报告批准报出前发现一台管理用固定资产未计提折旧,属于重大差错。该固定资产系 2009 年 6 月接受乙公司捐赠取得。根据甲公司的折旧政策,该固定资产 2009 年应计提折旧 100 万元,2010 年应计提折旧 200 万元。假定甲公司按净利润的 10%提取法定盈余公积,不考虑所得税等其他因素,甲公司 2010 年度资产负债表“未分配利润”项目“年末数”应调减的金额为(　　)万元。

A. 90　　B. 180　　C. 200　　D. 270

任务三 资产负债表日后非调整事项的会计处理

一、资产负债表日后非调整事项的处理原则

资产负债表日后发生的非调整事项，是表明资产负债表日后发生的情况的事项，与资产负债表日存在状况无关，不应当调整资产负债表日的财务报表。但有的非调整事项由于事项重大，对财务报告使用者具有重大影响，如不加以说明，将不利于财务报告使用者作出正确估计和决策，因此，应在附注中对其性质、内容及对财务状况和经营成果的影响加以披露。

二、资产负债表日后非调整事项的具体会计处理方法

对于资产负债表日后发生的非调整事项，应当在报表附注中披露每项重要的资产负债表日后非调整事项的性质、内容，及其对财务状况和经营成果的影响。无法作出估计的，应当说明原因。

资产负债表日后非调整事项主要有：

(一)资产负债表日后发生重大诉讼、仲裁、承诺

资产负债表日后发生的重大诉讼等事项，对企业影响较大，为防止误导投资者及其他财务报告使用者，应当在财务报表附注中予以披露。

(二)资产负债表日后资产价格、税收政策、外汇汇率发生重大变化

资产负债表日后发生的资产价格、税收政策和外汇汇率的重大变化，虽然不会影响资产负债表日财务报表相关项目的数字，但对企业资产负债表日后的财务状况和经营成果有重大影响，应当在财务报表附注中予以披露。

【例 10-8】 甲公司 2010 年 9 月采用融资租赁方式从英国购入某大型生产线，租赁合同规定，该大型生产线的租赁期为 10 年，年租金 300 000 英镑。甲公司在编制 2010 年度财务报表时已按 2010 年 12 月 31 日的即期汇率对该笔长期应付款进行了折算(假设 2010 年 12 月 31 日的汇率为 1 英镑兑人民币 11.21 元)。假设国家规定从 2011 年 1 月 1 日起调整人民币对英镑的汇率，人民币对英镑的汇率发生重大变化。

本例中，甲公司在资产负债表日已经按规定的汇率对有关账户进行调整，因此，无论资产负债表日后汇率如何变化，均不影响资产负债表日的财务状况和经营成果。但是，如果资产负债表日后外汇汇率发生重大变化，甲公司应对由此产生的影响在财务报表附注中进行披露。

(三)资产负债表日后因自然灾害导致资产发生重大损失

自然灾害导致资产发生重大损失对企业资产负债表日后财务状况的影响较大，如果不加以披露，有可能使财务报告使用者作出错误的决策，因此应作为非调整事项在财务报表附注中进行披露。

【例 10-9】 甲公司 2010 年 12 月购入一批商品 10 000 000 元，至 2010 年 12 月 31 日该批商品已全部验收入库，货款通过银行支付。2011 年 1 月 12 日，甲公司所在地发生百年不遇的冰冻灾害，该批商品全部毁损。

本例中冰冻灾害发生于 2011 年 1 月 12 日，属于资产负债表日后才发生或存在的事项，但对公司资产负债表日后财务状况的影响较大，甲公司应当将此事项作为非调整事项在 2010 年度财务报表附注中进行披露。

（四）资产负债表日后发行股票和债券以及其他巨额举债

企业在资产负债表日后发行股票、债券以及向银行或非银行金融机构举借巨额债务都是比较重大的事项，虽然这一事项与企业资产负债表日的存在状况无关，但这一事项的披露能使财务报告使用者了解与此有关的情况及可能带来的影响，因此应当在财务报表附注中进行披露。

【例 10-10】 甲公司于 2011 年 1 月 20 日经批准发行 5 年期债券 10 000 000 元，面值 100 元，年利率 6%，公司按 105 元的价格发行，并于 2011 年 3 月 5 日结束发行。

本例中，甲公司发行债券虽然与公司资产负债表日（2010 年 12 月 31 日）的存在状况无关，但这一事项的披露能使财务报告使用者了解与此有关的情况及可能带来的影响，甲公司应当将此事项作为非调整事项在 2010 年度财务报表附注中进行披露。

（五）资产负债表日后资本公积转增资本

资产负债表日后企业以资本公积转增资本将会改变企业的资本（或股本）结构，影响较大，应当在财务报表附注中进行披露。

【例 10-11】 甲公司 2011 年 1 月经批准将 80 000 000 元资本公积转增资本。

本例中，甲公司于 2011 年 1 月将资本公积转增资本，属于资产负债表日后才发生的事项，但对公司资产负债表日后财务状况的影响较大，甲公司应当将此事项作为非调整事项在 2010 年度财务报表附注中进行披露。

（六）资产负债表日后发生巨额亏损

企业资产负债表日后发生巨额亏损将会对企业报告期以后的财务状况和经营成果产生重大影响，应当在财务报表附注中及时披露该事项，以便为投资者或其他财务报告使用者作出正确决策提供信息。

【例 10-12】 甲公司 2011 年 1 月出现巨额亏损，净利润由 2010 年 12 月的盈利 70 000 000元变为亏损 5 000 000 元。

本例中，甲公司出现巨额亏损发生于 2011 年 1 月，虽然属于资产负债表日后才发生的事项，但由盈利转为亏损，会对公司资产负债表日后财务状况和经营成果产生重大影响，甲公司应当将此事项作为非调整事项在 2010 年度财务报表附注中进行披露。

（七）资产负债表日后发生企业合并或处置子企业

企业合并或者处置子企业的行为可以影响股权结构、经营范围等，对企业未来的生产经营活动会产生重大影响，应当在财务报表附注中进行披露。

【例 10-13】 甲公司 2011 年 1 月 15 日将其全资子公司丙公司出售给乙公司。

本例中，甲公司出售子公司发生于 2011 年 1 月，与公司资产负债表日（2010 年 12 月 31 日）的存在状况无关，但是出售子公司可能对甲公司的股权结构、经营范围等方面产生较大影响，甲公司应当将此事项作为非调整事项在2010年度财务报表附注中进行披露。

(八)资产负债表日后，企业利润分配方案中拟分配的以及经审议批准宣告发放的股利或利润

资产负债表日后，企业利润分配方案中拟分配的以及经审议批准宣告发放的股利或利润，不确认为资产负债表日后负债，但应当在财务报表附注中单独披露。

【例10-14】 2011年1月16日，甲上市公司董事会审议通过了2010年利润分配方案，决定以公司2010年年末总股本为基数，分派现金股利10 000 000元，每10股派送1元(含税)，该利润分配方案于2011年4月10日经公司股东大会审议批准。

本例中，甲上市公司制订利润分配方案，拟分配或经审议批准宣告发放股利或利润的行为，并不会致使公司在资产负债表日形成现时义务，因此虽然该事项可导致公司负有支付股利或利润的义务，但支付义务在资产负债表日尚不存在，不应该调整资产负债表日的财务报告，因此，该事项为非调整事项。但由于该事项对公司资产负债表日后的财务状况有较大影响，可能导致现金较大规模流出、公司股权结构变动等，为便于财务报告使用者更充分了解相关信息，甲上市公司需要在2010年度财务报表附注中单独披露该信息。

任务检验

【多选题】 市公司在其年度资产负债表日至财务报告批准报出日前发生的下列事项中，属于非调整事项的有(　　)。

A. 因发生火灾导致存货严重损失

B. 以前年度售出商品发生退货

C. 董事会提出股票股利分配方案

D. 资产负债表日后发现了财务报表舞弊或差错

项目综训

一、单项选择题

1. 甲股份有限公司2009年度财务报告经董事会批准对外公布的日期为2010年3月30日，拟对外公布的日期为2010年4月3日。由于在2010年3月31日发生了重大事项，需要调整财务报表相关项目，经调整后的财务报告再经董事会批准报出的日期为2010年4月10日，实际对外公布的日期为2010年4月15日。那么甲股份有限公司2009年度的资产负债表日后事项涵盖期间是(　　)。

A. 2010年1月1日至2010年3月30日

B. 2010年1月1日至2010年4月3日

C. 2010年1月1日至2010年4月10日

D. 2010年1月1日至2010年4月15日

2. 某上市公司在资产负债表日至财务报告批准报出日之间发生的下列事项中，属于资产负债表日后调整事项的是(　　)。

A. 以存货归还资产负债表日存在的应付账款

B. 为关联方企业的银行借款提供担保

C. 处置子公司

D. 法院判决赔偿的金额与资产负债表日预计的相关负债的金额不一致

3. 资产负债表日至财务报告批准报出日之间发生的调整事项在进行调整处理时，下列不能调整的项目是(　　)。

A. 涉及损益的事项　　B. 涉及利润分配的事项

C. 涉及应交税费的事项　　D. 涉及货币资金收支的事项

4. 某上市公司 2010 年度财务报告批准报出日为 2011 年 4 月 10 日。该公司在 2011 年 1 月 1 日至 4 月 10 日发生的下列事项中，属于资产负债表日后调整事项的是(　　)。

A. 该公司在一起历时半年的诉讼中败诉，支付赔偿金 50 万元，该公司在上年末已确认预计负债 30 万元

B. 因遭受水灾上年购入的存货发生毁损 100 万元

C. 该公司董事会提出 2010 年度利润分配方案为每 10 股送 3 股股票股利

D. 该公司支付 2010 年度财务报告审计费 40 万元

5. 下列事项中，属于资产负债表日后非调整事项的是(　　)。

A. 资产负债表日后事项期间，已确定将要支付的赔偿额小于该赔偿在资产负债表日的估计金额

B. 资产负债表日后事项期间，董事会通过利润分配方案，拟对报告年度实现的净利润提取盈余公积

C. 资产负债表日后事项期间，董事会通过利润分配方案，拟分配现金股利

D. 资产负债表日后事项期间，发现了财务报表舞弊或差错

6. 如果报告年度资产负债表日及以前售出的商品，在年度资产负债表日至财务会计报告批准报出日之间发生退回，应当(　　)。

A. 冲减退回当月的销售收入　　B. 计入退回当月的财务费用

C. 作为资产负债表日后调整事项　　D. 作为资产负债表日后非调整事项

7. 甲公司 2010 年 11 月份发现 2010 年 3 月份的 10 万元收入错误地记录为 1 万元，应采取的会计处理方法是(　　)。

A. 不作任何调整　　B. 调整前期相同的相关项目

C. 调整本期相关项目　　D. 直接计入当期净损益项目

8. 2010 年甲公司为乙公司的 500 万元债务提供 70% 的担保，乙公司因到期无力偿还债务被起诉，至 12 月 31 日，法院尚未作出判决。甲公司根据有关情况预计很可能承担部分担保责任，2011 年 2 月 6 日甲公司财务报告批准报出之前法院作出判决，甲公司应承担全部担保责任，需为乙公司偿还债务的 70%，甲公司已执行，以下有关甲公司的处理中不正确的是(　　)。

A. 2010 年 12 月 31 日对此或有负债作出披露

B. 2010 年 12 月 31 日确认预计负债

C. 2010 年 12 月 31 日对此预计负债作出披露

D. 2011 年 2 月 6 日按照资产负债表日后调整事项处理，调整会计报表相关项目

9. 2012 年 2 月 20 日，长江公司发现 2011 年一项重大会计差错，在 2011 年度财务报告批准报出前，长江公司应（　）。

A. 不需调整 2011 年财务报表相关数据，将其作为 2012 年 2 月份的业务进行处理

B. 调整 2011 年财务报表期初数、期末数和上年数

C. 调整 2012 年财务报表期初数和上年数

D. 调整 2011 年财务报表期末数和本年数

10. 某零售企业在年度资产负债表日至财务报告批准报出日之间发生的下列事项中，不属于资产负债表日后非调整事项的是（　）。

A. 退回上年销售的名牌商品　　B. 出售重要的子公司

C. 火灾造成重大损失　　D. 发生重大的诉讼案件

11. A 公司 2010 年 10 月份与 B 公司签订一项供销合同，由于 A 公司未按合同发货，致使 B 公司发生重大经济损失。A 公司被 B 公司提起诉讼，至 2010 年 12 月 31 日法院尚未判决。A 公司 2010 年 12 月 31 日在资产负债表中的"预计负债"项目反映了 200 万元的赔偿款。2011 年 2 月 6 日经法院判决，A 公司需偿付 B 公司经济损失 300 万元。A 公司不再上诉，并假定赔偿款已经支付。A 公司 2010 年度财务会计报告批准报出日为 2011 年 3 月 31 日，不考虑所得税因素，则报告年度资产负债表中有关项目调整正确处理方法是（　）。

A. "预计负债"项目调增 100 万元；"其他应付款"项目不作调整

B. "预计负债"项目调减 200 万元；"其他应付款"项目调增 300 万元

C. "预计负债"项目调增 100 万元；"其他应付款"项目调增 300 万元

D. "预计负债"项目调减 300 万元；"其他应付款"项目调增 100 万元

12. 下列关于资产负债表日后事项的表述中，说法正确的是（　）。

A. 资产负债表日后事项期间证实某项资产在资产负债表日已经减值属于资产负债表日后非调整事项

B. 资产负债表日后事项涵盖的期间是资产负债表日的次日起至财务报表实际对外报出日止的一段时间

C. 企业在资产负债表日后事项期间支付报告年度财务报表审计费用属于调整事项

D. 在资产负债表日后事项期间对工程完工进度作出修改属于调整事项

13. 根据现行会计制度的规定，企业在资产负债表日至财务报告批准报出日之间发生的下列事项中，属于调整事项的是（　）。

A. 董事会通过现金股利分配方案

B. 处置重要的子公司

C. 因债务方发生火灾导致应收账款无法收回

D. 法院判决赔偿的金额与资产负债表日确认的相关预计负债金额不一致

二、多项选择题

1. 下列事项中，属于资产负债表日后非调整事项的有（　）。

A. 甲公司应收乙公司一笔债权，乙公司财务状况良好，甲公司预计该笔应收账款可以按时收回，资产负债表日后事项期间乙公司发生自然灾害导致重大损失，甲公司估计该

笔应收账款全部不能收回

B. 资产负债表日后事项期间发生重大诉讼案件

C. 资产负债表日后事项期间资本公积转增资本

D. 甲公司应收乙公司一笔账款，由于乙公司有可能破产清算，甲公司按40%计提了坏账准备，资产负债表日后事项期间乙公司宣告破产，甲公司估计应收债权全部不能收回

2. 关于资产负债表日后调整事项的会计处理，下列说法正确的有(　　)。

A. 涉及损益的事项，通过"以前年度损益调整"科目核算

B. 涉及损益的事项，通过"利润分配"科目核算

C. 涉及损益的调整事项，发生在企业报告年度所得税汇算清缴之后的，应调整报告年度应纳税所得额和应纳所得税税额

D. 涉及利润分配调整的事项，直接在"利润分配——未分配利润"科目核算

3. 甲公司于2010年1月1日至1月10日资产负债表日后事项期间做了以下会计处理事项，其中正确的有(　　)。

A. 1月5日得到新证据，补提资产负债表日的资产减值准备

B. 对某项已于2010年7月1日完工尚未办理竣工决算但已启用的在建工程暂估转入固定资产并补提折旧

C. 1月8日接到通知，对已经结案的诉讼调整相关预计负债

D. 1月3日债权单位对甲公司提起诉讼，将该事件在报表附注中披露

4. 下列有关资产负债表日后事项的表述中，不正确的有(　　)。

A. 资产负债表日后事项期间法院判决的结果与资产负债表日预计的相关负债的金额一致，属于非调整事项

B. 不重要的非调整事项不需要在财务报表附注中披露

C. 发现报告年度会计处理存在重大差错，按照前期差错来处理，不作为调整事项

D. 发现某商品销售合同在报告年度资产负债表日已成为亏损合同的证据，属于调整事项

5. 下列项目中，应通过"以前年度损益调整"科目核算的有(　　)。

A. 资产负债表日后事项期间由于产品质量问题，对报告年度销售的商品给予一定的销售折让

B. 上年度误将购入设备款计入管理费用

C. 发现上年度误将费用化的借款费用予以资本化

D. 投资性房地产的后续计量由成本模式改为公允价值模式

6. 资产负债表日至财务报告批准报出日之间发生的下列事项，属于资产负债表日后非调整事项的有(　　)。

A. 发现报告年度财务报表存在严重舞弊

B. 董事会通过报告年度现金股利利润分配预案

C. 法院判决赔偿的金额与资产负债表日预计的相关负债的金额不一致

D. 因自然灾害导致资产发生重大损失

7. 某上市公司财务报告批准报出日为次年的4月30日，该公司在资产负债表日后发生以下事项中，属于非调整事项的有(　　)。

A. 接到某债务人关于其1月28日发生火灾导致重大损失以至于不能偿还货款的通知，该上市公司已于资产负债表日将此货款计入应收账款

B. 外汇汇率发生较大变动

C. 新证据表明资产负债表日对长期建造合同应计收益的估计存在重大误差

D. 已登记为报告年度的销售货物被退回

8. 资产负债表日后发生的非调整事项，应在财务报表附注中披露的有（　　）。

A. 资产负债表日后非调整事项的内容

B. 资产负债表日后非调整事项的性质

C. 资产负债表日后非调整事项可能对财务状况造成的影响

D. 资产负债表日后非调整事项可能对经营成果造成的影响

9. 下列事项中，属于资产负债表日后调整事项的有（　　）。

A. 发行股票

B. 新的证据证明在资产负债表日对长期合同应计收益的估计存在重大误差

C. 得到新证据已证实资产负债表日资产发生减损

D. 外汇汇率发生较大变动

10. 资产负债表日后发生的调整事项，应当如同资产负债表所属期间发生的事项一样，作出相关账务处理，并对资产负债表日已编制的财务报表作相应的调整。这里的财务报表包括（　　）。

A. 资产负债表

B. 利润表

C. 现金流量表正表

D. 现金流量表补充资料的内容

11. 下列说法正确的有（　　）。

A. 资产负债表日后发生的调整事项如涉及现金收支项目的，均不调整报告年度资产负债表的货币资金项目和现金流量表正表各项目数字

B. 资产负债表日后事项中的调整事项，涉及损益的事项，通过"以前年度损益调整"科目核算，然后将"以前年度损益调整"的余额转入"本年利润"科目

C. 资产负债表日后事项中的调整事项，涉及损益的事项，直接在"利润分配——未分配利润"科目核算

D. 资产负债表日后事项期间发生的"已证实资产发生减值损失"，可能是调整事项，也可能是非调整事项

三、判断题

1. 可供出售金融资产资产负债表日后事项期间市价严重下跌，公司应将其视为资产负债表日后调整事项。（　　）

2. 对资产负债表日后事项中的调整事项，涉及损益的事项，通过"以前年度损益调整"科目核算，然后将"以前年度损益调整"的余额转入"本年利润"科目。（　　）

3. 资产负债表日后事项准则所指资产负债表日是指年度资产负债表日，年度资产负

债表日则是指每年的 12 月 31 日。（　　）

4. 资产负债表日后期间，企业经审议批准宣告发放的股利应作为资产负债表日后调整事项。（　　）

5. 某公司 2010 年的年度财务报告于 2011 年 3 月 30 日编制完成，注册会计师于 4 月 20 日审计完成，于 4 月 26 日经董事会批准报出，于 4 月 27 日实际对外公告，则资产负债表日后事项的涵盖期为 2011 年 1 月 1 日至 4 月 27 日。（　　）

6. 投资性房地产在资产负债表日后期间公允价值严重下跌，企业应将其视为资产负债表日后调整事项。（　　）

7. 资产负债表日后期间发现的财务报表舞弊或差错，是指资产负债表日至财务报告批准报出日之间发现的属于资产负债表期间或以前期间存在的财务报表舞弊或差错，这种舞弊或差错应当作为资产负债表日后调整事项，调整报告年度的年度财务报告或中期财务报告相关项目的数字。（　　）

8. 资产负债表日后事项中涉及的销售退回，均应调整报告年度财务报表的收入、成本等，且调整报告年度应缴的所得税。（　　）

9. 企业在报告年度资产负债表日至财务报告批准报出日之间取得确凿证据表明某项资产在报告日已发生减值的，应作为调整事项进行处理。（　　）

10. 资产负债表日后调整事项如涉及货币资金项目，均不调整报告年度资产负债表的货币资金项目和现金流量表正表各项目的数字。（　　）

11. 企业因日后调整事项而对资产负债表项目进行调整时，只涉及调整报告年度的资产负债表相关项目的当年发生数。（　　）

12. 报告年度资产负债表日至财务报告批准报出日之间发生的外汇汇率大幅度变动，应作为调整事项进行处理。（　　）

四、计算分析题

1. 甲公司 2009 年度资产负债表日至财务报告批准报出日（2010 年 3 月 10 日）之间发生了以下交易或事项：

（1）因被担保人财务状况恶化，无法支付预期的银行借款，2010 年 1 月 20 日，贷款银行向法院提起诉讼，要求甲公司按照合同约定履行债务担保责任 2 000 万元。按照甲公司的估计，甲公司很可能需向贷款银行支付 1 500 万元。甲公司于 2009 年年末未取得被担保人相关财务状况等信息，因此未确认与该担保事项相关的预计负债。

（2）2009 年 12 月发出且已确认收入但尚未收到款项的一批产品发生销售退回，商品已收到并入库。该批商品售价为 500 万元，成本为 300 万元。

（3）经与贷款银行协商，银行同意甲公司一笔将于 2010 年 5 月到期的借款展期 2 年。按照原借款合同规定，甲公司无权自主对该借款展期。

（4）2009 年 10 月 6 日，乙公司向法院提起诉讼，要求甲公司赔偿专利侵权损失 600 万元。至 2009 年 12 月 31 日，法院尚未判决。经向律师咨询，甲公司就该诉讼事项于 2009 年度确认预计负债 300 万元。2010 年 2 月 5 日，法院判决甲公司应赔偿乙公司专利侵权损失 500 万元。

(5)2009 年 12 月 31 日，甲公司应收丙公司账款余额为 1 500 万元，已计提的坏账准备为 300 万元。2010 年 2 月 26 日，丙公司发生火灾造成严重损失，甲公司预计该应收账款的 80%将无法收回。

要求：

(1)事项(1)～(5)，哪些属于资产负债表日后调整事项，哪些属于资产负债表日后非调整事项。

(2)对事项(1)～(5)中的调整事项作出相应的会计处理。

2. 甲公司为增值税一般纳税企业，适用的增值税税率为 17%，适用所得税税率为 25%，甲公司 2009 年度资产负债表日至财务报告批准报出日(2010 年 3 月 10 日)之间发生了以下交易或事项：

(1)2009 年 12 月 5 日，甲公司向 X 公司销售一批 E 产品，销售价格为 1 000 万元，并开具增值税专用发票。为及早收回货款，双方合同约定的现金折扣条件为“2/10，1/20，*n*/30”(假定计算现金折扣时不考虑增值税)。甲公司 E 产品的成本为 750 万元。2009 年 12 月 18 日，甲公司收到 X 公司支付的货款。

2010 年 1 月 15 日，X 公司就 2009 年 12 月购入的 E 产品存在的质量问题，致函甲公司要求退货。经甲公司检验，该产品确有质量问题，同意 X 公司全部退货。2010 年 1 月 18 日，甲公司收到 X 公司退回的 E 产品。同日，甲公司收到税务部门开具的进货退出证明单，开具红字增值税专用发票，并支付退货款 1 170 万元。X 公司退回的 E 产品经修理后可以出售，预计其销售价格高于其账面成本。

(2)2009 年 12 月 28 日，甲公司与 K 公司签订合同。合同约定：甲公司向 K 公司销售 D 产品一台，销售价格为 500 万元；甲公司承诺 K 公司如在两个月内对 D 产品的质量和性能不满意，可以无条件退货。2009 年 12 月 31 日，甲公司发出 D 产品，开具增值税专用发票，并收到 K 公司支付的货款。由于 D 产品系刚试制成功的新产品，甲公司无法合理估计其退货的可能性。甲公司 D 产品的成本为 350 万元。

2010 年 2 月 28 日，甲公司于 2009 年 12 月 31 日销售给 K 公司的 D 产品无条件退货期限届满。K 公司对 D 产品的质量和性能表示满意。

(3)2009 年 3 月 12 日，法院对 N 公司起诉甲公司合同违约一案作出判决，要求甲公司赔偿 N 公司 180 万元。甲公司不服判决，向二审法院提起上诉。甲公司的律师认为，二审法院很可能维持一审判决。该诉讼为甲公司因合同违约于 2009 年 12 月 5 日被 N 公司起诉至法院的诉讼事项。2009 年 12 月 31 日，法院尚未作出判决。经咨询律师后，甲公司认为该诉讼很可能败诉，2009 年 12 月 31 日确认预计负债 120 万元。

假定上述日后事项均发生在所得税汇算清缴之前。

要求：

(1)指出上述资料中哪些事项属于资产负债表日后调整事项，并编制其相关会计分录；

(2)合并编制涉及留存收益的调整分录。

3. 甲股份有限公司为增值税一般纳税人，适用的增值税税率为17%，所得税税率为25%。该公司按净利润的10%计提法定盈余公积，2009年的财务报告于2010年4月10日经批准对外报出。

甲公司2010年1月1日～4月10日发生如下事项：

(1)甲公司从2008年1月1日起对乙公司投资，其投资占乙公司可辨认净资产公允价值的25%，并具有重大影响，该项投资成本为500万元，采用成本法核算。按照会计规定该项投资应该采用权益法核算，2010年1月1日甲公司发现该差错并进行追溯。

乙公司2008年1月1日的所有者权益为账面价值1 500万元，公允价值为1 600万元，差额为存货价值，该存货在2008年和2009年分别销售60%和40%，乙公司2008年度实现净利润为400万元；2009年度实现净利润为500万元。

(2)2009年12月20日，甲公司与A公司签订购货合同，从A企业购入某商品，价格为10 000万元(不含增值税)。12月30日，鉴于B企业的同种商品价格更加优惠，甲公司改从B企业购入该种商品。为此，A企业根据合同规定于2009年12月31日要求甲公司支付违约金120万元。甲公司在编制2009年度会计报表时，基本同意支付违约金但是未预计该事项可能造成的损失。双方于2010年1月5日达成协议，由甲公司支付给A企业100万元违约金，该款项于2010年1月10日支付。

(3)甲公司2010年1月5日销售的产品，因质量问题被客户退货，并同时收到退回的原开出的增值税专用发票。退回的产品已入库，其售价为300万元(不含增值税)。销售成本为120万元，甲公司尚未确认该项收入。

(4)甲公司2010年1月10日发现本公司2009年年末按照成本与市价孰低法对期末交易性金融资产计价登记了50万元的公允价值变动。该公司交易性金融资产情况如表10-1所示，按照会计规定应采用公允价值对其计价。

表10-1　　　　单位：万元

项　目	2009年12月31日	
	成本	市价
股票A	540	490
股票B	680	780
股票C	850	880

(5)甲公司2010年3月2日收到通知，被告知某企业已破产清算，估计该企业所欠甲公司的200万元账款全部无法收回。该企业因长期经营不善，连续发生巨额亏损，2009年12月31日已资不抵债。甲公司在2009年12月31日对该笔应收账款计提了40%的坏账准备。

假定：上述事项均发生在所得税纳税汇算清缴前。

要求：

(1)编制上述业务的调整分录；

(2)编制上述业务的所得税调整分录；

(3)编制上述业务的损益调整结转分录；

(4)根据上述经济业务，调整2009年度已编制的资产负债表、利润表有关数据。

表 10-2　　调整资产负债表部分项目　　单位：万元

项　目	年末数调整	年初数调整	项　目	年末数调整	年初数调整
交易性金融资产			应交税费（所得税）		
应收账款			其他应付款		
长期股权投资			递延所得税负债		
递延所得税资产			盈余公积		
			未分配利润		
小　计			小　计		

表 10-3　　调整利润表部分项目　　单位：万元

项　目	调整上年	调整本年
资产减值损失	—	
公允价值变动损益	—	
投资收益		
营业外支出	—	
所得税费用	—	

五、综合题

1. 大海股份有限公司（下称大海公司，系上市公司）为增值税一般纳税企业，适用的增值税税率为17%，按债务法核算企业所得税，适用的所得税税率为25%；大海公司2010年度下列事项处理前的净利润为4 000万元，假设2010年所得税汇算清缴在2011年4月30日完成。2010年度财务会计报告批准报出日为2011年4月15日，实际对外公布日为2011年4月20日。在下列事项处理前，大海公司已计算的2010年度的应交所得税为1 250万元，大海公司尚未进行利润分配。大海公司2010年1月～2011年4月发生下列事项：

(1)2010年11月，大海公司销售一批商品给甲企业，价款为200万元（不含税），销售成本160万元，货款未收。2010年12月15日，甲企业告知大海公司，发现商品存在严重质量问题。按照协议规定，要求退货。大海公司答应了退货的要求，所退货物于2011年1月10日收到。大海公司对甲企业的应收账款计提了11.7万元坏账准备。税法规定，应收账款计提的坏账准备不得在所得税前扣除。

(2)2011年1月20日，大海公司收到A企业通知，被告知A企业于1月18日遭洪水袭击，整个企业被淹，预计所欠大海公司的400万元货款全部无法偿还。2010年12月31日，大海公司根据A企业的财务状况，对账龄在1年以内应收A企业的400万元账款计提了10%的坏账准备。

(3)2010年10月5日，大海公司与丙公司签订了股权转让协议。该协议规定：①大海公司将其持有的乙公司10%的股份合计4 000万股转让给丙公司，每股价格为1.6元；②股权转让协议经双方股东大会通过后生效；③丙公司在股权转让协议生效后的一个月内支付股权转让款的50%，另外50%的转让款在股权划转手续办理完毕后支付。签订股权转让协议时，大海公司持有乙公司40%的股份。大海公司转让的乙公司4 000万股股份的账面价值为 4 800 万元。

2010 年 12 月 20 日,股权转让协议分别经各有关公司股东大会通过。至大海公司 2010 年度财务报告批准对外报出前,丙公司尚未支付购买价款;股权划转手续尚在办理中。乙公司 2010 年度实现净利润 4 000 万元,适用的所得税税率为 25%。鉴于股权转让在办理中,大海公司按 30%的持股比例确认了投资收益。假定 2010 年除对"被投资单位实现净损益"外,无其他权益法核算的业务。

(4)2010 年 10 月 10 日,大海公司销售一批货物给 B 企业,取得含税收入 1 000 万元,货款到年末尚未支付,按当时情况计提了 1%的坏账准备。2011 年 4 月 1 日,大海公司接到报告,2011 年 3 月 29 日,B 企业遭受自然灾害,损失惨重,估计有 60%的货款收不回来。

(5)2010 年大海公司承接了一项办公楼建设工程,合同总收入 500 万元,合同总成本预计 350 万元。工程于 2010 年 7 月 1 日开工,工期为 1 年半,按完工百分比法核算本工程的收入与费用。①2010 年年末实际投入工程成本 120 万元,全部用银行存款支付;根据合同规定,应取得工程结算款 140 万元,实际收到工程结算款 125 万元;②2010 年年末预计完工进度为 30%,并据此确认收入;③2011 年 2 月 1 日,大海公司收到修订后的关于工程进度报告书,指出至 2010 年年末,工程完工进程应为 25%。假定此项业务不存在会计与税法的差异。

(6)大海公司按净利润的 10%提取法定盈余公积;董事会制订的 2010 年利润分配方案为:分配现金股利 300 万元;分配股票股利 500 万元。

要求:

(1)指出大海公司上述(1)～(5)的交易和事项中,哪些属于调整事项(注明上述交易和事项的序号即可)。

(2)编制甲公司除事项(6)以外的调整事项相关的会计分录(通过"以前年度损益调整"科目进行处理,合并编制将"以前年度损益调整"结转至"利润分配——未分配利润"科目的会计分录)。

(3)编制甲公司 2010 年度利润分配相关的会计分录。

(4)根据上述调整事项,调整会计报表的相关项目,将调整数填入表 10-4 中。

表 10-4　　单位:万元

资产负债表项目	调整金额[调增(+)调减(-)]
应收账款	
存货	
长期股权投资	
递延所得税资产	
应交税费	
盈余公积	
未分配利润	

(答案中的金额单位用万元表示)

项目十一

合并财务报表

项目目标

学习本项目,应能完成以下三项任务:

任务一:合并财务报表合并范围的确定

任务二:合并资产负债表的编制

任务三:合并利润表的编制

项目实施

任务一　合并财务报表合并范围的确定

合并财务报表是指反映母公司和其全部子公司形成的企业集团(以下简称企业集团)整体财务状况、经营成果和现金流量的财务报表。

与个别财务报表相比,合并财务报表具有如下特点:一是合并财务报表反映的是企业集团整体的财务状况、经营成果和现金流量,反映的对象是通常由若干个法人(包括母公司和其全部子公司)组成的会计主体,是经济意义上的会计主体,而不是法律意义上的主体。二是合并财务报表的编制者或编制主体是母公司。三是合并财务报表以企业集团个别财务报表为基础,而不是以企业集团中母公司和其全部子公司的账簿记录为基础编制的。四是合并财务报表编制有其独特的方法。

合并财务报表的作用主要有两个方面:一是合并财务报表能够向财务报告的使用者提供反映企业集团整体财务状况、经营成果和现金流量的会计信息,有助于财务报告的使用者作出经济决策。二是合并财务报表有利于避免一些母公司利用控制关系人为粉饰财务报表的情况的发生。

一、合并财务报表合并范围的确定

合并财务报表的合并范围是指纳税人合并财务报表编报的子公司的范围,主要明确哪些被投资单位(或主体)应当纳入合并财务报表编报范围,哪些被投资单位(或主体)不应当纳入合并财务报表编报范围。合并财务报表的合并范围是编制合并财务报表的前提。

《企业会计准则第 33 号——合并财务报表》(以下简称合并财务报表准则)规定,合并财务报表的合并范围应当以控制为基础予以确定。母公司应当将其全部子公司纳入合并财务报表的合并范围。

在具体应用控制标准确定合并财务报表的合并范围时,应当着重强调实质重于形式原则,综合考虑所有相关因素进行职业判断,如被投资单位各个投资者的持股情况、投资者之间的相互关系、公司治理结构、潜在表决权、日常经营管理特点等因素。

(一)控制的定义

控制是指一个企业能够决定另一个企业的财务和经营政策,并能据以从另一个企业的经营活动中获取利益的权力。控制通常具有如下特征:

1. 控制的主体是唯一的,不是两方或多方。即对被投资单位的财务和经营政策的提议不必征得其他方同意,就可以形成决议,付诸于被投资单位执行。

2. 控制的内容是另一个企业的日常生产经营活动的财务和经营政策,这些财务和经营政策一般是通过表决权来决定的,在某些情况下,也可以通过法定程序严格限制董事会、受托人或管理层对特殊目的主体经营活动的决策权,如规定除设立者或发起人外,其他人无权决定特殊目的主体经营活动的政策。

3. 控制的性质是一种权力,是一种法定权力,也可以是通过公司章程或协议、投资者之间的协议授予的权力。

4. 控制的目的是为了获取经济利益,包括增加经济利益、维持经济利益、保护经济利益,或者降低所分担的损失等。

(二)母公司与子公司定义

企业集团是由母公司和其全部子公司构成的。比如,P 公司能够控制 S 公司,P 公司和 S 公司构成了企业集团。又如,P 公司能够同时控制 S_1 公司、S_2 公司、S_3 公司和 S_4 公司,P 公司和 S_1 公司、S_2 公司、S_3 公司、S_4 公司构成了企业集团。母公司和子公司是相互依存的,有母公司必然存在子公司,同样,有子公司必然存在母公司。合并财务报表准则对母公司和子公司作了定义。

1. 母公司的定义

母公司是指有一个或一个以上子公司的企业(或主体,下同)。从母公司的定义可以看出,母公司要求同时具备两个条件:

一是必须有一个或一个以上的子公司,即必须满足合并财务报表准则所规定的控制的要求,能够决定另一个企业的财务和经营政策,并能据以从另一个企业的经营活动中获取利益的权力。母公司可以只控制一个子公司,也可以同时控制多个子公司。

二是母公司可以是企业,如《公司法》所规定的股份有限公司、有限责任公司以及外商投资企业,也可以是非企业形式的、但形成会计主体的其他组织,如基金等。

2. 子公司的定义

子公司是指被母公司控制的企业。从子公司的定义可以看出,子公司也要求同时具备两个条件:

一是作为子公司必须被母公司控制,并且只能是一个母公司控制,不可能也不允许被两个或多个母公司同时控制。被两个或多个公司同时控制的被投资单位是合营企业，而不是子公司。比如，P公司能够控制S公司，S公司是P公司的子公司。又如，P公司能够同时控制S_1公司、S_2公司、S_3公司和S_4公司，S_1公司、S_2公司、S_3公司和S_4公司均为P公司的子公司。

二是子公司可以是企业，如《公司法》所规定的股份有限公司、有限责任公司以及外商投资企业，也可以是非企业形式的、但形成会计主体的其他组织，如基金以及信托项目等特殊目的的主体等。

（三）控制标准的具体应用

1. 母公司拥有其半数以上的表决权的被投资单位应当纳入合并财务报表的合并范围

母公司直接或通过子公司间接拥有被投资单位半数以上的表决权，表明母公司能够控制被投资单位，应当将该被投资单位认定为子公司，纳入合并财务报表的合并范围。但是，有证据表明母公司不能控制被投资单位的除外。

表决权是指对被投资单位经营计划、投资方案、年度财务预算方案和决算方案、利润分配方案和弥补亏损方案、内部管理机构的设置、聘任或解聘公司经理及其报酬、公司的基本管理制度等事项持有的表决权，不包括对修改公司章程、增加或减少注册资本、发行公司债券、公司合并、分立、解散或变更公司形式等事项持有的表决权。表决权比例通常与其出资比例或持股比例是一致的，但是对于有限责任公司，公司章程另有规定的除外。2005年修订的《公司法》第四十三条规定“股东会会议由股东按出资比例行使表决权；但是，公司章程另有规定的除外。”第一百零四条规定：“股东出席股东大会会议，所持每一股份有一表决权。但是，公司持有的本公司股份的没有表决权。股东大会作出修改公司章程、增加或者减少注册资本的决议，以及公司合并、分立、解散或者变更公司形式的决议，必须经出席会议的股东所持表决权的三分之二以上通过。”第一百一十二条规定：“董事会会议应有过半数的董事出席方可举行。董事会作出决议，必须经全体董事的过半数通过。董事会决议的表决，实行一人一票。”

当母公司拥有被投资单位半数以上表决权时，母公司就拥有对该被投资单位的控制权，能够主导该被投资单位的股东大会（或股东会，下同），特别是董事会，并对其生产经营活动和财务政策实施控制。在这种情况下，子公司处在母公司的直接控制和管理下进行日常生产经营活动，子公司的生产经营活动成为事实上的母公司生产经营活动的一个组成部分，母公司与子公司生产经营活动已一体化。拥有被投资单位半数以上表决权，是母公司对其拥有控制权的最明显的标志，应将其纳入合并财务报表的合并范围。

母公司拥有被投资单位半数以上表决权，通常包括如下三种情况：

(1)母公司直接拥有被投资单位半数以上表决权。比如，P公司直接拥有S公司发行的普通股总数的60%，这种情况下，S公司就成为P公司的子公司，P公司编制合并财务报表时，则必须将S公司纳入其合并范围。

(2)母公司间接拥有被投资单位半数以上表决权。间接拥有半数以上表决权，是指母公司通过子公司而对子公司的子公司拥有半数以上表决权。比如，P公司拥有S_1公司70%的股份，而S_1公司又拥有S_3公司80%的股份。在这种情况下，P公司作为母公司通过其子公司S_1公司，间接拥有S_3公司80%的表决权，从而S_3公司也是P公司的子公司，

P公司编制合并财务报表时，也应当将 S_3 公司纳入其合并范围。这里必须注意的是，P公司间接拥有 S_3 公司的表决权是以 S_1 公司为P公司的子公司为前提的。

(3)母公司直接和间接方式合计拥有被投资单位半数以上表决权。直接和间接方式合计拥有半数以上表决权，是指母公司以直接方式拥有某一被投资单位半数以下的权益性资本，同时又通过其他方式如通过子公司从而拥有该被投资单位一部分的表决权，两者合计拥有该被投资单位半数以上的表决权。例如，P公司拥有 S_2 公司 90%的股份，拥有 S_4 公司 30%的股份；S_2 公司拥有 S_4 公司 60%的股份。在这种情况下，S_2 公司为P公司的子公司，P公司通过子公司 S_2 公司间接拥有 S_4 公司 60%的股份，与直接拥有 30%的股份合计，P公司共拥有 S_4 公司 90%的股份，从而 S_4 公司属于P公司的子公司，P公司编制合并财务报表时，也应当将 S_4 公司纳入其合并范围。

拥有被投资单位半数以上表决权是母公司对其拥有控制权的最明显标志，但是如果有证据表明母公司不能控制被投资单位的除外。比如，尽管P公司拥有S公司60%的股份，但是如果S公司被政府或有关部门接管，在这种情况下，对S公司的控制权已经转移至政府或有关部门，P公司已经对S公司没有了控制权，P公司不应当将S公司纳入其合并财务报表的合并范围。

2. 母公司拥有其半数以下的表决权的被投资单位纳入合并财务报表的合并范围的情况

在母公司通过直接和间接方式都没有拥有被投资单位半数以上表决权的情况下，如果母公司通过其他方式对被投资单位的财务和经营政策能够实施控制时，这些被投资单位也应作为子公司纳入其合并范围。

(1)通过与被投资单位其他投资者之间的协议，拥有被投资单位半数以上表决权。这种情况是指母公司与其他投资者共同投资某企业，母公司与其中的某些投资者签订书面协议，受托管理和控制该被投资单位，从而在被投资单位的股东大会和董事会上拥有该被投资单位半数以上表决权。在这种情况下，母公司对这一被投资单位的财务和经营政策拥有控制权，使该被投资单位成为事实上的子公司，为此必须将其纳入合并财务报表的合并范围。

(2)根据公司章程或协议，有权决定被投资单位的财务和经营政策。这种情况是指在被投资单位的公司章程等文件中明确母公司对其财务和经营政策能够实施控制。企业的财务和经营政策直接决定着企业的日常生产经营活动，决定着企业的未来发展。能够控制企业财务和经营政策也就是等于控制整个企业日常生产经营活动。这样，也就使得该被投资单位成为事实上的子公司，从而应当纳入母公司的合并财务报表的合并范围。

(3)有权任免被投资单位的董事会或类似机构的多数成员。这种情况是指母公司能够通过任免被投资单位董事会的多数成员控制该被投资单位的日常生产经营活动，被投资单位成为事实上的子公司，从而应当纳入母公司的合并财务报表的合并范围。这里的“多数”是指超过半数以上(不包括半数)。同时，需要注意的是，在这种情况下，董事会或类似机构必须能够控制被投资单位，否则，该条件不适用。

(4)在被投资单位董事会或类似机构占多数表决权。这种情况是指母公司能够控制董事会等权力机构的会议，从而主导公司董事会的经营决策，使该公司的生产经营活动在母公司的间接控制下进行，使被投资单位成为事实上的子公司。因此，也应当将其纳入母公司的合并财务报表的合并范围。这里的“多数”是指超过半数以上(不包括半数)。同样,需要注意的是,在这种情况下,董事会或类似机构必须能够控制被投资单位,否则,该条件不适用。

在母公司拥有被投资单位半数或以下的表决权,满足上述四个条件之一,合并财务报表准则视为母公司能够控制被投资单位,应当将该被投资单位认定为子公司,纳入合并财务报表的合并范围。但是,如果有证据表明母公司不能控制被投资单位的除外。比如,尽管 P 公司有权任免 S_5 公司由 11 名董事组成的董事会的 6 名董事,但是,如果公司章程规定,S_5 公司所有日常生产经营活动的董事会表决,必须经全体董事的过半数通过,与此同时,还必须经第二大股东派出的至少 1 名董事同意,在这种情况下,S_5 公司董事会决议的形成要得到第二大股东派出的至少 1 名董事的同意,实质上 P 公司无法单方面主导 S_5 公司的董事会,也就无法单方面控制 S_5 公司的财务和经营政策,P 公司不符合合并财务报表准则所规定的控制标准,P 公司不能控制 S_5 公司,P 公司不应当将 S_5 公司纳入其合并财务报表的合并范围。

3. 在确定能否控制被投资单位时对潜在表决权的考虑

在确定能否控制被投资单位时,应当考虑企业和其他企业持有的被投资单位的当期可转换公司债券、当期可执行的认股权证等潜在表决权因素。所称潜在表决权,是指当期可转换的可转换公司债券、当期可执行的认股权证等,不包括在将来某一日期或将来发生某一事项才能转换的可转换公司债券或才能执行的认股权证等,也不包括诸如行权价格的设定使得在任何情况下都不可能转换为实际表决权的其他债务工具或权益工具。

企业应当考虑影响潜在表决权的所有事项和情况,包括潜在表决权的执行条件、需要单独考虑或综合考虑的其他合约安排等。但是,本企业和其他企业或个人执行潜在表决权的意图和财务能力对潜在表决权的影响除外。潜在表决权仅作为判断是否存在控制的考虑因素,不影响当期母公司股东和少数股东之间的分配比例。

4. 判断母公司能否控制特殊目的主体应当考虑的主要因素

(1)母公司为融资、销售商品或提供劳务等特定经营业务的需要直接或间接设立特殊目的主体。

(2)母公司具有控制或获得控制特殊目的主体或其资产的决策权。比如,母公司拥有单方面终止特殊目的主体的权力、变更特殊目的主体章程的权力、对变更特殊目的主体章程的否决权等。

(3)母公司通过章程、合同、协议等具有获取特殊目的主体大部分利益的权力。

(4)母公司通过章程、合同、协议等承担了特殊目的主体的大部分风险。

(四)所有子公司都应纳入母公司的合并财务报表的合并范围

母公司应当将其全部子公司纳入合并财务报表的合并范围。即,只要是由母公司控制的子公司,不论子公司的规模大小、子公司向母公司转移资金能力是否受到严格限制,也不论子公司的业务性质与母公司或企业集团内其他子公司是否有显著差别,都应当纳入合并财务报表的合并范围。

需要说明的是,受所在国外汇管制及其他管制,资金调度受到限制的境外子公司,在这种情况下,该被投资单位的财务和经营政策仍然由本公司决定,本公司也能从其经营活动中获取利益，资金调度受到限制并不妨碍本公司对其实施控制，因此，应将其认定为子公司。

下列被投资单位不是母公司的子公司，不应当纳入母公司的企业合并财务报表的合并范围：一是已宣告被清理整顿的原子公司；二是已宣告破产的原子公司；三是母公司不能控制的其他被投资单位。需要注意的是，按照合并财务报表准则的规定，投资企业对于与其他投资方一起实施共同控制的被投资单位，应当采用权益法核算，不应采用比例合并法。但是，如果根据有关公司章程、协议等，表明投资企业能够对被投资单位实施控制的，应当将被投资单位纳入合并财务报表的合并范围。

二、合并财务报表的前期准备工作

合并财务报表的编制涉及多个会计主体。为了使编制的合并财务报表准确、全面反映企业集团的真实情况，母公司和子公司都必须做好一系列的前期准备工作。

（一）母公司为编制合并财务报表应做好的前期准备工作

合并财务报表准则规定，合并财务报表应当以母公司和子公司的财务报表为基础，根据有关资料，按照权益法调整对子公司的长期股权投资后，由母公司编制。母公司为编制合并财务报表应做好的前期准备工作主要有如下几项：

1. 统一母公司、子公司的会计政策

在编制合并财务报表前，应统一母公司、子公司会计政策，使子公司采用的会计政策与母公司保持一致。子公司所采用的会计政策与母公司不一致的，母公司在编制合并财务报表时，可以采用两种方式进行调整：一是由母公司按照其自身的会计政策对子公司财务报表进行必要的调整。二是母公司要求子公司按照母公司的会计政策另行编报财务报表。

需要注意的是，中国境内企业设在境外的子公司在境外发生的交易或事项，境内不存在该类交易或事项且受法律法规等限制或交易不常见，企业会计准则未作出规范的，可以将境外子公司已经进行的会计处理结果，在符合基本准则的原则下，按照国际财务报告准则进行调整后，并入境内母公司合并财务报表的相关项目。

2. 统一母公司、子公司的会计期间

子公司可能在我国境外经营，由于受到当地法律的限制，其会计期间有可能不是公历会计年度，在这种情况下，母公司在编制合并财务报表时，采用两种方式进行调整：一是应当按照母公司的会计期间对子公司财务报表进行调整。二是母公司要求子公司按照公历会计年度另行编报财务报表。

3. 按照权益法调整对子公司的长期股权投资

合并财务报表准则规定，合并财务报表应当以母公司和子公司的财务报表为基础，根据有关资料，按照权益法调整对子公司的长期股权投资后，由母公司编制。

需要说明的是，在编制合并财务报表时，按照权益法调整对子公司的长期股权投资，这项调整工作应在合并财务报表的工作底稿（以下简称合并工作底稿）中进行，不得据此改变母公司的账簿记录和个别财务报表列报。在母公司的账簿记录和个别财务报表中，对子公司的长期股权投资，按照《企业会计准则第 2 号——长期股权投资》的规定，应当采用成本法进行核算,而不是权益法。

4. 对子公司外币财务报表进行折算

合并财务报表准则规定,外币财务报表折算适用《企业会计准则第 19 号——外币折算》和《企业会计准则第 31 号——现金流量表》的规定。

(二)子公司为编制合并财务报表应做好的前期准备工作

合并财务报表是反映企业集团整体财务状况、经营成果和现金流量的财务报表。因此,母公司在编制合并财务报表时,必须得到子公司的配合与支持。为了保证合并财务报表所提供的会计信息的真实、完整,合并财务报表准则规定,子公司必须向母公司提供与编制合并财务报表有关的如下资料:

1. 子公司的财务报表;
2. 采用的与母公司不一致的会计政策及其影响金额;
3. 与母公司不一致的会计期间的说明;
4. 与母公司、其他子公司之间发生的所有内部交易的相关资料;
5. 所有者权益变动的有关资料;
6. 编制合并财务报表所需要的其他资料。

其中,子公司向母公司提供的财务报表既可以是子公司的个别财务报表,也可以是子公司作为中间母公司(即子公司既是上一层的子公司,又是下一层的母公司)的合并财务报表,取决于最终母公司对企业集团合并财务报表编制的方式,即直接由最终母公司合并所有子公司,或层层合并后由最终母公司编制最终的合并财务报表;但前提是采用层层合并方式编制的合并财务报表与由母公司直接合并所有子公司的结果相同。

三、合并财务报表的编制程序

合并财务报表编制有其特殊的程序,主要包括如下几个方面:

(一)编制合并工作底稿

合并工作底稿的作用是为合并财务报表的编制提供基础。在合并工作底稿中,对母公司和子公司的个别财务报表各项目的金额进行汇总和抵消处理,最终计算得出合并财务报表各项目的合并金额。合并工作底稿的基本格式如表 11-1 所示。

(二)编制调整分录和抵消分录

在合并工作底稿中编制调整分录和抵消分录,将内部交易对合并财务报表有关项目的影响进行抵消处理。编制抵消分录、进行抵消处理是合并财务报表编制的关键和主要内容,其目的在于将个别财务报表各项目的加总金额中重复的因素予以抵消。在编制合并财务报表时,对子公司的长期股权投资调整为权益法,也需要在合并工作底稿中通过编制调整分录予以调整,而不改变母公司"长期股权投资"账面记录。

在合并工作底稿中编制的调整分录和抵消分录,借记或贷记的均为财务报表项目(即资产负债表项目、利润表项目、现金流量表项目和所有者权益变动表项目),而不是具体的会计科目。比如,涉及调整或抵消固定资产折旧、固定资产减值准备等均通过资产负债表中的"固定资产"项目,而不是"累计折旧"、"固定资产减值准备"等科目来进行调整和抵消。

（三）计算合并财务报表各项目的合并金额

在母公司和子公司个别财务报表各项目加总金额的基础上，分别计算出合并财务报表中各资产项目、负债项目、所有者权益项目、收入项目和费用项目等的合并金额。其计算方法如下：

1. 资产类各项目，其合并金额根据该项目加总金额，加上该项目抵消分录有关的借方发生额，减去该项目抵消分录有关的贷方发生额计算确定。

2. 负债类各项目和所有者权益类项目，其合并金额根据该项目加总金额，减去该项目抵消分录有关的借方发生额，加上该项目抵消分录有关的贷方发生额计算确定。

3. 有关收入类各项目和有关所有者权益变动各项目，其合并金额根据该项目加总金额，减去该项目抵消分录的借方发生额，加上该项目抵消分录的贷方发生额计算确定。

4. 有关费用类项目，其合并金额根据该项目加总金额，加上该项目抵消分录的借方发生额，减去该项目抵消分录的贷方发生额计算确定。

（四）填列合并财务报表

根据合并工作底稿中计算出的资产、负债、所有者权益、收入、费用类以及现金流量表中各项目的合并金额，填列生成正式的合并财务报表。

表 11-1　　合并工作底稿

项　目	母公司			子公司 1			子公司 2			……			合计	抵消分录		少数股东权益	合并金额
	报表金额	借方	贷方	报表金额	借方	贷方	报表金额	借方	贷方	报表金额	借方	贷方	金额	借方	贷方		
（利润表项目）																	
营业收入																	
营业成本																	
……																	
净利润																	
（所有者权益变动表项目）																	
未分配利润——年初																	
……																	
未分配利润——年末																	
（资产负债表项目）																	
货币资金																	
……																	
短期借款																	
……																	
实收资本																	
……																	
未分配利润																	
少数股东权益																	

任务检验

【1·判断题】　报告中期新增的符合纳入合并财务报表范围条件的子公司，如无法提

供可比中期合并财务报表,可不将其纳入合并范围。 ( )

【2·多选题】 甲公司(制造企业)投资的下列各公司中,应当纳入其合并财务报表合并范围的有( )。

A. 主要从事金融业务的子公司

B. 设在实行外汇管制国家的子公司

C. 发生重大亏损的子公司

D. 与乙公司共同控制的合营公司

任务二 合并资产负债表的编制

合并资产负债表是反映企业集团在某一特定日期财务状况的财务报表,由合并资产、负债和所有者权益各项目组成。

一、对子公司的个别财务报表进行调整

在编制合并财务报表时,首先应对各子公司进行分类,分为同一控制下企业合并中取得的子公司和非同一控制下企业合并中取得的子公司两类。

(一)属于同一控制下企业合并中取得的子公司

对于属于同一控制下企业合并中取得的子公司的个别财务报表,如果不存在与母公司会计政策和会计期间不一致的情况,则不需要对该子公司的个别财务报表进行调整,只需要抵消内部交易对合并财务报表的影响即可。

(二)属于非同一控制下企业合并中取得的子公司

对于属于非同一控制下企业合并中取得的子公司,除了存在与母公司会计政策和会计期间不一致的情况,需要对该子公司的个别财务报表进行调整外,还应当根据母公司为该子公司设置的备查簿的记录,以记录的该子公司的各项可辨认资产、负债及或有负债等在购买日的公允价值为基础,通过编制调整分录,对该子公司的个别财务报表进行调整,以使子公司的个别财务报表反映为在购买日公允价值基础上确定的可辨认资产、负债及或有负债在本期资产负债表日的金额。

二、按权益法调整对子公司的长期股权投资

在合并工作底稿中,将对子公司的长期股权投资调整为权益法时,应按照长期股权投资准则所规定的权益法进行调整。在确认应享有子公司净损益的份额时,对于属于非同一控制下企业合并形成的长期股权投资,应当以在备查簿中记录的子公司各项可辨认资产、负债及或有负债等在购买日的公允价值为基础,对该子公司的净利润进行调整后确认;对于属于同一控制下的企业合并形成的长期股权投资,可以直接以该子公司的净利润进行确认,但是该子公司的会计政策或会计期间与母公司不一致的,仍需要对净利润进行调整。如果存在未实现内部交易损益,在采用权益法进行调整时还应对该未实现内部交易损益进行调整。

在合并工作底稿中编制的调整分录为：对于当期该子公司实现的净利润，按母公司应享有的份额，借记"长期股权投资"项目，贷记"投资收益"项目；对于当期该子公司发生的净亏损，按母公司应分担的份额，借记"投资收益"项目，贷记"长期股权投资"、"长期应收款"等项目。对于当期收到的净利润或现金股利，借记"投资收益"项目，贷记"长期股权投资"项目。

对于子公司除净损益以外所有者权益的其他变动，按母公司应享有的份额，借记"长期股权投资"项目，贷记"资本公积"项目。

需要说明的是，合并财务报表准则也允许企业直接在对子公司的长期股权投资采用成本法核算的基础上编制合并财务报表，但是所生成的合并财务报表应当符合合并财务报表准则的相关规定。

三、编制合并资产负债表时应进行抵消处理的项目

合并资产负债表是以母公司和子公司的个别资产负债表为基础编制的。编制合并资产负债表时需要进行抵消处理的项目，主要有：(1)母公司对子公司长期股权投资与子公司所有者权益；(2)母公司与子公司、子公司相互之间发生内部债权与债务；(3)存货项目，即内部购进存货成本中包含的未实现内部销售损益；(4)固定资产项目，即内部购进商品形成的固定资产、内部购进的固定资产成本中包含的未实现内部销售损益；(5)无形资产项目，即内部购进商品形成的无形资产、内部购进的无形资产成本中包含的未实现内部销售损益；(6)与抵消的长期股权投资、应收账款、存货、固定资产、无形资产等资产相关的减值准备的抵消。

(一)长期股权投资与子公司所有者权益的抵消处理

从企业集团整体来看，母公司对子公司进行的长期股权投资实际上相当于母公司将资本拨付下属核算单位，并不引起整个企业集团的资产、负债和所有者权益的增减变动。因此，编制合并财务报表时，应当在母公司与子公司财务报表数据简单相加的基础上，将母公司对子公司的长期股权投资与子公司所有者权益予以抵消。

1. 在子公司为全资子公司的情况下，母公司对子公司长期股权投资的金额和子公司所有者权益各项目的金额应当全额抵消。在合并工作底稿中编制的抵消分录为：借记"实收资本"、"资本公积"、"盈余公积"和"未分配利润——年末"项目，贷记"长期股权投资"项目。其中，属于商誉的部分，还应借记"商誉"项目。

2. 在子公司为非全资子公司的情况下，应当将母公司对子公司长期股权投资的金额与子公司所有者权益中母公司所享有的份额相抵消。子公司所有者权益中不属于母公司的份额，即子公司所有者权益中抵消母公司所享有的份额后的余额，在合并财务报表中作为"少数股东权益"处理。在合并工作底稿中编制的抵消分录为：借记"实收资本"、"资本公积"、"盈余公积"和"未分配利润——年末"项目，贷记"长期股权投资"和"少数股东权益"项目。其中，属于商誉的部分，还应借记"商誉"项目。

需要说明的是，合并财务报表准则规定，子公司持有母公司的长期股权投资、子公司相互之间持有的长期股权投资，也应当比照上述母公司对子公司的股权投资的抵消方法采用通常所说的交互分配法进行抵消处理。

(二)内部债权与债务的抵消处理

在编制合并资产负债表时,需要进行抵消处理的内部债权债务项目主要包括:(1)应收账款与应付账款;(2)应收票据与应付票据;(3)预付账款与预收账款;(4)持有至到期投资(假定该项债券投资持有方划归为持有至到期投资,如果划分为其他类的金融资产,原理相同)与应付债券;(5)应收利息与应付利息;(6)应收股利与应付股利;(7)其他应收款与其他应付款。

1. 应收账款与应付账款的抵消处理

(1)初次编制合并财务报表时应收账款与应付账款的抵消处理

在应收账款计提坏账准备的情况下,某一会计期间坏账准备的金额是以当期应收账款为基础计提的。在编制合并财务报表时,内部应收账款抵消时,其抵消分录为:借记"应付账款"项目,贷记"应收账款"项目;内部应收账款计提的坏账准备抵消时,其抵消分录为:借记"应收账款——坏账准备"项目,贷记"资产减值损失"项目。

(2)连续地编制合并财务报表时内部应收账款坏账准备的抵消处理

在连续编制合并财务报表进行抵消处理时,应按下列程序进行抵消:

首先,将内部应收账款与应付账款予以抵消,即按内部应收账款的金额,借记"应付账款"项目,贷记"应收账款"项目。

其次,应将上期资产减值损失中抵消的内部应收账款计提的坏账准备对本期期初未分配利润的影响予以抵消,即按上期资产减值损失项目中抵消的内部应收账款计提的坏账准备的金额,借记"应收账款——坏账准备"项目,贷记"未分配利润——年初"项目。

最后,对于本期个别财务报表中内部应收账款相对应的坏账准备增减变动的金额也应予以抵消,即按照本期个别资产负债表中期末内部应收账款相对应的坏账准备的增加额,借记"应收账款——坏账准备"项目,贷记"资产减值损失"项目,或按照本期个别资产负债表中期末内部应收账款相对应的坏账准备的减少额,借记"资产减值损失"项目,贷记"应收账款——坏账准备"项目。

第一种情况:内部应收账款本期余额与上期余额相等时的抵消处理。

【例 11-1】 假定 P 公司是 S 公司的母公司,假设 P 公司 2011 年个别资产负债表中对 S 公司内部应收账款余额与 2010 年相同,仍为 4 750 000 元,坏账准备余额仍为 250 000元,2011 年内部应收账款相对应的坏账准备余额未发生增减变化。S 公司个别资产负债表中应付账款 5 000 000 元系 2010 年从 P 公司购进商品存货发生的应付购货款。

P 公司在合并工作底稿中应进行如下抵消处理:

①将内部应收账款与应付账款相互抵消。其抵消分录如下:

借:应付账款　　5 000 000

　贷:应收账款　　5 000 000

②将上期(2010 年)内部应收账款计提的坏账准备抵消。在这种情况下,P 公司个别财务报表附注中坏账准备余额实际上是上期结转而来的余额,因此只需将上期内部应收账款计提的坏账准备予以抵消,同时调整本期期初未分配利润的金额。其抵消分录如下:

借:应收账款——坏账准备　　250 000

　贷:未分配利润——年初　　250 000

第二种情况：内部应收账款本期余额大于上期余额时的抵消处理。

【例 11-2】　假定 P 公司是 S 公司的母公司，假设 P 公司 2011 年个别资产负债表中对 S 公司内部应收账款余额为 6 270 000 元，坏账准备余额为 330 000 元，本期对 S 公司内部应收账款净增加 1 600 000 元，本期内部应收账款相对应的坏账准备增加 80 000 元。S 公司个别资产负债表中应付账款 6 600 000 元系 2010 年和 2011 年从 P 公司购进商品存货发生的应付购货款。其他资料同【例 11-1】。

P 公司在合并工作底稿中应进行如下抵消处理：

① 将内部应收账款与应付账款相互抵消。其抵消分录如下：

借：应付账款　　6 600 000

　贷：应收账款　　6 600 000

② 将上期（2010 年）内部应收账款计提的坏账准备予以抵消，调整期初未分配利润的金额。其抵消分录如下：

借：应收账款——坏账准备　　250 000

　贷：未分配利润——年初　　250 000

③ 将本期（2011 年）对 S 公司内部应收账款相对应的坏账准备增加的 80 000 元予以抵消。其抵消分录如下：

借：应收账款——坏账准备　　80 000

　贷：资产减值损失　　80 000

第三种情况：内部应收账款本期余额小于上期余额的抵消处理。

【例 11-3】　假定 P 公司是 S 公司的母公司，假设 P 公司 2011 年个别资产负债表中对 S 公司内部应收账款余额为 3 040 000 元，坏账准备余额为 160 000 元。内部应收账款比上期（2010 年）净减少 1 800 000 元，本期内部应收账款相对应的坏账准备余额减少 90 000元。S 公司个别资产负债表中应付账款 3 200 000 元系 2010 年从 P 公司购进商品存货发生的应付购货款的余额。其他资料同【例 11-1】。

P 公司在合并工作底稿中应进行如下抵消处理：

① 将内部应收账款与应付账款相互抵消。其抵消分录如下：

借：应付账款　　3 200 000

　贷：应收账款　　3 200 000

② 将上期（2010 年）内部应收账款计提的坏账准备予以抵消，调整期初未分配利润的金额。其抵消分录如下：

借：应收账款——坏账准备　　250 000

　贷：未分配利润——年初　　250 000

③ 将本期（2011 年）内部应收账款相对应的坏账准备减少的 90 000 元予以抵消。其抵消分录如下：

借：资产减值损失　　90 000

　贷：应收账款——坏账准备　　90 000

2. 其他债权与债务项目的抵消处理

在某些情况下，债券投资而持有的企业集团内部成员企业的债券并不是从发行债券的企业直接购进，而是在证券市场上从第三方手中购进的。在这种情况下，持有至到期投资中的债券投资与发行债券企业的应付债券抵消时，可能会出现差额，应分别按以下情况进行处理：如果债券投资的余额大于应付债券的余额，其差额应作为投资损失计入合并利润表的“投资收益”项目；如果债券投资的余额小于应付债券的余额，其差额应作为利息收入计入合并利润表的“财务费用”项目。

（三）存货价值中包含的未实现内部销售损益的抵消处理

在编制合并资产负债表时，应当将存货价值中包含的未实现内部销售损益予以抵消。编制抵消分录时，按照集团内部销售企业销售该商品的销售收入，借记“营业收入”项目，按照销售企业销售该商品的销售成本，贷记“营业成本”项目，按照当期期末存货价值中包含的未实现内部销售损益的金额，贷记“存货”项目。

1. 当期内部购进商品并形成存货情况下的抵消处理

在编制合并财务报表进行抵消处理时，按照内部销售收入的金额，借记“营业收入”项目，贷记“营业成本”项目；同时按照期末内部购进形成的存货价值中包含的未实现内部销售损益的金额，借记“营业成本”项目，贷记“存货”项目（或按照内部营业收入形成期末存货的金额，借记“营业收入”项目，按照其对应的销售成本的金额，贷记“营业成本”项目，按其差额，贷记“存货”项目）。

2. 连续编制合并财务报表时内部购进商品的抵消处理

在连续编制合并财务报表的情况下，首先必须将上期抵消的存货价值中包含的未实现内部销售损益对本期期初未分配利润的影响予以抵消，调整本期期初未分配利润的金额；然后再对本期内部购进存货进行抵消处理，其具体抵消处理程序和方法如下：

（1）将上期抵消的存货价值中包含的未实现内部销售损益对本期期初未分配利润的影响进行抵消。即按照上期内部购进存货价值中包含的未实现内部销售损益的金额，借记“未分配利润——年初”项目，贷记“营业成本”项目。这一抵消分录，可以理解为上期内部购进的存货中包含的未实现内部销售损益在本期视为实现利润，将未实现的内部销售损益转为实现利润，冲减当期的合并营业成本。

（2）对于本期发生内部购销活动的，将内部销售收入、内部销售成本及内部购进存货中未实现的内部销售损益予以抵消。即按照销售企业内部销售收入的金额，借记“营业收入”项目，贷记“营业成本”项目。

（3）将期末内部购进存货价值中包含的未实现内部销售损益予以抵消。对于期末内部购买形成的存货（包括上期结转形成的本期存货），应按照购买企业期末内部购入存货价值中包含的未实现内部销售损益的金额，借记“营业成本”项目，贷记“存货”项目。以下举例说明其具体抵消方法。

【例 11-4】 假定 P 公司是 S 公司的母公司，假设 2011 年 S 公司向 P 公司销售产品 15 000 000 元，S 公司 2011 年销售毛利率与 2010 年相同（为 20%），销售成本为 12 000 000元。P 公司 2011 年将此商品实现对外销售收入为 18 000 000 元，销售成本为 12 600 000元；期末存货为 12 400 000 元（期初存货 10 000 000 元＋本期购进存货 15 000 000元－本期销售成本 12 600 000 元），存货价值中包含的未实现内部销售损益为 248 000元（1 240 000×20%）。

P公司编制合并财务报表时应进行如下抵消处理：

① 调整期初(2011年)未分配利润的金额

借：未分配利润——年初　　2 000 000

　贷：营业成本　　2 000 000

② 抵消本期(2011年)内部销售收入和内部销售成本

借：营业收入　　15 000 000

　贷：营业成本　　15 000 000

③ 抵消期末存货中包含的未实现内部销售损益

借：营业成本　　248 000

　贷：存货　　248 000

(四)内部固定资产交易的抵消处理

内部固定资产交易是指企业集团内部发生交易的另一方与固定资产有关的购销业务。对于企业集团内部固定资产交易，根据销售企业销售的是产品还是固定资产，可以将其划分为两种类型：第一种类型是企业集团内部企业将自身生产的产品销售给企业集团内的其他企业作为固定资产使用；第二种类型是企业集团内部企业将自身的固定资产出售给企业集团内的其他企业作为固定资产使用；此外，还有另一种类型的内部固定资产交易，即企业集团内部企业将自身使用的固定资产出售给企业集团内的其他企业作为普通商品销售。这种类型的固定资产交易，在企业集团内部发生的情况极少，一般情况下发生的数量也不大。

1. 在第一种类型的内部固定资产交易的情况下，即企业集团内部的母公司或子公司将自身生产的产品销售给企业集团内部的其他企业作为固定资产使用，这种类型的内部固定资产交易发生得比较多，也比较普遍。

与存货的情况不同，固定资产的使用寿命较长，往往要跨越几个会计年度。对于内部交易形成的固定资产，不仅在该内部固定资产交易发生的当期需要进行抵消处理，而且在以后使用该固定资产的期间也需要进行抵消处理。固定资产在使用过程中是通过折旧的方式将其价值转移到产品价值之中，由于固定资产按原价计提折旧，在固定资产原价中包含未实现内部销售损益的情况下，每期计提的折旧费中也必然包含着未实现内部销售损益的金额，由此也需要对该内部交易形成的固定资产每期计提的折旧费进行相应的抵消处理。同样，如果购买企业对该项固定资产计提了固定资产减值准备，由于固定资产减值准备是按原价为基础进行计算确定的，在固定资产原价中包含未实现内部销售损益的金额，由此也需要对该内部交易形成的固定资产计提的减值准备进行相应的抵消处理。

(1)内部交易形成的固定资产在购入当期的抵消处理。将与内部交易形成的固定资产相关的销售收入、销售成本以及原价中包含的未实现内部销售损益予以抵消。即按销售企业由于该固定资产交易所实现的销售收入，借记“营业收入”项目，按照其销售成本，贷记“营业成本”项目，按该固定资产的销售收入与销售成本之间的差额(即原价中包含的未实现内部销售损益的金额)，贷记“固定资产——原价”项目。

将内部交易形成的固定资产当期多计提的折旧费和累计折旧费予以抵消。从单个企业来说，对计提折旧进行会计处理时，一方面增加当期的费用或计入相关资产的成本；另一方面形成累计折旧。因此，对内部交易形成的固定资产当期多计提的折旧费抵消时，应按当期多计提的折旧额，借记“固定资产——累计折旧”项目，贷记“管理费用”等项目（为便于理解，本任务中有关内部交易形成的固定资产多计提的折旧费的抵消，均假定该固定资产为购买企业的管理用固定资产，通过“管理费用”项目进行抵消）。

(2)连续编制合并财务报表时内部交易形成固定资产的抵消处理。

①将内部交易形成的固定资产原价中包含的未实现内部销售损益抵消，并调整期初未分配利润的金额。即按照原价中包含的未实现内部销售损益的金额，借记“未分配利润——年初”项目，贷记“固定资产——原价”项目。

②将以前会计期间内部交易形成的固定资产多计提的累计折旧抵消，并调整期初未分配利润的金额。即按以前会计期间抵消该内部交易形成的固定资产多计提的累计折旧额，借记“固定资产——累计折旧”项目，贷记“未分配利润——年初”项目。

③将本期由于该内部交易形成的固定资产的多计提的折旧费予以抵消，并调整本期的累计折旧额。即按本期该内部交易形成的固定资产多计提的折旧额，借记“固定资产——累计折旧”项目，贷记“管理费用”等项目。

【例 11-5】 假定 P 公司是 S 公司的母公司，假设 S 公司以 30 000 000 元的价格将其生产的产品销售给 P 公司，其销售成本为 27 000 000 元，因该内部固定资产交易实现的销售利润为 3 000 000 元。P 公司购买该产品作为管理用固定资产使用，按 30 000 000 元入账，对该固定资产按 15 年的使用寿命采用年限平均法计提折旧，预计净残值为 0。该固定资产交易时间为 2010 年 1 月 1 日，本项目为简化抵消处理，假定 P 公司该内部交易形成的固定资产 2010 年按 12 个月计提折旧。

2011 年(第 2 年)编制合并财务报表时，应当编制如下抵消分录进行处理：

①借：未分配利润——年初	3 000 000	
贷：固定资产——原价		3 000 000
②借：固定资产——累计折价	200 000	
贷：未分配利润——年初		200 000
③借：固定资产——累计折旧	200 000	
贷：管理费用		200 000

(3)内部交易形成的固定资产在清理期间的抵消处理。

固定资产清理时可能出现三种情况：①期满清理；②超期清理；③提前清理。编制合并财务报表时，应当根据具体情况进行抵消处理。

第一种情况：内部交易形成的固定资产使用寿命届满进行清理时的抵消处理。

在这种情况下，购买企业内部交易形成的固定资产实体已不复存在，包含未实现内部销售损益在内的该内部交易形成的固定资产的价值已全部转移到用其加工的产品价值或各期损益中去了，因此不存在未实现内部销售损益的抵消问题。从整个企业集团来说，随着该内部交易形成的固定资产的使用寿命届满，其包含的未实现内部销售损益也转化为已实现利润。但是，由于销售企业因该内部交易所实现的利润，作为期初未分配利润的一部分结转到购买企业，直到购买企业对该内部交易形成的固定资产进行清理的会计期间为止。为此，必须调整期初未分配利润。同时，在固定资产进行清理的会计期间，如果仍计提了折旧，本期计提的折旧费中仍然包含多计提的折旧额，因此需要将多计提的折旧额予以抵消。

【例 11-6】 沿用【例 11-5】，假设 P 公司在 2024 年(第 15 年)该固定资产使用期满时对其报废清理，该固定资产报废清理时实现固定资产清理净收益 500 000 元，在其当期个别利润表中以营业外收入项目列示。此时编制合并财务报表，将本期多计提的折旧额抵消并调整期初未分配利润时，应当编制如下抵消分录进行处理：

①借：未分配利润——年初　　3 000 000
　　贷：营业外收入　　3 000 000
②借：营业外收入　　2 800 000
　　贷：未分配利润——年初　　2 800 000
③借：营业外收入　　200 000
　　贷：管理费用　　200 000

以上三笔抵消分录，可以合并为以下抵消分录：

借：未分配利润——年初　　200 000
　贷：管理费用　　200 000

第二种情况：内部交易形成的固定资产超期使用进行清理时的抵消处理。

在这种情况下，在内部交易形成的固定资产清理前的会计期间，该固定资产仍然包含未实现内部销售损益的原价及计提的累计折旧，在购买企业的个别资产负债表中列示；销售企业因该内部交易所实现的利润，作为期初未分配利润的一部分结转到购买企业对该内部交易形成的固定资产进行清理的会计期间为止。因此，需要将固定资产原价中包含的未实现内部销售损益予以抵消，并调整期初未分配利润。同时，由于在该固定资产使用寿命届满的会计期间仍然需要计提折旧，本期计提的折旧费中仍然包含多计提的折旧额，因此需要将多计提的折旧额予以抵消，并调整已计提的累计折旧。

【例 11-7】 沿用【例 11-5】相关资料，假设 P 公司该内部交易形成的固定资产在 2024 年(第 15 年)后仍继续使用，即未对其进行报废清理，则 2024 年(第 15 年)编制合并财务报表时，应当编制如下抵消分录进行处理：

①借：未分配利润——年初　　3 000 000
　　贷：固定资产——原价　　3 000 000
②借：固定资产——累计折旧　　2 800 000
　　贷：未分配利润——年初　　2 800 000
③借：固定资产——累计折旧　　200 000
　　贷：管理费用　　200 000

在内部交易形成的固定资产超期使用未进行清理前，由于该固定资产仍处于使用之中，并在购买企业资产负债表(假定存在预计净残值)中列示，因此，必须将该固定资产原价中包含的未实现内部销售损益予以抵消；同时，由于该固定资产的累计折旧仍然是按包含未实现内部损益的原价计提的，因此也必须将其多计提的累计折旧予以抵消。但由于固定资产超期使用不计提折旧，所以不存在抵消本期多计提折旧额问题。

【例 11-8】 沿用【例 11-5】相关资料，假设 P 公司该内部交易形成的固定资产在 2025 年(第 16 年)仍继续使用。此时编制合并财务报表时，应当编制如下抵消分录进行处理：

①借:未分配利润——年初 3 000 000

贷:固定资产——原价 3 000 000

②借:固定资产——累计折旧 3 000 000

贷:未分配利润——年初 3 000 000

第三种情况:内部交易形成的固定资产使用寿命未满提前进行清理时的抵消处理。

在这种情况下,购买企业内部交易形成的固定资产实体已不复存在,因此不存在固定资产原价中包含的未实现内部销售损益的抵消问题。但由于固定资产提前报废,固定资产原价中包含的未实现内部销售损益随着清理而成为实现的损益。对于销售企业来说,因该内部交易所实现的利润,作为期初未分配利润的一部分结转到购买企业,直到购买企业对该内部交易形成的固定资产进行清理的会计期间为止。为此,必须调整期初未分配利润。同时,在固定资产使用寿命未满进行清理的会计期间仍需计提折旧,本期计提的折旧费中仍然包含多计提的折旧额,因此需要将多计提的折旧额予以抵消。

【例 11-9】 沿用【例 11-5】相关资料,假设 P 公司于 2023 年年末(第 14 年)对该项固定资产进行清理报废,该固定资产清理净收入为 200 000 元。

此时编制合并财务报表时,应编制如下抵消分录进行处理:

①借:未分配利润——年初 3 000 000

贷:营业外收入 3 000 000

②借:营业外收入 2 600 000

贷:未分配利润——年初 2 600 000

③借:营业外收入 200 000

贷:管理费用 200 000

2. 在第二种类型的内部固定资产交易的情况下,即企业集团内部企业将其自用的固定资产出售给集团内部的其他企业,通过抵消后,使其在合并财务报表中该固定资产原价仍然以销售企业的原账面价值反映。在合并工作底稿中编制的抵消分录为:借记"营业外收入"项目,贷记"固定资产——原价"项目,或借记"固定资产——原价"项目,贷记"营业外支出"项目。

四、报告期内增减子公司

(一)增加子公司

母公司因追加投资等原因控制了另一个企业即实现了企业合并。在编制合并资产负债表时,应当区分同一控制下的企业合并增加的子公司和非同一控制下的企业合并增加的子公司两种情况。

1. 因同一控制下企业合并增加的子公司,视同该子公司从设立时就被母公司控制,编制合并资产负债表时,应当调整合并资产负债表所有相关项目的期初数;相应地,合并资产负债表的留存收益项目应当反映母子公司如果一直作为一个整体运行至合并日应实现的盈余公积和未分配利润的情况。

2. 因非同一控制下企业合并增加的子公司,应当从购买日开始编制合并财务报表,不调整合并资产负债表的期初数。

(二)处置子公司

在报告期内,如果母公司失去了决定被投资单位的财务和经营政策的能力,不再能够从其经营活动中获取利益,则母公司不再控制被投资单位,被投资单位从处置日开始不再是母公司的子公司,不应继续将其纳入合并财务报表的合并范围,不调整合并资产负债表的期初数。

五、子公司发生超额亏损在合并资产负债表中的反映

子公司发生的超额亏损超过了少数股东在该子公司期初所有者权益中所享有的份额,其余额应当分别下列情况进行处理:

1. 公司章程或协议规定少数股东有义务承担,并且少数股东有能力予以弥补的,该项余额应当冲减少数股东权益;

2. 公司章程或协议未规定少数股东有义务承担的,该项余额应当冲减母公司的所有者权益。该子公司以后期间实现的利润,在弥补了由母公司所有者权益所承担的属于少数股东的损失之前,应当全部归属于母公司的所有者权益。

六、合并资产负债表的格式

合并资产负债表格式综合考虑了企业集团中一般工商企业和金融企业(包括商业银行、保险公司和证券公司等)的财务状况列报的要求,与个别资产负债表的格式基本相同,主要增加了四个项目:一是在“无形资产”项目之下增加了“商誉”项目,用于反映非同一控制下企业合并中取得的商誉,即在控股合并下母公司对子公司的长期股权投资(合并成本)大于其在购买日子公司可辨认净资产公允价值份额的差额。二是在所有者权益项目下增加了“归属于母公司所有者权益合计”项目,用于反映企业集团的所有者权益中归属于母公司所有者权益的部分,包括实收资本(或股本)、资本公积、库存股、专项储备、盈余公积、未分配利润和外币报表折算差额等项目的金额。三是在所有者权益项目下,增加了“少数股东权益”项目,用于反映非全资子公司的所有者权益中不属于母公司的份额。四是在“未分配利润”项目之后,“少数股东权益”项目之前,增加了“外币报表折算差额”项目,用于反映境外经营的资产负债表折算为人民币表示的资产负债表时所发生的折算差额中归属于母公司所有者权益的部分。

任务检验

【计算分析题】 2010年1月1日,P公司以银行存款购入S公司80%的股份,能够对S公司实施控制。2010年S公司从P公司购进A商品400件,购买价格为每件2万元。P公司A商品每件成本为1.5万元。2010年S公司对外销售A商品300件,每件销售价格为2.2万元;年末结存A商品100件。2010年12月31日,A商品每件可变现净值为1.8万元;S公司对A商品计提存货跌价准备20万元。2011年S公司对外销售A商品20件,每件销售价格为1.8万元。2011年12月31日,S公司年末存货中包括从P公司购进的A商品80件,A商品每件可变现净值为1.4万元。A商品存货跌价准备的期末余额为48万元。假定P公司和S公司适用的所得税税率均为25%。

要求:编制2010年和2011年与存货有关的抵消分录(编制抵消分录时应考虑递延所得税的影响)。

任务三　合并利润表的编制

一、编制合并利润表时应进行抵消处理的项目

合并利润表应当以母公司和子公司的利润表为基础,在抵消母公司与子公司、子公司相互之间发生的内部交易对合并利润表的影响后,由母公司合并编制。

利润表作为以单个企业为会计主体进行会计核算的结果,分别从母公司本身和子公司本身反映其在一定会计期间经营成果。在以其个别利润表为基础计算的收入和费用等项目的加总金额中,也必然包含有重复计算的因素,因此,编制合并利润表时,也需要将这些重复的因素予以剔除。

编制合并利润表时需要进行抵消处理的项目,主要有:(1)内部营业收入和内部营业成本项目;(2)内部销售商品形成存货、固定资产、无形资产等项目中包含的未实现内部销售损益;(3)内部销售商品形成固定资产、无形资产等项目计提额或摊销额中包含的未实现内部销售损益;(4)内部应收款项计提的坏账准备以及内部销售商品形成存货、固定资产、无形资产等计提的资产减值准备中包含的未实现内部销售损益;(5)内部投资收益项目,包括内部利息收入与利息支出项目、内部股权投资的投资收益项目等。

(一)内部营业收入和内部营业成本项目的抵消处理

内部营业收入是指企业集团内部母公司与子公司、子公司相互之间发生的商品销售(或劳务提供,下同)活动所产生的营业收入。内部营业成本是指企业集团内部母公司与子公司、子公司相互之间发生的商品销售的营业成本。

在购买企业将内部购进的商品用于对外销售时,可能出现以下三种情况:第一种情况是内部购进商品全部实现对外销售;第二种情况是内部购进的商品全部未实现销售,形成期末存货;第三种情况是内部购进的商品部分实现对外销售、部分形成期末存货。因此,对内部销售收入和内部销售成本进行抵消时,应分别按以下几种不同的情况进行处理。

1. 母公司与子公司、子公司相互之间销售商品,期末全部实现对外销售

在这种情况下,从整个企业集团来看,这一购销业务只是实现了一次对外销售,其销售收入只是购买企业向企业集团外部企业销售该产品的销售收入,其销售成本只是销售企业向购买企业销售该商品的成本。销售企业向购买企业销售该商品实现的收入属于内部销售收入,相应地,购买企业向企业集团外部企业销售该商品的销售成本则属于内部销售成本。因此在编制合并利润表时,就必须将重复反映的内部营业收入与内部营业成本予以抵消。应编制的抵消分录为:借记“营业收入”项目,贷记“营业成本”项目。

2. 母公司与子公司、子公司相互之间销售商品,期末未实现对外销售

在内部购进的商品未实现对外销售的情况下,在编制合并利润表时,应当将销售企业由此确认的内部销售收入和内部销售成本予以抵消。对于这一内部交易,对购买企业来

说，以支付的购货价款作为存货成本入账，并在其个别资产负债表中作为资产列示。这样，购买企业的个别资产负债表中存货的价值中就包含销售企业实现的销售毛利。编制合并资产负债表时，应将购买企业存货价值中包含的未实现内部销售损益予以抵消。应编制的抵消分录为：按内部销售收入的金额，借记“营业收入”项目，贷记“营业成本”项目；同时，对于存货价值中包含的未实现内部销售损益，借记“营业成本”项目，贷记“存货”项目。

3. 母公司与子公司、子公司相互之间销售商品，期末部分实现对外销售

在这种情况下，可以将内部购买的商品分解为两部分来理解：一部分为当期购进并全部实现对外销售；另一部分为当期购进但未实现对外销售而形成期末存货。

对于内部营业收入的抵消，也可按照如下方法进行抵消处理：按内部销售收入的金额，借记“营业收入”项目，按期末存货价值中包含的未实现内部销售损益的金额，贷记“存货”项目，按其差额，贷记“营业成本”项目。

（二）购买企业内部购进商品作为固定资产、无形资产等资产使用时的抵消处理

在购买企业将内部购进的商品作为固定资产、工程物资、在建工程、无形资产等资产使用时，则会相应形成其固定资产、工程物资、在建工程、无形资产等资产。

在企业集团内母公司与子公司、子公司相互之间将自身的产品销售给其他企业作为固定资产（作为无形资产等的处理原则类似）使用的情况下，从整个企业集团来说，只能以销售企业生产该产品的成本作为固定资产原价在合并财务报表中反映。因此，编制合并利润表时，应将销售企业由于该内部交易产生的销售收入和销售成本予以抵消；并将内部交易形成的固定资产原价中包含的未实现内部销售损益予以抵消。在对销售商品形成的固定资产或无形资产所包含的未实现内部销售损益进行抵消的同时，也应当对固定资产的折旧额或无形资产的摊销额与未实现内部销售损益相关的部分进行抵消。应编制的抵消分录为：按内部销售收入的金额，借记“营业收入”项目，按固定资产原价中包含的未实现内部销售损益的金额，贷记“固定资产——原价”项目，按其差额，贷记“营业成本”项目；同时，对于本期计提的折旧额或摊销额中包含的未实现内部销售损益的金额，借记“固定资产——累计折旧”项目，贷记“管理费用”等项目。

（三）内部应收款项计提的坏账准备等减值准备的抵消处理

编制合并资产负债表时，需要将内部应收款项与应付款项相互抵消，同时需要将每项应收款项计提的坏账准备予以抵消。编制合并财务报表将资产减值损失中包含的本期内部应收款项计提的坏账准备抵消时，按照当期内部应收款项计提的坏账准备的金额，借记“应收账款——坏账准备”等项目，贷记“资产减值损失”项目。

（四）内部投资收益（利息收入）和利息费用的抵消

企业集团内部母公司与子公司、子公司相互之间可能发生相互提供信贷，以及相互之间持有对方债券的内部交易。在编制合并财务报表时，应当在抵消内部发行的应付债券和持有至到期投资等内部债权债务的同时，将内部应付债券和持有至到期投资相关的利息费用与投资收益（利息收入）相互抵消。应编制的抵消分录为：借记“投资收益”项目，贷记“财务费用”项目。

(五)母公司与子公司、子公司相互之间持有对方长期股权投资的投资收益的抵消处理

在子公司为全资子公司的情况下,应当编制的抵消分录为:借记“投资收益”、“未分配利润——年初”项目,贷记“提取盈余公积”、“对所有者(或股东)的分配”、“未分配利润——年末”项目;在子公司为非全资子公司的情况下,应编制的抵消分录为:借记“投资收益”、“少数股东损益”、“未分配利润——年初”项目,贷记“提取盈余公积”、“对所有者(或股东)的分配”、“未分配利润——年末”项目。

二、报告期内增减子公司

(一)增加子公司

母公司因追加投资等原因控制了另一个企业即实现了企业合并。在编制合并利润表时,应当区分同一控制下的企业合并增加的子公司和非同一控制下的企业合并增加的子公司两种情况。

1. 因同一控制下企业合并增加的子公司,应视同合并后形成的报告主体自最终控制方开始实施控制时一直是一体化存续下来的,经营成果应持续计算,因此,在编制合并利润表时,应当将该子公司合并当期期初至报告期末的收入、费用、利润纳入合并利润表,而不是从合并日开始纳入合并利润表。由于这部分净利润是因企业合并准则所规定的同一控制下企业合并的编表原则所致,而非母公司管理层通过生产经营活动实现的净利润,因此,应当在合并利润表中单列“其中:被合并方在合并前实现的净利润”项目进行反映。

2. 因非同一控制下企业合并增加的子公司,在编制合并利润表时,应当将该子公司购买日至报告期末的收入、费用、利润纳入合并利润表。

(二)处置子公司

母公司在报告期内处置子公司,应当将该子公司期初至处置日的收入、费用、利润纳入合并利润表。

三、合并利润表基本格式

合并利润表的格式综合考虑了企业集团中一般工商企业和金融企业(包括商业银行、保险公司和证券公司)的经营成果列报的要求。

与个别利润表的格式基本相同,主要增加了五个项目,即在“净利润”项目下增加了“归属于母公司所有者的净利润”和“少数股东权益”两个项目,分别反映净利润中由母公司所有者所享有的份额和非全资子公司当期实现的净利润中属于少数股东权益的份额,即不属于母公司享有的份额。在属于同一控制下企业合并增加的子公司当期的合并利润表中还应在“净利润”项目之下增加“其中:被合并方在合并前实现的净利润”项目,用于反映同一控制下企业合并中取得的被合并方在合并日以前实现的净利润。但是,“被合并方在合并前实现的净利润”应当在母公司所有者和少数股东之间进行分配,如果全部不属于母公司所有者,则应同时列示在“少数股东权益”项目之中,仍然保持“合并净利润＝归属于母公司所有者的净利润＋少数股东权益”的平衡关系。在“综合收益总额”项目下增加

了“归属于母公司所有者的综合收益总额”和“归属于少数股东的综合收益总额”两个项目，分别反映综合收益总额中由母公司所有者所享有的份额和非全资子公司当期综合收益总额中属于少数股东权益的份额，即不属于母公司享有的份额，仍然保持“综合收益总额＝归属于母公司所有者的综合收益总额＋归属于少数股东的综合收益总额”的平衡关系。

任务检验

【单选题】 2011 年 3 月，母公司以 1 000 万元的价格(不含增值税额)将其生产的设备销售给其全资子公司作为管理用固定资产。该设备的生产成本为 800 万元。子公司采用年限平均法对该设备计提折旧，该设备预计使用年限为 10 年，预计净残值为零。编制 2011 年合并报表时，因该设备相关的未实现内部销售利润的抵消而影响合并净利润的金额为(　　)万元。(假定不考虑所得税的影响)

A. 180　　B. 185　　C 200　　D. 215

项目综训

一、单项选择题

1. 如不考虑其他特殊因素，下列各情形中，甲公司应纳入 A 公司合并范围的是(　　)。

A. A 公司拥有 B 公司 50%的权益性资本，B 公司拥有甲公司 60%的权益性资本

B. A 公司拥有甲公司 40%的权益性资本

C. A 公司拥有 C 公司 60%的权益性资本，C 公司拥有甲公司 40%的权益性资本

D. A 公司拥有 D 公司 70%的权益性资本，D 公司拥有甲公司 50%的权益性资本，同时 A 公司直接拥有甲公司 20%的权益性资本

2. A 公司拥有 B 公司 60%的股份，A 公司拥有 C 公司 30%的股份，B 公司拥有 C 公司 25%的股份，则 A 公司直接和间接方式合计拥有 C 公司的股份份额为(　　)。

A. 43%　　B. 60%　　C. 30%　　D. 55%

3. 根据现行会计制度的规定，对于上一年度纳入合并范围、本年处置的子公司，下列会计处理中正确的是(　　)。

A. 合并利润表应当将处置该子公司的损益作为营业外收支计列

B. 合并利润表应当包括该子公司年初至处置日的相关收入和费用

C. 合并利润表应当将该子公司年初至处置日实现的净利润作为投资收益计列

D. 合并利润表应当将该子公司年初至处置日实现的净利润与处置该子公司的损益一并作为投资收益计列

4. 2010 年年末甲公司长期股权投资账面余额为 420 万元，其中对乙公司投资 120 万元；乙公司是甲公司的全资子公司，乙公司实收资本 100 万元，资本公积 20 万元，盈余公积 0 和未分配利润 50 万元。则甲公司编制 2010 年合并报表后，合并报表“长期股权投资”项目的金额是(　　)万元。

A. 300　　B. 320　　C. 420　　D. 470

5. 甲、乙公司没有关联关系，均按照净利润的10%提取盈余公积。2010年1月1日甲公司投资500万元购入乙公司100%的股权，购买日乙公司可辨认净资产公允价值为500万元，账面价值400万元，其差额是一项无形资产引起的，在购买日该无形资产尚可使用寿命为5年，采用直线法摊销。2010年乙公司实现净利润100万元，所有者权益其他项目未发生变化，期初未分配利润为0，不考虑所得税等其他因素，则2010年期末甲公司编制投资收益和利润分配的抵消分录时应抵消的期末未分配利润是（　　）万元。

A. 100　　B. 0　　C. 80　　D. 70

6. 甲公司于2010年1月1日取得乙公司60%的股权。取得投资时被投资单位的固定资产公允价值为600万元，账面价值为300万元，固定资产的预计尚可使用年限为10年，净残值为零，按照年限平均法计提折旧，除该项资产外，乙公司其他可辨认资产、负债的公允价值均与账面价值相等。乙公司2010年度利润表中净利润为1 000万元。乙公司2010年10月5日向甲公司销售商品一批，售价为60万元（不含增值税），成本为40万元，至2010年12月31日，甲公司尚未出售上述商品。假定不考虑所得税及相关其他因素的影响。则甲公司在调整分录中按权益法核算2010年应确认的投资收益为（　　）万元。

A. 600　　B. 582　　C. 618　　D. 570

7. 承第6题的相关资料，乙公司2011年度利润表中净利润为1 200万元。甲公司已将2010年从乙公司购入商品全部对外出售。假定不考虑所得税及其他相关因素的影响。则在2011年期末编制合并报表时，子公司调整后的净利润是（　）万元。

A. 1 200　　B. 1 190　　C. 1 180　　D. 1 170

8. 甲公司2010年8月28日从其拥有70%股份的子公司处购进设备一台，该设备成本135万元，售价为175.5万元（含增值税，增值税税率为17%），另付运输安装费等3.75万元，甲公司已付款且该设备当月投入使用。预计使用年限为5年，净残值为零，采用年限平均法计提折旧。甲公司2010年年末编制合并报表时应抵消内部交易固定资产多提的折旧为（　　）万元。

A. 3　　B. 1　　C. 4.05　　D. 4.43

9. 甲公司和乙公司没有关联关系，甲公司2010年1月1日投资500万元购入乙公司100%股权，购买日乙公司可辨认净资产公允价值为500万元，账面价值为400万元，其差额为自购买日起应在5年内摊销的无形资产所产生，2010年乙公司实现净利润120万元，所有者权益其他项目不变，在2010年期末甲公司编制合并抵消分录时，若不考虑所得税影响，长期股权投资应调整为（　）万元。

A. 600　　B. 620　　C. 500　　D. 520

10. 甲公司对所得税采用资产负债表债务法核算，适用的企业所得税税率为25%，甲公司2010年从母公司购入的50万元存货全部未实现销售，该项存货母公司的销售成本为40万元。2011年年末该部分存货仍未对外出售，在母公司编制2011年合并报表时所作的抵消分录（以万元列示）中正确的是（　）。

A. 借：递延所得税资产　　2.5

　　贷：所得税费用　　2.5

B. 借:所得税费用　　2.5
　　贷:递延所得税资产　　2.5
C. 借:递延所得税资产　　2.5
　　贷:未分配利润——年初　　2.5
D. 借:递延所得税资产　　2.5
　　贷:营业收入　　2.5

11. 对于上一年度抵消的内部应收账款计提的坏账准备的金额,在本年度编制合并抵消分录时,应当编制的抵消分录是(　　)。

A. 借:应收账款——坏账准备
　　贷:资产减值损失
B. 借:资产减值损失
　　贷:应收账款——坏账准备
C. 借:未分配利润——年初
　　贷:资产减值损失
D. 借:应收账款——坏账准备
　　贷:未分配利润——年初

12. 以下关于非同一控制下企业合并编制合并报表的说法中,错误的是(　　)。

A. 合并资产负债表中取得的被购买方各项资产和负债按照公允价值确认

B. 购买方合并成本大于取得被购买方可辨认净资产公允价值份额的差确认为合并商誉

C. 将长期股权投资从成本法调整为权益法时,应考虑购买日资产的公允价值和账面价值差异对被投资单位净利润的影响

D. 将长期股权投资从成本法调整为权益法时,不应考虑母子公司内部交易损益对被投资单位净利润的影响

13. 甲公司、乙公司没有关联关系。甲公司按照净利润的10%提取盈余公积。2009年1月1日甲公司投资500万元购入乙公司100%股权。购买日乙公司可辨认净资产公允价值为500万元,账面价值400万元,其差额为应自购买日按5年采用直线法摊销的无形资产引起的,2009年乙公司实现净利润100万元,期初未分配利润为0,2010年分配股利60万元,2010年又实现净利润120万元。假定不考虑其他因素的影响,在2010年期末甲公司编制投资收益和利润分配的抵消分录时,应抵消的乙公司期初和期末未分配利润分别是(　　)万元。

A. 0;60　　B. 0;120　　C. 70;108　　D. 70;98

二、多项选择题

1. 下列被投资企业中,应当纳入甲公司合并财务报表合并范围的有(　　)。

A. 甲公司在报告年度购入其57%股份的境外被投资企业

B. 甲公司持有其40%股份,且受托代管B公司持有其30%股份的被投资企业

C. 甲公司持有其43%股份,甲公司的联营企业A公司持有其8%股份的被投资企业

D. 甲公司持有其40%股份,甲公司的母公司持有其11%股份的被投资企业

2. 下列各项中，不应当纳入母公司合并财务报表合并范围的有(　　)。

A. 所有者权益为负数的子公司

B. 已宣告破产的原子公司

C. 对原子公司减少投资成为联营企业

D. 设在境外的子公司

3. 2011 年 12 月 31 日，A 公司的子公司 B 公司将存货出售给 A 的境外子公司 C 公司，C 公司将其作为固定资产使用，该项内部交易在合并报表抵消分录中涉及的项目有(　　)。

A. 存货　　　　B. 营业收入、营业成本

C. 营业外收入　　　　D. 固定资产——原价

4. 下列关于合并报表的叙述中，正确的有(　　)。

A. 因同一控制下企业合并增加的子公司，在编制合并现金流量表时，应当将该子公司合并当期期初至报告期末的现金流量纳入合并现金流量表

B. 因非同一控制下企业合并增加的子公司，在编制合并利润表时，应当将该子公司购买日至报告期末的收入、费用、利润纳入合并利润表

C. 因非同一控制下企业合并增加的子公司，编制合并资产负债表时，应当调整合并资产负债表的期初数

D. 母公司在报告期内处置子公司，编制合并资产负债表时，不应当调整合并资产负债表的期初数

5. 母公司在编制合并现金流量表时，下列各项中，不会引起筹资活动产生的现金流量发生增减变动的有(　　)。

A. 子公司依法减资支付给少数股东的现金

B. 子公司购买少数股东的固定资产支付的现金

C. 子公司向少数股东出售无形资产收到的现金

D. 子公司购买少数股东发行的债券支付的现金

6. 甲股份有限公司于 2010 年年初通过收购股权成为 B 股份有限公司的母公司。2010 年年末甲公司应收 B 公司账款为 150 万元；2011 年年末甲公司应收 B 公司账款为 450 万元；2012 年年末甲公司应收 B 公司账款为 225 万元，甲公司坏账准备计提比例为 2%。在不考虑所得税等其他因素的影响下，编制 2012 年年末合并财务报表工作底稿时应编制的抵消分录(以万元列示)包括(　　)。

A. 借：应收账款——坏账准备　　4.5

　　贷：资产减值损失　　4.5

B. 借：应付账款　　225

　　贷：应收账款　　225

C. 借：应收账款——坏账准备　　9

　　贷：未分配利润——年初　　9

D. 借：资产减值损失　　4.5

　　贷：应收账款——坏账准备　　4.5

7. 下列说法中，正确的有（ ）。

A. 在合并财务报表工作底稿中编制的有关抵消分录，并不能作为记账的依据

B. 受所在国外汇管制及其他管制，资金调度受到限制的境外子公司，不应纳入母公司的合并财务报表的合并范围

C. 编制合并报表时，将内部交易固定资产相关的销售收入、销售成本以及其原价中包含的未实现内部销售损益予以抵消

D. 子公司将母公司本期出售给自己的存货对外出售，不需要做抵消分录的处理

8. 2009 年，子公司将其成本为 80 万元的 A 产品销售给其母公司，销售价格为 100 万元（不含增值税），至 2009 年年末母公司本期购入的该产品未实现对外销售全部形成存货，并为该项存货计提了 5 万元的存货跌价准备。2010 年，母公司上期从子公司购入的 A 产品仅对外销售了 40%，另外 60%依然为存货。由于 A 产品陈旧过时，预计其可变现净值进一步下跌为 40 万元。2010 年母公司又将子公司的成本为 200 万元的 B 产品以 250 万元购入，2010 年年末有 80%留作存货，期末该批 B 产品的可变现净值为 180 万元，母公司已计提存货跌价准备。则 2010 年 12 月 31 日，母公司编制合并报表时，应抵消的项目和金额有（ ）。

A. "未分配利润——年初"项目调减 15 万元

B. "营业收入"项目调减 250 万元和"营业成本"项目调减 216 万元

C. "存货"项目调减 20 万元

D. "资产减值损失"项目调减 29 万元

三、判断题

1. 持续经营的所有者权益为负数的子公司不应纳入母公司合并财务报表的合并范围。（ ）

2. 母公司应当将其全部子公司纳入合并财务报表的合并范围，但小规模的子公司和经营业务性质特殊的子公司除外。（ ）

3. 报告期内处置子公司均不调整合并资产负债表的期初数。（ ）

4. 母公司在报告期内处置子公司，应将该子公司处置日至期末的现金流量纳入合并现金流量表。（ ）

5. 在确定能否控制被投资单位时，应当考虑该企业和其他企业持有的被投资单位的当期可转换的可转换公司债券、当期可执行的认股权证等潜在表决权因素。（ ）

6. 子公司所有者权益中不属于母公司的份额，即子公司所有者权益中抵消母公司所享有的份额后的余额，在合并财务报表中作为"少数股东权益"处理。（ ）

7. 母公司将对子公司的部分股权出售，则该被投资单位不再纳入合并报表范围。（ ）

8. 甲公司的子公司 A 公司将商品卖给甲公司的境外子公司 B 公司作为固定资产使用，此项交易不用编制抵消分录。（ ）

四、计算分析题

1. A 公司于 2009 年 1 月 1 日通过非同一控制下的企业合并形式合并了 B 公司，持有 B 公司 80%的股权。母子公司适用的所得税税率均为 25%，对所得税采用资产负债表债

务法核算，税法规定计提的坏账准备不得税前扣除，有关内部债权债务资料如下：

(1)2009 年、2010 年 A 公司采用应收账款余额百分比法计提坏账准备，计提比例均为 2%，2009 年、2010 年 A 公司应收 B 公司账款分别为 1 000 万元、1 200 万元。

(2)2009 年 1 月 1 日，A 公司经批准发行 5 年期一次还本、分期付息的公司债券5 000 万元，债券利息在次年 1 月 3 日支付，票面年利率为 6%。假定债券发行时的市场年利率为 5%，A 公司该批债券实际发行价格为 5 216.35 万元。同日 B 公司直接从 A 公司购入其所发行债券的 20%。

要求：

(1)编制 2009 年和 2010 年内部应收账款与应付账款相关的抵消分录；

(2)编制 2009 年和 2010 年内部应付债券和持有至到期投资的抵消分录。

(答案中的金额单位用万元表示)

2. 甲公司为乙公司的母公司，2010～2012 年甲公司与乙公司之间发生的交易或事项如下：

(1)2010 年 6 月 30 日，甲公司以 688 万元的价格从乙公司购入一台管理用设备；该设备于当日收到并投入使用。该设备在乙公司的原价为 700 万元，预计使用年限为 10 年，已使用 2 年，预计净残值为零，采用年限平均法计提折旧，已计提折旧 140 万元，未计提减值准备。甲公司购入该设备后，预计其尚可使用寿命为 8 年，预计净残值为零，仍采用年限平均法计提折旧。

2010 年，甲公司向乙公司销售 A 产品 100 台，每台售价 5 万元，价款已收存银行。甲公司的 A 产品每台成本 3 万元，未计提存货跌价准备。至 2010 年年末，乙公司从甲公司购入的 A 产品对外售出 40 台，其余部分形成期末存货。

2010 年年末，乙公司进行存货检查时发现，因市价下跌，库存 A 产品的可变现净值下降至 280 万元。乙公司按单个存货项目计提存货跌价准备 20 万元。

(2)2011 年，甲公司向乙公司销售 B 产品 50 台，每台售价 8 万元，价款已收存银行。B 产品每台成本 6 万元，未计提存货跌价准备。至 2011 年年末，乙公司对外售出 A 产品 30 台，B 产品 40 台，其余部分形成期末存货。

2011 年年末，乙公司进行存货检查时发现，因市价持续下跌，库存 A 产品和 B 产品的可变现净值分别下降至 100 万元和 40 万元，乙公司相应计提的存货跌价准备分别为 50 万元和 40 万元。

(3)2012 年 3 月 20 日，甲公司将从乙公司购入的管理用设备以 650 万元的价格对外出售，同时发生清理费用 20 万元。

2012 年，乙公司将从甲公司购入的 B 产品全部对外售出，购入的 A 产品对外售出 15 台，其余 15 台 A 产品形成期末存货。

2012 年年末，乙公司进行存货检查时发现，因市价回升，库存 A 产品的可变现净值上升至 80 万元。

其他有关资料如下：

(1)除乙公司外，甲公司没有其他纳入合并范围的子公司；

(2)甲公司与乙公司之间的产品销售价格均为不含增值税的公允价格；

(3)甲公司、乙公司适用所得税税率均为25%;

(4)假定不用编制合并现金流量表的抵消分录。

要求:编制2010～2012年合并报表抵消分录。(答案中的金额单位用万元表示)

五、综合题

2009年1月2日,甲公司以库存商品、投资性房地产、无形资产和交易性金融资产作为合并对价支付给乙公司的原股东丙公司,取得乙公司80%的股份。甲公司与丙公司不存在关联方关系。甲公司、乙公司为增值税一般纳税企业,适用的增值税税率为17%。

(1)2009年1月2日作为合并对价相关资产的资料如下:

①库存商品的成本为800万元,已计提存货跌价准备为100万元,公允价值为1 000万元;

②投资性房地产的账面价值为1 900万元,其中成本为1 500万元,公允价值变动(借方)为400万元,公允价值为2 340万元;不考虑营业税;

③无形资产的原值2 200万元,已计提摊销额200万元,公允价值为2 200万元,处置时发生应交营业税110万元;

④交易性金融资产的账面价值300万元,其中成本为350万元,公允价值变动(贷方)50万元,公允价值250万元;

⑤另支付银行存款40万元。

购买日乙公司所有者权益账面价值为6 000万元,其中股本为4 000万元,资本公积为1 600万元,盈余公积100万元,未分配利润为300万元。投资时乙公司一项剩余折旧年限为20年的管理用固定资产账面价值600万元,公允价值700万元。除此之外,乙公司其他可辨认资产、负债的公允价值等于其账面价值。

(2)2009年4月10日乙公司分配现金股利100万元。2009年度乙公司共实现净利润1 000万元,提取盈余公积100万元。2009年年末乙公司确认可供出售金融资产公允价值增加50万元(假设不考虑所得税影响)。

(3)2010年4月10日乙公司分配现金股利900万元。2010年度乙公司实现净利润1 200万元,提取盈余公积120万元。2010年年末乙公司确认可供出售金融资产公允价值增加60万元(假设不考虑所得税影响)。

(4)内部交易资料如下:

①甲公司2009年5月15日从乙公司购进需安装设备一台,用于公司行政管理,设备含税价款877.50万元(增值税税率17%),相关款项于当日以银行存款支付,6月18日投入使用。该设备系乙公司生产,其成本为600万元。甲公司对该设备采用年限平均法计提折旧,预计使用年限为5年,预计净残值为零。2010年9月28日,甲公司变卖上述从乙公司购进的设备,将净亏损计入营业外支出。

②2009年甲公司向乙公司销售A产品1 000件,每件价款为2万元(不含增值税),成本为1.6万元。截至2010年年末,甲公司尚未收到有关货款。2009年年末,甲公司对该笔货款提取坏账准备20万元,2009年年末已对外销售A产品800件。至2010年年末该批A产品尚有100件未对外出售。

2010年年末甲公司没有提取坏账准备。

其他资料：

(1)编制合并报表的调整分录、抵消分录时不考虑所得税的影响。

(2)编制合并报表的抵消分录时需要考虑现金流量表的编制。

要求：

(1)计算2009年1月2日甲公司合并成本。

(2)编制2009年1月2日甲公司有关投资的会计分录。

(3)计算购买日合并报表应确认的商誉。

(4)编制2009年12月31日甲公司有关企业合并财务报表的调整抵消分录。

(5)编制2010年12月31日甲公司有关合并财务报表的调整抵消分录。